Xiandai Zhiye Jishu Jiaoyu
Disanfang Pingjia Lilun yu Shijian

现代职业技术教育
第三方评价理论与实践

孙蕾 著

西南财经大学出版社
Southwestern University of Finance & Economics Press

中国·成都

图书在版编目（CIP）数据

现代职业技术教育第三方评价理论与实践/孙蕾著.—成都:西南财经大学出版社,2022.12

ISBN 978-7-5504-4689-2

Ⅰ.①现…　Ⅱ.①孙…　Ⅲ.①职业教育—研究　Ⅳ.①G71

中国版本图书馆 CIP 数据核字（2020）第 244706 号

现代职业技术教育第三方评价理论与实践

孙　蕾　著

责任编辑:张　岚
助理编辑:马安妮
责任校对:廖　韧
封面设计:张姗姗
责任印制:朱曼丽

出版发行	西南财经大学出版社(四川省成都市光华村街55号)
网　　址	http://cbs.swufe.edu.cn
电子邮件	bookcj@swufe.edu.cn
邮政编码	610074
电　　话	028-87353785
照　　排	四川胜翔数码印务设计有限公司
印　　刷	四川煤田地质制图印务有限责任公司
成品尺寸	170mm×240mm
印　　张	19
字　　数	353 千字
版　　次	2022 年 12 月第 1 版
印　　次	2022 年 12 月第 1 次印刷
书　　号	ISBN 978-7-5504-4689-2
定　　价	88.00 元

前　言

建设教育强国、办人民满意的教育，必须依靠教育现代化。教育现代化对促进人的现代化、社会现代化与国家现代化具有先导性、基础性和全局性作用。随着高等教育大众化进程的推进，我国高等职业教育成为发展迅速、极具活力的领域，实现了跨越式发展并进入加快推进高等教育现代化的新阶段和新征程。现代职业教育是职业教育"走过规模扩张、进入内涵建设"阶段后的"后示范时期"。其核心为适应发展需求、产教深度融合、中高本研一体化系统设计，体现终身教育理念。

质量是高等教育改革发展的一个永恒主题，体现了教育活动水平的高低与效果的优劣。构建适合我国国情的现代职业教育质量第三方评价的运行模式，理顺第三方与职业院校、政府之间的关系，将有助于形成基于第三方评价的职业院校教育教学全过程动态监控的常态化机制，使第三方能真正为职业院校的教育教学实践提供事前预警、事中诊断、事后反馈等服务，使评估成果能真正走进课堂，真正融入教育教学实践，使职业院校的资源禀赋、办学定位与路径、专业建设、课程建设、教学质量内部监控体系、学生服务保障体系、人才培养质量及就业质量跟踪、办学效益等能更符合现代职业教育的要求，促使职业院校走上可持续发展道路。本书是全国教育科学教育部重点课题"现代职业技术教育第三方评价的运行模式研究"①（项目编号：DJA150246）的研究成果之一。

我国高等职业教育发展历经外延扩充与内涵发展两个重要历史阶段，面对我国高等教育的结构改革现状以及其中暴露出的一些与社会需求不相适应的问题，如何提高高职教育吸引力，扩大其影响力，发挥教育评价在推进教育现代化中的导向性作用，是亟待研究和解决的问题。基于笔者多年来对高职教育教

---

① 本书书名保留课题名中的"职业技术教育"。本书并未对"职业技术教育"与"职业教育"做详细区分，在本书中视二者为同一类型的教育模式，后文为方便比较均称"职业教育"。

学研究的热爱和感悟，本书努力探索高职教育质量建设与评价的科学的、可行的实践之路。全书共分十一章。第一章绪论，分析研究缘起，并重点厘清现代职业教育、第三方评价等若干问题的概念、内涵及其相互之间的关系；第二章梳理与评述现代职业教育第三方评价的相关研究理论和研究现状；第三章剖析我国现代职业教育的评估体系与实践；第四章探讨以重点项目建设为导向的高职教育质量提升计划；第五章分析基于教学诊断与改进的现代职业教育质量文化与实证研究；第六章调研分析我国现代职业教育评价的现状与问题；第七章研究以数据平台为基础的高等职业教育质量年报制度；第八章研究"一带一路"建设背景下高等职业教育第三方评价的国际化趋势；第九章研究现代职业教育第三方评价的现状、问题及运行模式；第十章以湖南省为例深入探讨职业教育产教融合第三方评价；第十一章分析现代职业教育第三方评价的保障体系。这些内容可从多层面、多角度为职业院校管理者以及相关研究人员提供借鉴与参考。

本书历时两年多时间才完成，笔者在此期间多次参加全国和湖南省关于职业教育第三方评价的研讨会，并得到有关领导和专家的指导，受益匪浅。本书中许多观点源于他们的思想，在此表示最真诚的感谢！西南财经大学出版社的领导和编辑对本书的出版给予了大力支持，在此表示真诚的谢意！

由于笔者水平有限，加之时间仓促，书中难免有不足之处，请各位读者批评指正。

孙蕾

2020 年 9 月 15 日于长沙

目　录

第一章 绪论

第一节 研究目的与意义

一、研究目的

党的十八届三中全会审议通过的《中共中央关于全面深化改革若干重大问题的决定》明确了全面深化改革的总目标、改革任务、改革重点，为党和国家未来的发展道路指明了方向。全面深化改革各项举措的推进，需要强有力的改革督察，形成倒逼压力机制，激发改革动力，使改革更加精准地对接发展所需、基层所盼、民心所向。改革督察方式有很多种，第三方评估是其中重要的一种。2014 年 12 月，李克强总理在主持召开国务院常务会议时强调，要用第三方评估促进政府管理方式改革创新，之后他更是多次在国务院常务会议上提到"第三方评估"。

近年来，从国务院到各地方政府，都开始大规模地引入第三方评估对政府绩效进行评价。①2014 年，为推动国务院改革、发展、民生等有关政策举措落实到位，国务院在派出督查组对有关部门和省市政策落实情况开展督查的同时，也邀请了一些第三方机构对部分重点政策措施的落实情况进行了评估。②一些地方政府在省级层面也进行了第三方评估的有益探索。例如，2014 年湖南省率先制定了《湖南省全面深化改革第三方评估办法（试行）》；湖北省率先尝试引进第三方评估机构，对全省全面深化改革工作的实施情况进行评估，并取得了良好效果。可以预见，在中央"探索引入第三方评估改革成效"精神指导下，今后第三方评估将会成为政府管理中的常态化机制，在全面深化改革督察过程中引入第三方评估也会成为新趋势，并得到越来越多的推广。

2013 年 11 月，党的十八届三中全会首次提出要推进"国家治理体系和治理能力现代化"，这既是我国适应国内外形势的发展需要，应对新时期新挑战的重大举措，也是我国实现全面现代化的重要目标与内容。在现代治理体系中，参与治理的主体除政府部门外，还有各种非政府组织、社会团体、私人部门、公民个人等多元主体。因此，治理不再只是政府主导的管理，而是多元主体参与的民主化管理。从传统管理走向现代治理，意味着政府与其他利益相关者需通过互动建立平等伙伴关系，是一种管理的"自上而下"与治理的"自下而上"相结合的过程。而作为国家现代化的重要组成部分，教育现代化必然要求构建教育现代治理体系，实现教育治理能力现代化，这同样也是高职教育所面临的重大问题。在传统的教育管理模式下，高职院校需履行政府的高职教育责任，是政府的附属机构，但学校办学自主权缺失，行政干扰和教育行政化的问题一直困扰着高职院校的发展。处理好高职院校与政府、社会之间的关系，是实现高职教育现代化治理的关键。而在高职院校现代治理体系中，政府、学校和社会将通过法律、制度或契约等形式建立激励和约束机制，形成稳定的关系模式。因此，实现高职教育治理体系和治理能力现代化，主要是以不断推进现代职业教育发展、构建现代职业教育体系为目标，以政府、社会、高职院校新型关系为核心，推进"管办评"分离的基本策略，建立系统完备、科学规范、运行有效的制度体系，逐步形成政府宏观管理、学校自主办学、社会广泛参与的多元共治格局。

本书基于教育现代化和高职教育治理体系治理能力现代化的国家发展需求，针对在高职教育管理中表现出的政府管理存在越位、缺位、错位，学校自主发展、自我约束机制尚不健全，社会参与教育治理和评价还不充分的现实，从完善国家政策、构建现代职业教育体系、破解现代职业教育发展瓶颈这三个方面的现实需求出发，利用独立的现代职业教育第三方评价模式对职业院校进行动态监控和办学全过程的诊断。在此基础上，确立政府、第三方评价机构和职业院校的关系及其各自的定位、职责；提出一整套政府委托服务与实施服务的程序及相关政策，通过个案模拟评价的实证研究，在宏观方面诊断现代职业教育评价存在的问题并提出政策建议，在中观层面与微观层面提出职业院校存在的问题与改进建议。

二、研究意义

1. 本选题的确定是现代职业教育发展的现实需求

现代职业教育评价一直是教育行政部门非常重视的一项工作。2003 年教育部启动我国高职高专院校人才培养的评估工作，2006年启动示范性高职院校和中职院校建设工作。同年，启动精品专业、精品课程（精品资源共享课程）等现代职业教育质量工程的评估工作。我国这种政府主导的静态、注重结果的现代职业教育质量评价方式，对我国现代职业教育的发展有一定推动作用，但在实践中存在许多问题：评价主体的单一性和官本位导致评价结果具有片面性和主观性；评价方式的鉴定性和奖惩性，忽视了被评价对象的进步程度，不能动态监控现代职业教育的质量；评价结果的表面性和形式化导致评估出的精品资源并没有真正走进课堂。在我国由制造业大国向制造业强国转型的今天，行业、企业、社会其他力量等各方面都对现代职业教育提出了更高的要求和更迫切的需求。评价主体需引入行业、企业、社会其他力量等第三方机构，才能满足现代职业教育发展的现实需求。

2. 本选题的确定是遵循多学科理论规律的必然选择

从理论层面剖析，现代职业教育评价需遵循系统论、全面质量管理理论等规律。

"系统论"来源于生物学理论，强调系统内要素与要素之间不是孤立存在的，而是相互影响、相互联系的。在国家这个大系统里，教育子系统必然与社会其他子系统发生联系，而现代职业教育作为教育的子系统，不仅要与教育内部的其他子系统发生联系，也要与教育外部的其他子系统发生联系。在评价领域，现代职业教育的评价方式不仅有自我评价，还有外部要素的评价。现代职业教育不能只是内部系统的运行，即不能"自己评自己"或"运动员与裁判员混为一体"，而需要有外部系统的监控，这样才能避免现代职业教育运行的盲目性和随意性。

"全面质量管理理论"来源于管理学理论，强调要有效地控制影响产品质量的因素，就必须对生产或服务过程的所有主要阶段（关键节点）加以控制。要有效提高现代职业教育质量，就需要对资源禀赋、办学理念、办学模式、人才培养模式、专业建设、课程建设、教学内容、教学方式等现代职业教育的主要阶段（关键节点）加以监控，现代职业教育的评价不能"重结果、轻过程"，不能在关键节点失控，这样才能使现代职业教育走向可持续发展道路。

因此，在现代职业教育领域引入第三方评价是遵循多学科理论规律的必然选择。

3. 本选题的确定是支撑国家政策的实践要求

从国家政策层面来看，政府逐渐意识到现代职业教育现有评价方式的弊端，先后出台了一系列文件来鼓励和支持现代职业教育第三方评价。

2011 年 9 月，《教育部 财政部关于支持高等职业学校提升专业服务产业发展能力的通知》（教职成厅函〔2013〕26 号）指出：建立就业（用人）单位、行业协会、学生及其家长、研究机构等利益相关方共同参与的第三方人才培养质量评价制度。

2014 年 5 月，《国务院关于加快发展现代职业教育的决定》（国发〔2014〕19 号）指出：注重发挥行业、用人单位作用，积极支持第三方机构开展评估。

2015 年 5 月，《教育部关于深入推进教育管办评分离促进政府职能转变的若干意见》（教政法〔2015〕5 号）进一步强调，要支持专业机构和社会组织规范开展教育评价。大力培育专业教育服务机构，整合教育质量监测评估机构，完善监测评估体系，定期发布监测评估报告。扩大行业协会、专业学会、基金会等各类社会组织参与教育评价。

2015 年 6 月，《教育部办公厅关于建立职业院校教学工作诊断与改进制度的通知》（教职成厅〔2015〕2 号）指出：教育部将试行专业诊改。支持对企业有较大影响力的部分行业牵头，以行业企业用人标准为依据，设计诊断项目，以院校自愿为原则，通过反馈诊断报告和改进建议等方式，反映专业机构和社会组织对职业院校专业教学质量的认可程度，倒逼专业改革与建设。该文件进一步明确，教育部组建职业院校教学工作诊断与改进专家委员会，负责指导方案研制、政策咨询、业务指导。可以看出教育部关于支持现代职业教育第三方评价的进一步的工作方案正在酝酿之中。

在国家政策的鼓励下，2012—2014 年，第三方机构上海教育科学研究院和麦可思研究院连续三年联合编写并发布了《中国高等职业教育人才培养质量年度报告》，受到社会各界的广泛关注和认可。但由于我国教育体制等多方面因素的影响，目前第三方评价机构仅仅停留在宏观指导层面。本书通过研究行业、企业、其他社会力量等对现代职业教育全过程监控的运行模式，以达到提升技术技能人才培养质量以及动态、透明管理的目标，为政府献计献策，具有较强的应用价值。

三、研究假设

（1）教育领域全面深化综合改革，推行"管办评"分离，必须加快健全学校自主发展、自我约束的运行机制。

（2）高职教育管理的问题突出，主要表现为政府管理过程中存在越位、缺位、错位的现象，学校自主发展、自我约束机制不健全，社会参与教育质量的评价还不充分。

（3）第三方评价，既是高职教育现代治理的外在需求，也是高职教育质量的内在特质，可以有效促进高职教育人才培养质量、管理水平和办学效益提高。

第二节　核心概念

一、现代职业教育的第三方

"现代职业教育"表明职业教育已进入"走过规模扩张、步入内涵建设"阶段的"后示范时期"。在此期间，如何发挥政府宏观调控、监控和导向作用，发动社会力量的监督作用是亟待深入研究的课题。建立现代职业教育第三方动态监控的常态化机制，是适应国家政治、经济新常态发展的需要。国务院《关于加快发展现代职业教育的决定》（国发〔2014〕19号）明确规定：鼓励社会力量参与职业教育办学、管理和评价。可以预见，新的一轮社会力量参与现代职业教育的浪潮即将来临。

参与并主导现代职业教育评价的社会力量有哪些？现代职业教育的第三方是谁？学术界有多种界定，但比较笼统，不具体。

本书将现代职业教育第三方定义为由政府委托并认证、独立于政府和职业院校之外的中介评价机构，评价机构可招聘全职或兼职评价专家，组成专家团，对职业院校进行评估。评价专家团可由行业企业专家（含行业管理专家、行业技术人才）、教育专家（含教育研究专家、教育管理专家、教学一线名师按照一定的比例组成。

二、现代职业教育第三方评价的运行模式

现代职业教育第三方评价的运行模式是指现代职业教育第三方评价运行整体过程的动态发展的标准样式。此运行模式可借鉴国外职业教育第三方评价的成熟模式，但要从我国国情出发。在我国现行教育体制下，政府可以通过委托管理、购买服务的形式，为第三方评价机构提供经费资助、资质认证和其他支

持，或者委托第三方评价机构对职业院校的教育教学全过程进行"全过程动态监控"，为职业院校的资源禀赋、办学模式、人才培养模式、专业建设、课程建设、院校治理、人才培养质量及就业质量跟踪等方面提供诊断服务。

这种"全过程动态监控"包括"事前预警""事中诊断""事后反馈"。第三方评价机构通过"事前预警"，能使职业院校量力而行，在自身资源的有限范围内进行建设；通过"事中诊断"，能帮助职业院校及时发现问题、诊断问题、纠正错误，使"当局者迷"的问题得到及时解决，以免出现一些重复建设或偏离轨道的建设；通过"事后反馈"，可将职业院校出现的共性问题反馈给政府，为政府决策提供参考，并将个性问题反馈给各职业院校，以帮助职业院校持续改进，规划更好的发展前景。本书界定的第三方评价是第三方机构主导（而不仅仅是参与）现代职业教育的教育教学评价工作，而有别于国内大部分第三方评价机构仅发挥参与作用的现状。

三、高等教育评估

高等教育评估以高等教育为对象，以一定的标准判断其教育效果或价值的过程，即以一定的目标和标准为准绳的效果或价值判断过程。

四、评估指标体系

围绕目标，经过分解并转化而成的指标的群体及各项指标权系数（权重）的集合被称为评估指标体系。指标权重是其对目标影响程度的反应，同时也确定了各指标同评价结果的关系。从职业院校的微观管理来看，一套指标体系就是一套具体的管理目标，这些具体的目标又是为整体目标服务的，为改进职业院校教育服务和管理提供了方向和路径。通过对指标的分解和诊断，能找到职业院校管理的优势和不足，同时，根据指标所代表的方向，制定职业院校规划，明确发展方向，特别注意要抓住关键环节，找准发展的瓶颈和薄弱环节，针对性地进行改进。

评估指标体系是高等教育评估的核心，没有完整的评估指标体系就无法进行评估工作。评估指标体系缺乏科学性，则依据此评估指标体系开展的评估必然会因先天不足而走向误区，达不到评估的目的。因此，建立科学的评估指标体系是做好评估工作，保证评估结果的客观性、可靠性、可信性的前提和必要条件。

第三节　研究背景与文献综述

一、研究背景

2013年9月，国务院办公厅发布的《关于政府向社会力量购买服务的指导意见》（国办发〔2013〕96号）；2014年，财政部、民政部、工商总局联合发布的《关于印发〈政府购买服务管理办法（暂行）〉的通知》（财综〔2014〕96号），指出政府将推广和规范政府购买服务，使市场更好地发挥在资源配置中的决定性作用。其他领域已经大规模进行政府购买服务活动，但是教育领域（特别是职业教育领域）的政府购买服务活动才刚刚起步。政府委托管理、购买第三方机构的职业教育评价服务工作，是一次很好的尝试。

2013年9月，《教育部 财政部关于支持高等职业学校提升专业服务产业发展能力的通知》（教职成厅函〔2013〕26号）指出：建立就业（用人）单位、行业协会、学生及其家长、研究机构等利益相关方共同参与的第三方人才培养质量评价制度。

2014年5月，《国务院关于加快发展现代职业教育的决定》（国发〔2014〕19号）指出：注重发挥行业、用人单位作用，积极支持第三方机构开展评估。

2014年6月，《教育部等六部门关于印发〈现代职业教育体系建设规划（2014—2020年）〉的通知》（教发〔2014〕6号）指出：以学习者的职业道德、技术技能水平和就业质量为核心，建立职业教育质量评价体系。完善学校、行业、企业、研究机构和其他社会组织共同参与的职业教育质量评价机制。各地要加强对职业教育的督导和评估，开展以人才培养质量和服务贡献为主要内容的职业院校绩效考核。职业院校要建立内部质量评价制度，强化质量保障体系建设。注重发挥行业作用，支持行业协会开展职业院校人才培养质量评估，提高人才培养质量和结构与行业需求的匹配度。鼓励企业、用人单位开展毕业生就业质量、满意度等评价。积极支持各类专业组织等第三方机构开展质量评估。

2015年5月，《教育部关于深入推进教育管办评分离促进政府职能转变的若干意见》（教政法〔2015〕5号）进一步强调，要支持专业机构和社会组织规范开展教育评价。大力培育专业教育服务机构，整合教育质量监测评估机构，完善监测评估体系，定期发布监测评估报告。扩大行业协会、专业学会、基金会等各类社会组织参与教育评价。

2015 年 6 月,《教育部办公厅关于建立职业院校教学工作诊断与改进制度的通知》(教职成厅〔2015〕2 号)指出:教育部将试行专业诊改。支持对企业有较大影响力的部分行业牵头,以行业企业用人标准为依据,设计诊断项目,以院校自愿为原则,通过反馈诊断报告和改进建议等方式,反映专业机构和社会组织对职业院校专业教学质量的认可程度,倒逼专业改革与建设。该文件进一步明确,教育部组建职业院校教学工作诊断与改进专家委员会,负责指导方案研制、政策咨询、业务指导。

2015 年 8 月,《教育部关于印发〈职业院校管理水平提升行动计划(2015—2018 年)〉的通知》指出:委托第三方依据学校管理工作实效及实施行动计划取得的实绩,分类遴选全国职业院校管理 500 强,充分发挥其示范、引领、辐射作用,确保行动计划提出的各项目标任务落到实处。

2015 年 10 月,《教育部关于印发〈高等职业教育创新发展行动计划(2015—2018 年)〉的通知》(教职成〔2015〕9 号)提出:落实各级政府责任,放管结合完善依法治校,逐步形成政府依法履职、院校自主保证、社会广泛参与,教育内部保证与教育外部评价协调配套的现代职业教育质量保障机制。支持第三方撰写发布国家高等职业教育质量年度报告;支持对用人单位影响力大的行业组织开展专业层面的教学诊改试点,以行业企业用人标准为依据,通过结果评价、结论排名、建议反馈的形式,倒逼职业院校的专业改革与建设,职业院校自愿参加。专业诊改方案由相关行业制订、教育部认可后实施。

2015 年 12 月,《教育部职业教育与成人教育司关于印发〈高等职业院校内部质量保证体系诊断与改进指导方案(试行)〉启动相关工作的通知》指出:省级教育行政部门可遴选熟悉高职教育、具有管理经验的高职院校专家、教育研究专家、行业企业专家等组成任期制的省级诊改专委会,负责本省诊改工作业务指导。省级教育行政部门可委托诊改专家委员会,探索建立诊改专家认证制度,建立动态的诊改专家库并规范专家管理。

2017 年 4 月,教育部等五部门联合印发的《关于深化高等教育领域简政放权放管结合优化服务改革的若干意见》(教政法〔2017〕7 号)指出:构建事中事后监管体系。各地各部门要进一步转变职能和管理方式,支持高校适应创新发展需要,推进治理结构改革。要深入推进"管办评"分离,切实履行监管职责。创新监管方式和手段,通过完善信用机制、"双随机"抽查、行政执法、督导、巡视、第三方评估等加强事中事后监管。

2017年12月，国务院办公厅印发的《关于深化产教融合的若干意见》（国办发〔2017〕95号）明确要求：健全社会第三方评价。积极支持社会第三方机构开展产教融合效能评价，健全统计评价体系。强化监测评价结果运用，作为绩效考核、投入引导、试点开展、表彰激励的重要依据。

2018年9月，《教育部关于加快建设高水平本科教育 全面提高人才培养能力的意见》（教高〔2018〕2号）指出：发挥专家组织和社会机构在质量评价中的作用。充分发挥高等学校教学指导委员会、高等学校本科教学工作评估专家委员会等学术组织在标准制订、评估监测及学风建设方面的重要作用。充分发挥行业部门在人才培养、需求分析、标准制订和专业认证等方面的作用。通过政府购买服务方式，支持社会专业评估机构开展高等教育质量评估。

2019年1月，《国务院关于印发国家职业教育改革实施方案的通知》（国发〔2019〕4号）要求：完善政府、行业、企业、职业院校等共同参与的质量评价机制，积极支持第三方机构开展评估，将考核结果作为政策支持、绩效考核、表彰奖励的重要依据。完善职业教育督导评估办法，建立职业教育定期督导评估和专项督导评估制度，落实督导报告、公报、约谈、限期整改、奖惩等制度。

2019年2月，中共中央、国务院印发的《中国教育现代化2035》明确提出：推动社会参与教育治理常态化，建立健全社会参与学校管理和教育评价监管机制。

由此可见，国家出台的一系列文件都明确要求建立第三方教育评价机构，构建第三方评估的教育评价机制。目前现代职业教育的发展瓶颈是现代职业教育吸引力不强，发展后劲不足，内涵建设有待加强，无法适应加快转变经济发展方式的要求。

从出台文件的部门组成也可以看出，现代职业教育体系并不仅是教育系统的事情，现代职业教育体系需要教育系统、人力资源市场、行业企业等全方位的参与，教育系统是主要参与方。所以，评价也不能仅仅是教育系统的事情。要使各利益相关方得到最大利益的满足，应该要以利益相关方的评价标准为主。

第三方评价是构建现代职业教育体系的必要因素，两者是整体和部分的关系。第三方评价的作用在于促进现代职业教育在资源配置、教育教学过程、人才培养质量等方面与人力资源市场、行业企业的全面对接，促进职业教育与经济社会的协同发展。

二、理论基础

1. 系统论

从广义上来讲，组织是一个系统，要研究组织，就要分析组织的要素①。为了更好地研究组织，我们要从系统的角度出发来理解组织，应用系统论的原理，全面分析和研究组织的活动和过程。在现代管理科学领域，尽管各学派的研究方法不尽相同，但各个学派都或多或少地运用着系统论。

虽然人类早就有关于系统的思想，但近代比较完整地提出系统论的是奥地利的贝塔朗菲。20世纪20年代，奥地利学者贝塔朗菲在研究理论生物学时，用机体论生物学批判并取代了当时的机械论和活力论生物学，建立了有机体系统的概念，提出了系统论的思想。1945年，他发表《关于一般系统论》一文，这可以看作他创立一般系统论的宣言。一般系统论研究系统中整体和部分、结构和功能、系统和环境等之间的相互联系、相互作用问题。贝塔朗菲研究了机体系统、开放系统和动态系统，试图以机体系统理论解释生命的本质。他还把开放系统作为系统的一般情形，全面考虑了开放系统的输入、输出和状态等基本因素，科学地解释了与开放系统有关的稳态、等终极以及有序性的增加等问题。

学术界关于系统的定义目前众说纷纭。国内外学者给系统所下的定义达几十个之多，真可谓"仁者见仁，智者见智"，但这些定义中有三项是学者们达成共识的。其一是系统的整体性；其二是系统由相互作用和相互依存的要素所组成；其三是系统受环境影响和干扰，和环境相互发生作用。

本书的研究对象是高职教育第三方评价，其基础也是运用系统论的原理，分析高职教育第三方评价机构与政府、高职院校、社会、家长等要素之间的相互联系和相互作用。

2. 新公共管理理论

新公共管理运动始于20世纪60年代初的新西兰，称为新西兰模式，后来传至英国、美国和其他国家。与"新公共管理主义"同属于一个概念的还有"管理主义""新管理主义"。英国学者法恩翰（Farnham）与霍顿（Horton）将新公共管理主义定义为"公共部门在近年内所发生的结构、组织和管理的

---

① 徐丽敏. 我国高等教育评估机构运行机制的研究［D］. 上海：同济大学，2006.

变化。它的精髓是将私营部门的管理系统和管理技术运用于公共服务部门"，将行政的传统特征（如官僚制、渐进性、特殊性等）转换成管理主义的新的特征（如经济、理性和普遍性）①。

根据西方行政学者格里尔、奥斯本和盖布勒等人的论述，新公共管理理论主要有如下观点②：①政府的管理职能应是"掌舵"而不是"划桨"；②新公共管理把一些科学的企业管理方法如目标管理、绩效评估、成本核算等引入公共行政领域，对提高政府工作效率是有促进作用的；③政府应广泛采用授权或分权的方式进行管理；④政府应广泛采用私营部门成功的管理手段和经验；⑤政府应在公共管理中引入竞争机制；⑥政府应重视提供公共服务的效率、效果和质量；⑦政府应放松严格的行政规则，实施明确的绩效目标控制；⑧公务员不必保持中立。

新公共管理理论是在西方社会特定的政治、经济、科学技术发展条件下的产物，体现了西方公共行政发展的趋势和方向。新公共管理改革运动在西方国家普遍开展之后，在相当程度上提高了西方国家的公共管理水平，促进了西方国家经济与社会的发展，满足了更多的公共服务需求，同时也增强了西方国家在国际社会中的竞争能力。

随着全球一体化的发展，在完善我国社会主义市场经济建设中如何进一步发挥政府的作用，政府如何运用市场的方法来管理公共事务，提高公共行政服务的质量和效率，实现公共行政管理的现代化，这是摆在国人面前的现实而又紧迫的问题，有必要进行深入的研究和探索。而以市场化为导向的西方国家公共管理改革的理论与实践，显然可以为我国的公共管理改革提供一定的经验，也同样适用于我国当前高等教育管理体制改革的借鉴。当然，在我们的借鉴或学习中，首先需要认清本国的现实国情，有取舍地加以移植。

从时间上看，新公共管理理论的出现要晚于第二次世界大战后的美国高等教育社会评估机构的高速发展期，也就是说，高等教育社会评估机构最初的发展并不是建立在这种思想之上的，从英国高等教育社会评估机构的发展来看，也并非受此影响③。而从我国的实际情况来看，我国高校绝大多数是公立院校，对其的评估一直以来都是以政府主导的方式进行的。可见，我国高等教育

---

① 李鹏. 新公共管理及应用 [M]. 北京：社会科学文献出版社，2004.

② 奥斯本，盖布勒. 改革政府：企业精神如何改革着公营部门 [M]. 上海市政协编译组，东方编译所，编译. 上海：上海译文出版社，1996.

③ 徐丽敏. 我国高等教育评估机构运行机制的研究 [D]. 上海：同济大学，2006.

评估的改革不仅是高等教育领域的事，还有相当大的一部分关系到政府职能问题，而从当前我国政治、经济、社会的发展情况看，我国正处于"转型期"，这一思想存在尚不适应我国所有公共领域实际发展进度的地方，但很多地方值得在发展高等教育评估机构的问题上加以借鉴并引作理论依据。

（1）政府在高等教育评估的问题上，可以逐步从"划桨者"转变为"掌舵者"。高等教育评估活动可以从基础性的工作开始，逐渐将非核心管理部分的评估工作采用委托代理等方式交由评估机构负责，为政府对高校的管理走向宏观层面创造条件。

（2）评估工作的绩效能否提高直接关系到高等教育评估活动的生命力，如何提高评估活动的投入—产出效益，已成为当前高等教育评估领域亟待解决的问题，我们要"在高等教育质量保障的成本与功效之间寻求一种平衡"。第三方评估机构一方面作为独立的市场主体，要直接对自身的生存和发展负责，在很大程度上必须以各服务对象创造实实在在的效益作为其成长依存点，这将促使第三方评价机构通过提高自身的工作绩效，如不断提高评估的专业技术、改进评估方法以使其服务有广阔的市场空间；另一方面，从西方此类组织的发展经验看，社会机构可以吸收更多志愿者提供义务的支持，可以吸收更多的社会捐助，亦可适当地对被评对象收费，这些都为高等教育第三方评估所需的较大规模的智力资源和物质资源提供了重要来源。

（3）发展高等教育评估机构也是"在公共管理领域引入竞争机制"的重要契机。既可通过"价值中立"第三方的评估在高校间建立起公平、合理、有序的竞争秩序，亦可在高等教育评估组织间建立起竞争机制，为高等教育评估组织理念、技术、方法的不断进步以及为高等教育评估绩效的改进等提供源源不断的动力。

（4）发展第三方高等教育评估机构体现了"政府对提供公共服务的效率、效果和质量的重视"。在当前完全由政府主持高等教育评估的形势下，第三方评估虽然取得了相当的成效，但大部分高校通常更多地将之视为"检查"，为评估所做的准备事实上应付检查多于自觉的质量改进，而政府为此付出的工作量却是巨大的。第三方高等教育评估组织作为专业化的评估力量，有助于提高评估的质量和效率，也有助于促进高校教育服务质量的提升。

综上所述，新公共管理理论中某些关于政府职能转变、重视公共领域的绩效、在公共领域引入竞争机制等思想对新形势下我国发展高等教育评估机构提供了重要的理论支撑。

3. 现代大学制度理论

现代大学制度可以表述为"在社会发展逐步依赖知识生产的历史进程中，借以促进大学高度社会化并维护大学组织健康发展的结构功能规则体系"。如果我们把现代大学制度视为有助于大学健康持续发展的制度，那么一切反映大学本质规律、有助于解决现时代大学问题的制度，均可以视为现代大学制度的实际内容。从现实来看，我国政府面对新时期高等教育的发展形势与要求，在这方面亦表现出与时俱进的态度。1998 年 8 月 29 日，第九届全国人民代表大会常务委员会第四次会议通过的《中华人民共和国高等教育法》第十一条明确规定：高等学校应当面向社会，依法自主办学，实行民主管理。这一表述直接触及了现代大学制度的核心。建立现代大学制度，是新时期我国高等教育改革的方向，也是高等教育发展的必然要求。而发展第三方高等教育评估机构，正符合现代大学制度建设的需要，甚至可以进一步说，它也是现代大学制度建设的重要内容之一，具体可以从两个方面来理解：

第一，发展第三方高等教育评估机构，为现有评估制度注入了新的内涵，是现代大学制度建设中高校"面向社会自主办学"的重要制度支撑。现代大学制度以"开放"为核心，第三方高等教育评估制度作为其中重要的建设环节，在我国鼓励高校"面向社会自主办学"的过程中，应该与时俱进，逐渐走出封闭化的格局。高等教育系统开放性机制的缺失是当前我国在现代大学制度建设中存在的重要问题，而评估制度的封闭化正是这一问题的突出表现之一。由政府单方面组织高等教育评估，评估人员通常由政府指定，而社会方面的人员很少，即使有，亦难具代表性。

第二，发展第三方高等教育评估机构，完全符合现代大学制度所关注的政府、高校、社会之间关系的权衡需要，也符合提高大学自身管理水平的需要。具体而言：

（1）发展高等教育第三方评估组织能满足现代大学制度关注的"平衡大学与政府间的关系"之需。现代大学制度要求正确理解和明确大学举办者、管理者和办学者之间的关系和权责，全面把握和落实大学作为法人实体和办学主体应具有的权力和责任。这是发展高等教育第三方评估组织介入高等教育评估的重要前提；反之，高等教育评估的中介化也有利于理顺这一关系。一方面，政府可以从"高等教育评估"领域着手，避免对高校进行过多的行政干预；另一方面，鉴于高等教育评估组织所具备的中介属性、更明确的组织使命、更强的专业性等能够更好地适应新形势下我国高等教育质量的解释、保障与促进之现实需要的优势，政府可以借此更好地取得其所需要的高等教育质量保障与促进效果。同时，这也是有效处理宏观层面行政权力与学术权力间冲突的重要机制之一。大学属于组织范畴，有着一般组织的属性，但其崇尚学术自由和学术自治的秉性，又使得其有着自身的基于学术的发展逻辑，因此有效协调行政权力与学术权力之间的关系，对于保障学术民主和学术自由、推动学术进步显得至关重要。而高等教育评估的中介化可以为宏观层面上这两种权力的平衡提供关键的"缓冲"机制。

（2）发展高等教育第三方评估机构能满足现代大学制度关注的"完善大学与社会间的关系"之需。现代大学制度要求高校的管理必须主动适应社会与学生的需求，而从侧面看，社会各相关主体对处于社会化进程中的高校理应享有更多合理的愿望表达和监督的权利。通过高等教育第三方评估机构，以往显得与高等教育评估关系较小的社会各相关利益主体如学生、家长、用人单位，可从中获得更多的表达意愿、需求和合理参与监督的机会。

（3）发展高等教育第三方评估机构能满足现代大学制度关注的"规范大学与大学间的关系"之需。建立起高等院校间平等、合理和有序的竞争秩序是高等教育评估机构的重要作用之一。高等教育评估机构在评估活动中秉持"价值中立"，最大限度地给外界提供真实、可靠、全面的评估报告和评估信息乃至必要的原始数据，可以更好地为各高校在争取财政拨款、捐助及社会认可等关系各自生存和发展的领域创造一个平等、合理、有序的竞争环境，有利于优化教育资源的配置。

（4）发展高等教育第三方评估机构能满足现代大学制度关注的"提高大学自身管理的水平"之需。高校治理结构的完善和发展作为现代大学制度的本质内容，提高高校自身的管理水平在很大程度上亦取决于此。而就"治理结构"而言，一方面，它适用于"开放的系统"，其本身也具备充分的开放度；另一方面，其具有"多向交叉"的制度设计和组织运行规范，这个结构本身就使开放系统中的各方面具有了"互相监管"的功能。这两点均为高等教育第三方评估机构及评估活动中介化的发展提供了天然接洽点。因为高等教育第三方评估机构的评估活动显然并非单向的"管理"活动，其较高层次的愿景更多的是要促进或有助于培养高校内部这种"治理"结构的完善，以使被评估的对象不断提高自我质量保障的管理能力，产生对质量改进的主动需求。

（5）发展高等教育第三方评估机构可以有效促进政府的宏观管理。政府职能的转变对促进现代大学制度建设意义重大，涉及政府在各项相关权力上的重新定位。高等教育第三方评估机构在评估领域的进入，直接为政府转移其中的一部分权力，从而为政府走向宏观层面的管理提供了重要的条件。

综上所述，一方面，借助现代大学制度理论，可以为发展高等教育第三方评估机构提供重要理论支撑；另一方面，发展高等教育第三方评估机构与现代大学制度建设之间同时也存在着互为前提、互为动力的相辅相成的关系。

4. 指标体系基本理论

陈怀芳、裴云对指标体系设置的前提概述指出，指标体系的价值体现在完整性、精确性、流畅性三个方面[1][2]。完整性具体体现在总量与平均量、数量与质量、教学与科研、定量与定性这几个方面。游成梅、李文中在《"中国大学排行"问题分析及评价指标体系构建》一文中认为，建立科学的评价指标体系应该遵循以下方法和步骤：一是深入细致研究和了解被评价对象，可从深度和广度两个方面着手；二是列出研究目标的因素，并进行筛选，去掉次要性的因素，选择相关性最大的指标因素；三是搭建一个规范的指标结构，主要应用系统工程的"KJ"法对这些因素进行归类；四是分配权重，采用"艾菲尔法"[3]。这样就形成一套综合、合理的指标体系。

三、相关研究成果

1. 国内外研究现状及简评

（1）国外研究现状

国外较早讨论高等教育中介组织（类似第三方评价机构）的学者是美国高等教育思想家伯顿·克拉克（Burton Clark）。1983年，伯顿·克拉克指出：一个国家的高等教育系统可以主要由学术权威来协调，不论协调的好坏，而不是只有国家官僚的命令或市场型的相互作用。这种学术权威的协调可通过两种方式来实现——教授（在讲座制的高等教育系统中）和缓冲组织（buffer organizations）。该机构"了解高等院校"且"同情它们的需要"，更重要的是能为它们向政府"讲话"，配备了许多具有专长和代表性的，在各学科与院校内外十分有影响的人士，因此能提出有说服力的理由。

---

① 陈怀芳. 国内大学排行榜指标体系的比较研究 [D]. 长沙：长沙理工大学，2010.
② 裴云. 对大学排行指标体系的分析 [J]. 中国地质大学学报（社科版），2003，3（5）：4.
③ 游成梅，李文中. "中国大学排行"问题分析及评价指标体系构建 [J]. 北京化工大学学报（社会科学版），2003（4）：41-44.

1991 年，伊尔·卡瓦斯（El Khawas）在其著作《外部保证系统》中把中介机构界定为"一个正式建立起来的团体，它的建立主要是加强政府部门与独立组织的联系，以完成一种特殊的公共目的"。他的这种解释实际上是把中介机构放在政府和高校之间来进行考察的。同年，德·博耶（De Boer）概括出中介机构的三种功能：一是影响政府的决策，二是执行政府决策，三是提供服务。同时，他提出教育评估中介机构的发展与政府、社会、高校密切相关。

虽然国外高等教育评估中介机构的发展远远早于中国，但是近年来专门研究的文章不多，根据美国学者 Baker 和国内学者杨晓江等对相关问题研究的归纳，国外相关研究主要集中在以下几个方面：①把中介机构置于政府与高校或社会与高校的利益冲突中进行研究。在论述高等教育评估中介机构的功能职责时，国外学者倾向于分析多方关系。②个案研究。没有国外学者从宏观上综合阐述高等教育评估中介机构，他们更多地是从某一具体的评估机构进行描述和讨论。

同时，通过各种文献可以看出，目前职业教育第三方评价发展比较成熟的国家主要有美国、英国、德国。

美国社区学院没有专门的官方评估机构，政府不直接参与评估活动，而主要通过非政府组织的认证来保障教育质量，但是认证组织须得到政府的认可。美国"高等教育认证委员会"负责对认证组织进行认证，目前美国有六个地区性认证组织。认证组织主要有院校认证组织和专业认证组织两种：院校认证组织负责院校认证，侧重评估学校的整体办学质量；专业认证是指由医学、艺术、商业等专业认证组织对专业进行评估，以保障专业领域的教学水平。是否实施组织认证，必须坚持院校自愿参加的原则，结合院校自评来进行，并与政府拨款相联系。

英国职业教育的管理采用分权式运作，即将部分权力下放给第三方组织，政府主要对其授权和工作效果进行监督。其质量外部保障系统主要由行业技能委员会（SSC）、资金委员会（FA）和教育标准办公室（OFSTED）构成，主要负责开发各自行业的国家职业标准，也可从事相关的培训工作，受政府资助。FA 是政府的教育审核、拨款机构。它根据学校的规模、专业和对院校的评估等级结果进行拨款。OFSTED 是受政府委托的第三方评估机构，负责对职业院校进行综合评价。OFSTED 对职业院校的综合评估是非常严格且具有权威性的。检查一般每四年一次，对评估质量没有达到优良的职业院校，检查周期可能变为每年或更短。检查会提前几天临时通知，几十个工作人员检查一周。

检查采用统一的评价标准，检查报告非常详尽，多达150页，并在网络上公开，它直接影响学校的拨款、声誉和学生入学率。

德国职业学校的外部评价实践凸显评价活动的专业性，主要体现在以下几个方面：一是评价机构的专业性。德国各州政府部门委托专门的、独立的第三方专业机构对职业学校进行监控，如巴登—符腾堡州的 LS（学校发展研究所）、柏林和勃兰登堡州的 ISQ（学校质量研究所）等。这些研究所为所在州的学校质量、学校管理水平和教育政策等提供决策咨询和指导服务，负责各州各级各类学校的质量评价工作。各个研究所由所在州的文教部提供资金保障，但又是独立于州政府和学校管制的非政府机构。各个研究所对参与评价的专家的基本知识、素质结构、实践经验等具有严格的要求。评价方式主要采用网上调查问卷、数据采集等量的分析方式和学校自我评价、文件分析、学校现场考察、座谈会议等质的分析方式对学校进行整体全面的剖析，评价结果具有专业性和指导性。

（2）国内研究现状

20世纪90年代，我国从西方引进高等教育评估中介机构概念，它最早由华东师范大学陈玉琨教授于1994年在沈阳的一次会议上提出，此后学术界开始了对高等教育评估中介机构（类似于第三方评价机构）的相关研究。总的来说，我国学者对它的研究历程很短，较少有专著问世，相关研究主要在一些关于国外高等教育的研究或是有关高等教育评估制度的研究中出现，如王致和（1995）主编的《高等学校教育评估》、夏天阳（1997）主编的《各国高等教育评估》、谢安邦（1998）主编的《比较高等教育》、顾志跃（2005）主编的《转型中的教育评价》、袁益民（2007）主编的《教育评估的体制创新》、周光明（2009）主编的《高等学校发展性教学评估研究》等。其他有关高等教育第三方评价研究的文献则散见于一些期刊和学位论文中。在中国知网，真正提及"第三方评价"字样的教育研究文献从2006年开始出现。以"教育"和"第三方评价"为主题词搜索，共有270篇文献；以"职业教育"和"第三方评价"为关键词搜索，仅有69篇文献。再宽泛一点，从1997年开始，对高等教育评价中介机构（组织）的研究总计171篇；而对职业教育评价中介机构（组织）的研究仅有7篇。由此可见，对教育第三方评价的相关研究主要集中于对高等教育的笼统研究。

从2011年开始，国内学术界对职业教育第三方评价的研究才正式起步，但是相关研究较少，没有专门的论著。在中国知网，近四年的相关期刊论文和学位论文虽有 69 篇，但直接以"第三方评价"为关键词或题名的期刊论文仅 30 篇（没有相关的学位论文）。同时，在近年来立项的全国教育科学规划课题中，相关研究只有 2013 年梁卿主持的"职业教育质量第三方评价的认识论研究" 1 项，但此课题从认识论的角度来解释职业教育质量第三方评价的概念和内涵，较少涉及运行模式研究。我国对职业教育第三方评价的已有研究归纳起来主要有以下几个方面：

①职业教育质量第三方评价的概念研究。梁卿（2014）认为，综合各种认识，职业教育第三方评价中的第三方指的是第一方和第二方之外、与评价对象没有隶属关系和直接利益关联的一方，第三方评价的主要特征是独立性、相对公正性和权威性。

②职业教育第三方评价的重要性和必要性研究。耿金岭（2012）认为，构建高职院校办学的第三方评价体系，是解决评估工作的维度、信度、效度的基本路径，既符合国家的政策导向，也符合高职院校教育各利益相关方的要求。陆春阳（2011）认为，在国家教育主管部门的引领下，确立行业组织作为第三方职业教育人才培养质量评价组织者的地位，由行业组织调动本行业企业参与评价的热情与积极性，或许可以成为我国现阶段开展第三方职业教育人才培养质量评价的突破口。

③职业教育第三方评价运用于某一具体领域的研究。在现有文献中，此类研究相对较多，对职业教育第三方评价运用于如下具体领域开展了研究：

职业教育第三方评价运用于人才培养质量评价的研究，代表人物陈智行（2014）认为：职业教育第三方评价需要遵循人才质量标准、培养效率标准、社会效益标准，运用管理学闭环控制理论，确立服务区域经济的目标，依托岗位需求和毕业生终身发展制定评价指标，强化流程控制，建立完善的运行模式，并形成以信息交流为核心模块的职业教育人才培养质量评价反馈机制。

职业教育第三方评价运用于教学质量评价的研究，代表人物吴双（2012）认为，为了有效地实施对高职院校教学质量的评价，有必要成立由政府监督、各行业协会主管，独立于高职院校的权威的"教学质量评价委员会"。高职院校教学质量评价委员会负责对该行业相应专业的教学质量即学生职业能力进行评价，其主要工作包括确定高职院校学生职业能力评价的评价主体、评价内容和标准、评价时间和方法以及出具评价报告等。

④职业教育第三方评价的国际比较研究。此类研究不多，代表人物杨丽（2013）以西方国家为例，指出第三方评价主要包括三种类型即社会评价、企

业评价以及政府评价。孙颖（2014）认为，大学评价与学位授予机构是日本职业教育质量评价体系中的第三方评价机构之一，它通过严格的运行体系、渐进的评价基准及前瞻的方向引导等策略，在对高等专门学校实施外部评价的同时，真正地带动了日本职业教育质量的提升，可以为我国今后职业教育质量评价提供借鉴。

（3）国内外研究现状简评

综合以上国内外研究现状和研究动态可以看出，现有研究存在以下问题：

①国外研究在一定程度上对我国建立职业教育第三方评价模式有一定借鉴意义，但由于国情不同，在不同的政治、经济、文化、教育背景下，应有不同的运行模式。

②国内理论研究基础薄弱，研究时间短、积累少，理论零散，缺乏深度和系统性，对一些重要问题如职业教育第三方评价的准则、模式、标准、程序、方法、政策等研究非常缺乏，未建立起完整的具有中国特色的职业教育第三方评价理论体系。

③国内应用研究对实践的指导性不强。统观已有研究，虽多为对实践的经验性总结，有一定的现实针对性，但缺乏深度。目前来看，尚没有形成一支专门的研究队伍，多为"零敲碎打"式的研究，且研究的实用功利倾向明显，形成"头痛医头，脚痛医脚"的局面，缺乏前瞻性和引导性。

2. 本书的学术价值和应用价值

现有研究的不足为本书留下了研究空间，本书从与新时代相适应的现代职业教育的全过程动态监控出发，以第三方评价为突破口，主要解决现代职业教育在资源配置、教育教学过程、人才培养质量等方面的问题。相对于现有研究，本书具有独到的学术价值和应用价值。

（1）学术价值

①有利于丰富职业教育和第三方评价理论。本书将明确新时代"现代职业教育"与"传统职业教育"的不同内涵和特征、"现代职业教育第三方"的内涵和特征、"现代职业教育第三方评价运行模式"的内涵和特征，这些在目前的学术界都是有待深入讨论和剖析的问题，解决它们有助于丰富目前的学术思想，填补某些学术领域的空白。

②有利于丰富"校企合作、工学结合"的人才培养模式理论。从目前学术界对"校企合作、工学结合"人才培养模式理论的研究来看，研究基本上是从校企合作模式、合作效益等角度来阐释的，很少从评价（或第三方评价）

的角度来阐释，本书弥补了这一不足。

（2）应用价值

①有利于推动现代职业院校形成"及时发现问题、及时纠正问题"动态监控的常态化机制。本书结合我国国情，构建"事前预警、事中诊断、事后反馈"全过程监控的现代职业教育第三方评价的运行模式，具有较强的实践指导性，有利于克服目前评价方式的弊端，引导并推动现代职业院校走向良性发展。

②有利于促使现代职业院校加强内涵建设，突破现代职业教育发展的瓶颈。"十二五"以前，我国职业教育处于外延式发展阶段，主要以专业建设、师资队伍建设、教育教学改革等主体性改革为重点，对以体制机制创新为切入点的制度性改革涉及不多。而目前我国职业教育已进入内涵发展的新阶段，只有加强内部治理结构改革，才能以制度性改革保障主体性改革的顺利推进，进而提升职业院校的整体办学实力。为了确保人才培养的质量和特色，需要在机制上进一步探索行业、企业参与职业教育的政策制度环境。本书关于现代职业教育第三方评价的国家宏观调整政策及职业院校管理制度的改革建议，有助于现代职业教育加强内涵建设，帮助解决发展中的难题。

第四节　研究程序

一、研究设计

在现代职业教育存在新问题和现有评价模式不能满足其发展需要的前提下，本书确定了"现代职业教育第三方评价的运行模式研究"这一研究方向。在确定研究方向后，本书研究的基本思路是：外考→内思→上构→下建。"外考"即从实践中了解现代职业教育在内涵发展时期对第三方评价的现实需求，考察它的表现形式及影响因子，回答"它现实中怎么样"；"内思"即探究现代职业教育第三方评价的理论内核，回答"它应该是什么"；"上构"即是在"外考"与"内思"的基础上设计适应我国国情的现代职业教育第三方评价的运行模式，回答"它应该怎么做"；"下建"即通过个案验证"上构"的合理性和有效性，不断完善理论，回答"如何做得好"。具体研究思路详见图1-1。

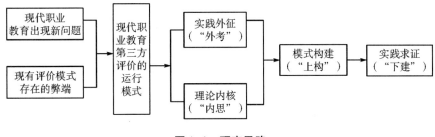

图 1-1 研究思路

二、研究对象

1. 现代职业教育的第三方

"现代职业教育"是指职业教育已进入"走过规模扩张、进入内涵建设"阶段后的"后示范时期"。在此期间,如何发挥政府的宏观调控、监控和导向作用,发动社会力量的监督作用,是亟待深入研究的课题。建立现代职业教育第三方动态监控的常态化机制,适应了国家政治、经济新常态发展的需要。《国务院关于加快发展现代职业教育的决定》(国发〔2014〕19 号)明确规定:鼓励社会力量参与职业教育办学、管理和评价。可以预见,新的一轮社会力量参与职业教育的浪潮即将来临。

参与并主导现代职业教育评价的社会力量有哪些?现代职业教育的第三方是谁?学术界有多种界定,但比较笼统,不具体。本书界定的现代职业教育第三方是指由政府委托并认证、独立于政府和职业院校之外的中介评价机构。评价机构可招聘全职或兼职评价专家,组成专家团,对职业院校进行评估。评价专家团由行业企业专家(含行业管理专家、行业技术人才)、教育专家(含教育研究专家、教育管理专家、教学一线名师)按照一定的比例组成。

2. 现代职业教育第三方评价的运行模式

现代职业教育第三方评价的运行模式是指现代职业教育第三方评价运行整体过程的动态发展的标准样式,此运行模式可借鉴国外职业教育第三方评价的成熟模式,但要从我国国情出发。在我国现行教育体制下,政府可以通过委托管理、购买服务的形式,为第三方评价机构提供经费资助、资质认证和其他支持,或者委托第三方评价机构对职业院校的教育教学进行"全过程动态监控",为职业院校的资源禀赋、办学模式、人才培养模式、专业建设、课程建设、院校治理、人才培养质量及就业质量跟踪等方面提供诊断服务。

这种"全过程动态监控"包括"事前预警""事中诊断""事后反馈"。

第三方评价机构通过"事前预警"，能帮助职业院校量力而行、在自身能力范围内进行建设；通过"事中诊断"，能使职业院校及时发现问题、诊断问题、纠正错误，使"当局者迷"的问题及时得到解决，以免出现一些重复建设或偏离轨道的建设；通过"事后反馈"，可将职业院校出现的共性问题反馈给政府，为政府决策提供参考，并将个性问题反馈给各职业院校，以帮助职业院校持续改进，规划更好的发展前景。本书界定的第三方评价是第三方机构主导的（而不仅仅是参与）现代职业教育的教育教学评价工作，而有别于国内大部分第三方评价机构仅发挥参与作用的现状。

三、研究方法

本书采取定性分析与定量分析、综合研究与专题研究相结合的研究方法。主要研究方法如下：

1. 文献研究法

查阅并梳理相关资料文献以及政府的相关政策文本，在了解和掌握当前研究已取得的成果的基础上，进一步对相关的资料文献和政策文本进行分析，为研究寻找相关理论并明晰研究思路。

2. 调查研究法

调查我国现有政府主导型评价模式下现代职业教育的现状，分析现代职业教育评价在资源禀赋、教育教学过程、人才培养质量等方面存在的问题。

3. 比较研究法

研究目前国外职业教育第三方评价的运行模式，探寻目前职业教育第三方评价的发展走向，寻找共同规律以服务我国的实践，构建一种适应我国国情的现代职业教育第三方评价运行模式。

4. 个案研究法

通过情景模拟的方式来探究现代职业教育第三方评价的运行模式、构建模式、实践模式。同时个案研究不仅停留在对个案的研究和认识的水平上，而且要明确问题与结果之间的因果关系，提出相应对策，以改进评价方法。

5. 行动研究法

将改革行动与研究工作相结合，与实践的具体改革行动紧密相连。结合本校第三方评价的实践，不断地探索、解决评价过程中出现的实际问题，即使出现偏差，也不至于导致整个研究工作失败。

四、研究技术路线

具体研究技术路线详见图1-2。

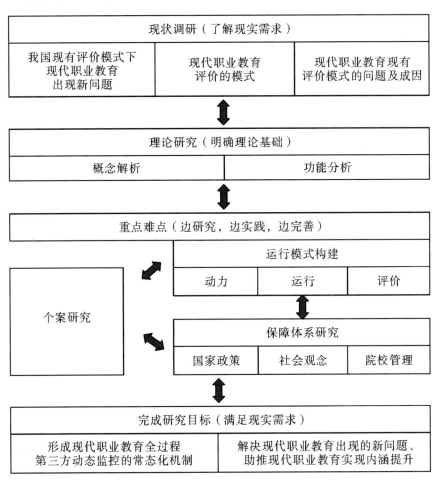

图1-2 研究技术路线

第二章　现代职业教育第三方评价的理论

　　2014 年 5 月，习近平总书记提出了中国经济发展进入新常态的重大战略判断，并系统阐释了"新常态"的九大趋势性变化，其中一大趋势是更加注重加强教育和提升人力资本素质。这要求职业教育主动适应新常态、全面服务新常态，培养更多技术技能人才，提升我国人力资本素质。职业教育评价是服务于职业教育发展的重大动力和引擎，采用科学的评价方式至关重要。《教育部关于充分发挥行业指导作用推进职业教育改革发展的意见》（教职成〔2011〕6 号）明确提出：要逐步建立以行业企业为主导的职业教育第三方评价机制。《国务院关于加快发展现代职业教育的决定》（国发〔2014〕19 号）明确规定：鼓励社会力量参与职业教育办学、管理和评价。可见社会力量参与职业教育已经被纳入政府的政策规制，但其能否有效推进还有待学术界从理论方面开展研究，以便达成社会共识，有效推进第三方评价工作在职业教育领域的开展。

第一节　现代职业教育第三方评价的相关概念

　　社会共识的达成必须基于相关概念内涵的明晰，在现代职业教育第三方评价中有几个至关重要的概念，即职业教育的现代性、职业教育在现代的内涵及特征、现代职业教育评价、职业教育评价的第三方。这几个概念是本书开展研究工作的前提和基础。但在目前的研究中，有些概念较为清晰，有些则还存在一定分歧。

一、职业教育的现代性

　　现代职业教育是具有现代性的职业教育，其现代性表现在职业教育（工作）者的思维方式、行为方式以及职业教育的发展状态等方面，反映在职业教育的微观和宏观两个层面。现代职业教育应是基于现代社会背景，在先进教育理念的指引下，在培养生产服务一线技术技能人才的行为方式和效果上胜于前职业教育的新型职业教育。现代职业教育的现代性也是绝对和相对的统一①。党的十八大提出的现代职业教育，应既具有当前世界职业教育"现代性"的共性特征，又能体现我国职业教育发展阶段的个性特征。具体来说，现代职业教育的现代性体现为职业教育（工作）者教育理念的先进性、教育行为的适切性和行为效果的良好性。

二、职业教育在现代的内涵及特点

有研究者认为，职业教育是终身学习的重要组成部分，是全民教育的主要承担者，是以培养符合职业或劳动环境所需要的技能型人才为目标的一种教育类型，它以职业需求为导向，以实践应用性技术和技艺为主要内容，传授职业活动必需的技能、知识、态度，并使学习者获得或者扩展职业行为能力，进而获得相应的职业资格②。职业教育培养的人才是技能型人才，也可以称之为技术应用型人才和操作技能型人才，这两者都要具备一定的理论技术和实践技术、心智技能和运动技能，都要在生产或服务的一线通过行动将已有的设计、规范和决策转化为产品或服务成果。因此，其主要特征有职业性、技术性、社会性、终身性和全民性等，其中职业性和技术性是其本质属性，其他的属性为其派生属性。

也有研究者提出，现代职业教育不仅要注重对学生技能的培养，还要注重对学生现代职业道德、职业素质的培养。教育部原副部长鲁昕曾提出，现代职业教育是适应现代科学技术和现代生产方式，主要培养面向一线的技术技能人才的一种教育类型。教育部职业教育与成人教育司原司长葛道凯曾提出，现代职业教育发展要求职业教育必须树立全面发展、人人成才、多样化人才、终身学习、系统培养的新理念，建立科学规范、系统完备的制度体系和统筹协调、运行有效的体制机制，以推动职业教育更加科学地发展，并使其成为工业化、信息化、城镇化和农业现代化同步推进的重要支撑。

从国际视野来看，实现现代化或提升现代化水平是世界职业教育改革发展的基本趋势，发达国家和发展中国家对此都非常重视。如欧盟提出，有吸引

① 陈智行. 试析现代职业教育的现代性 [J]. 职业技术教育, 2014 (1)：16-19.
② 和震. 论现代职业教育的内涵与特征 [J]. 中国高教研究, 2008 (10)：65-67.

力、开放、现代和包容的职业教育与培训是知识经济发展的重要支柱，也是欧盟职业教育改革发展的根本目标。职业教育与培训现代化的基本要求是：积极应对劳动力市场的需求，具有足够的灵活性，能够解决劳动力市场上的技能失衡和短缺问题，是公民获得职业资格和实现知识更新的有吸引力的教育选择，个人通过职业教育与培训获得的职业能力和资格得到了充分认可。

从教育改革发展的规律来看，教育现代化是经济社会现代化进程的一部分，同时，教育现代化又是经济社会现代化的重要支撑。因此，职业教育现代化必须突破教育自身发展的视角，一是从整个经济社会可持续发展的角度出发，把职业教育作为整个国家发展战略的重要组成部分，在宏观上适应国家建设小康社会和增强创新能力的要求，关注弱势群体和社会重点发展目标，制定针对行业企业的技能人才培养战略，增强职业教育在整个国家发展中的作用；二是从整个教育发展的角度，构建层次完善、结构灵活、形式多样的职业教育体系，充分发挥职业教育作为一种教育类型在教育体系构建及满足公民学习需求方面的功能；三是从职业教育自身发展的角度出发，加强管理体制、办学模式、课程教学方面的改革创新，解决自身存在的问题，全面提高教育教学质量，不断提升其吸引力①。

由此可见，职业教育无论在什么时代都处于不断变化之中，其内涵和特点也在不断更新。从发展的视角来看，职业教育在现代的新内涵至少应包含以下几方面内容：首先，职业教育必须是一种教育类型，且有自身独特的人才成长渠道；其次，职业教育必须契合社会发展的需要，尤其是社会对技术技能型人才的需要；最后，职业教育培育的人才的知识结构必须以操作和应用性知识为主体，人才的能力结构应以实践性能力为核心。职业教育在现代也应该呈现以下特征：第一，职业性。通过接受职业教育，人们能为从事一定职业打下良好基础，社会职业岗位能获得更多可用人才。第二，技术性。这是一种和研究性等理论性相对应的要求，它更倾向于知识在现实工作中的应用，而非研究高深学问。第三，发展性。无论在知识构成、技术操作还是职业变化性等方面，职业教育的发展变化速度都远快于其他教育类型，教师、学生和学校以及相关技术技能培训机构都要在各方面随之变化，才能适应时代的需要。第四，普适性。职业教育必须是一种适用于所有公民的教育，它不同于适用于少数人群的精英教育，是一种能真正实现"有教无类"的教育。适龄公民只要有从事职业工作的需要，都可以接受一定的职业教育。

---

① 李玉静. 现代职业教育：内涵与要求 [J]. 职业技术教育, 2012 (34): 1.

三、现代职业教育评价

从评价的内容视角来看，教育评价是根据一定的教育价值观或教育目标，运用可行的科学手段，系统地收集信息资料并分析整理，对教育活动、教育过程和教育结果进行价值判断，为提高教育质量和教育决策提供依据的过程。由此可见，教育评价是对教育活动满足社会与个体需要的程度做出判断，对教育活动现实的（已经取得的）或潜在的（还未取得，但可能取得的）价值做出判断，以期达到教育增值的过程。从这里可以看出，教育评价应该重点关注教育目标、教育过程、教育手段和方法这三个方面，以及教育的显性价值和隐性价值。职业教育作为职业性和技术性比较强的教育类型，其评价工作同样不可缺少这些方面的内容，但在内容的具体内涵上必须有别于其他教育评价。在教育目标上，职业教育的质量目标评价不同于普通中、高等教育，它更加注重不同类型学生的目标，其中适龄学生以获得一技之长，同时获得身心健康发展为主要目标；在岗人员或社会无业人员则以提升技术技能，或获得就业能力为第一要务。在教育过程中，对不同学生采取的教学活动也有所不同，作为职业教育，职业技术和技能的教学是其应有之属性，教学过程必须强调实践教学，且实践教学的时间和内容一定要超过理论教学，这样才能彰显职业教育之特点；为保证教育目标和教学过程不偏离职业教育之本质要求，必须采取适用于职业教育的教学手段和方法。是否采用了基于工作过程的教学、情景模拟教学、项目化教学等教学模式是评价职业教育教学手段和方法的重要指标之一。

总而言之，职业教育评价活动必须从教育目标、教育过程以及教育手段和方法着手，以凸显职业教育特色的评价指标为基础，以充分体现职业教育服务于现实社会需要和将来发展需要为价值判断依据，以促进职业教育发展为根本目标。

从评价组织的活动形式看，现代职业教育第三方评价可以理解为政府通过实行委托管理、购买服务的形式，为第三方评价机构提供经费资助、资质认证和其他支持，委托第三方评价机构对职业院校的教育教学进行"全过程动态监控"。这种"全过程动态监控"包括"事前预警""事中诊断""事后反馈"。第三方评价机构通过"事前预警"，能帮助职业院校量力而行，在自身资源的有限范围内进行建设；通过"事中诊断"，能帮助职业院校及时发现问题、诊断问题、纠正错误，使"当局者迷"的问题得到及时解决；通过"事后反馈"，可将职业院校出现的共性问题反馈给政府，为政府决策提供参考，并将个性问题反馈给各职业院校，以帮助职业院校持续改进，规划更好的发展前景。

四、现代职业教育评价的第三方

参与并主导现代职业教育评价的社会力量有哪些？现代职业教育评价的第三方是谁？学术界有多种界定，但比较笼统，不具体。国外较早讨论高等教育中介组织（类似第三方评价机构）的学者是美国高等教育思想家伯顿·克拉克。1983 年，伯顿·克拉克指出，一个国家的高等教育系统可以主要由学术权威来协调，这种学术权威的协调可通过两种方式来实现———教授（在讲座制的高等教育系统中）和缓冲组织（buffer organizations）。20 世纪 90 年代，我国从西方引进高等教育评估中介机构概念，它最早由华东师范大学陈玉琨教授于 1994 年在沈阳的一次会议上提出。总的来说，我国学者对它的研究历程很短，较少有专著问世，相关研究主要在对一些关于国外高等教育的研究或是有关高等教育评价制度的研究中出现，如顾志跃（2005）主编的《转型中的教育评价》等。其他有关高等教育质量第三方评价研究的文献则主要散见于一些期刊和学位论文中。

目前学界关于现代职业教育评价的第三方大致有三种代表性的观点：第一种观点认为，现代职业教育评价的第三方是独立于第一方和第二方之外的一方，第一方是教育举办者（职业学校），第二方是教育接受者（学生），第三方则是独立于前两者之外的另外一方，包括教育主管部门、行业组织和企业等[①]。第二种观点认为，现代职业教育评价的"第三方是与评价对象无隶属关系，但有利益关系的一方"。王育仁、陶德庆、梁卿等支持这种观点。王育仁等认为，传统的办学主体是第一方，教育管理部门是第二方，在二者之外与其有利益关联的各方都是第三方，具体包括"用人单位、行业协会、学生及其家长"；梁卿认为，"行业、企业、学生、家长"都属于第三方；陶德庆认为，教育评价的主体主要是就业（用人）单位、行业协会、学生及其家长、研究机构等[②]。尽管研究者关于现代职业教育评价第三方的主体构成定义上略有不同，但都基本认为现代职业教育评价第三方都是与被评价对象职业教育没有行政隶属关系却有着利害关系的一方。此外，第一种观点与第二种观点的区别在于对"第二方"的认定上。前者认为第二方是受教育者（学生），后者认为第二方是教育管理部门。第三种观点则认为现代职业教育评价第三方是与第一方

---

① 陆春阳. 让第三方参与职业教育人才培养质量评价 [J]. 职业技术教育，2011, 32 (30)：64-65.

② 陶德庆. 高等职业教育人才培养质量第三方评价机制探析 [J]. 齐齐哈尔工程学院学报，2015 (3)：59.

和第二方既没有隶属关系，也没有利害关系的一方。如杨黎明认为现代职业教育评价第三方就是"独立于学校的社会组织和机构"，并特别强调其与第一方和第二方"没有利害关系"。因此，他认为用人单位、学生、家长等都不属于现代职业教育的第三方评价主体。魏文芳、付海龙、徐文祥认为，现代职业教育的第三方评价就是将职业教育质量评价活动以合同方式委托给第三方机构，由相应的机构依据契约对职业院校进行的相关评价，他们认为狭义的现代职业教育的第三方主体就是教育的专业评价机构、行业协会组织①。对比上述三种观点，第一种观点可称为"广义上的第三方"，其中，还包含着隶属关系问题（教育举办者之于教育主管部门），而第二种观点则排除了"隶属关系"，第三种观点在第二种观点的基础上对"无利害关系"做了更进一步限定，前二者可被称为"广义上的第三方"；第三种可被称为"狭义上的第三方"，就是区别于政策制定者和政策执行者的一方，既可受行政机构委托开展评价，也可独立开展评价，还可被称为"独立第三方"。广义三方评价还包括行业协会、用人单位、毕业生及家长等②。另外，还有研究者从经济学的视角提出，作为一种教育产品，回归经济客观性、接纳社会人才收益和成本系统的检验是职业教育的必然选择，在质量高低的判断上应建立以企业单位和行业协会为主，各类教育研究机构为辅，学生及其家长等利益相关方共同参与的第三方人才培养的职业教育评价体系③。

综合以上观点本书认为，现代职业教育第三方是指由政府委托并认证，且独立于政府和职业院校之外的中介评价机构。为保证评价机构自身的专业素质以及水平和评价结果的有效性、权威性，评价机构的成员应多样化，即可招聘全职或兼职评价专家对职业院校进行评估。评价专家团可由行业企业专家（含行业管理专家、行业技术人才）、教育专家（含教育研究专家、教育管理专家、教学一线名师）按照一定的比例组成。

---

① 魏文芳，付海龙，徐文祥. 高职办学中的第三方评价行为研究：与政府评价行为对比[J]. 湖北职业学院学报，2014（2）：22-23.
② 张宏亮，赵学昌. 我国职业教育质量第三方评价研究综述[J]. 继续教育研究，2016，220（12）：73-77.
③ 唐佩. 职业教育引入第三方评价的教育经济学审视[J]. 教育理论与实践，2017（27）：20-22.

第二节　现代职业教育评价第三方组织的功用

对于现代职业教育评价第三方组织的功用研究应以其特征作为起点，以探索其独特的功用。学术界普遍认为现代职业教育第三方评价具有独立性和公正性。梁卿对此解释较为深入，他认为独立性主要是指作为评价主体的第三方在行政上和经济上的独立，这可以使其评价活动不受政治权力的干扰和经济利益的束缚。这种独立性也保证了现代职业教育第三方评价的相对公正性，使其更易被公众接受，因此具有更强的权威性①。周斌、杨正勇认为教育中介组织等具有独立性、中介性和中间性的特征，形成评价的多元主体相对第一方和第二方更具有超然性，且评价客观公正，使评价结果更容易被接受和认同②。蔡正涛则认为现代职业教育第三方专业评价机构还具有专业化和信息化的优势③。

研究者认为，现代职业教育第三方评价的功用主要体现在促进政府职能转变、优化教育评价功能和促进人才培养模式改革这三个方面。一是可以分担教育行政任务，促进政府职能转变。曹远明认为传统的教育评价主要由各级教育行政部门实施，政府集"裁判员""运动员"身份于一身④。实施第三方评价，可以分担评价功能，促进"管办评"分离，推动高职院校由"政府的职业教育"向"社会的职业教育"转变，未来职业教育质量评价必将从"政府主导、第三方参与"逐步转变为"政府引导、第三方主导"。二是可以发挥教育调节干预作用⑤。现代职业教育第三方评价，特别是以行业企业为主导的评价，能够通过评价结果的信息反馈，检验专业建设与社会经济发展的契合度，引导职业教育教学改革，调整人才培养模式，增强职业教育的社会适应性和吸引力。三是优化教育评价功能，提高教育评价的科学性和公正性。汪功明、杜兰萍、姚道如等认为现代职业教育第三方评价由于相对独立于第一方评价和第二方评

①　梁卿. 职业教育质量第三方评价的概念探析 [J]. 职业技术教育，2014 (13): 50.

②　周斌，杨正勇. 高职院校第三方评价视野下的教育中介组织的作用 [J]. 才智，2014 (13): 56.

③　蔡正涛. 高等教育质量社会评价体系重构 [J]. 中国成人教育，2015 (8): 42.

④　曹远明. 职业教育人才培养质量第三方评价机制研究 [J]. 山东工业技术，2014 (20): 259-260.

⑤　魏文芳，付海龙，徐文祥. 高职办学中的第三方评价行为研究：与政府评价行为对比 [J]. 湖北职业学院学报，2014 (2): 22-23.

价，可以规避内部评价风险，使评价结果更为客观、真实①。梁卿则从教育经济学对现代职业教育第三方评价的必然性方面进行了新的诠释，他认为第三方评价功用的"减轻负担说""评价作用说"和"科学公正说"不足以解释职业教育实施第三方评价之必然性，因为前两者只看到正面作用，未能看到负面作用；而"科学公正说"也并非现代职业教育第三方评价所独有②。只有认清职业教育的产品属性（一种信任型产品），才能为现代职业教育第三方评价找到坚实的依据③。职业教育质量的高低，由产品提供者和消费者之外的第三方进行质量评价，才符合公众信任逻辑。由于第三方评价具有独立性、公正性、专业性等特征，可以弥补传统的教育系统内部评价的短板。现代职业教育第三方评价独有的价值和功用，正是职业教育实施第三方质量评价的重要因素和必然依据。

作为人才市场的供给主体，职业教育具有对人才交易成本的考虑诉求④。过去我们对交易成本的认识是货币性质的，随着市场经济的繁荣，时间成本、信任成本、品牌成本等不同教育成本类型进入市场综合选择的视野，第三方评价对职业教育而言就是这样一种降低交易成本、减少交易风险的存在。一方面，第三方评价组织由职业教育当事双方之外的主体构成，它们在学校和用人单位之间既承担着评价的责任，又起到沟通和监督的作用，在教育服务产业性逐渐显现的今天，第三方评价亦是教育产业的重要劳动成果。职业教育同经济一样，在一个信息不对称的世界中运行，职业教育制度的制定、教育工作的完善和教育质量的维护都受限于政府引导和市场调节，第三方评价就是这样一种借鉴市场经济领域的中介组织纽带。职业教育对第三方评价的需求是教育产业化、市场化发展的结果，承载着教育服务交易双方的功用，即"防止双方信息不对称导致的风险成本，促进教育服务供需双方的共赢"。另一方面，第三方评价游离于职业院校之外，对教育供需信息的搜索范围更广阔、更专业，它有足够的预测空间为职业教育发展提供知识咨询和数据支持，内容不仅有助于职业教育资源的优化配置，还能借助评价机制的信息服务功能提高职业教育的人才投资收益率，促使教育服务和经济产品叠加的利益最大化。

---

① 汪功明，杜兰萍，姚道如. 高职院校专业人才培养质量第三方评价研究 [J]. 巢湖学院学报，2013（5）：160.

② 梁卿. 论职业教育质量第三方评价的必要性：一种教育经济学的解释 [J]. 职教论坛，2014（22）：35.

③ 傅建东. 基于量化标准的职业教育吸引力研究 [J]. 国家教育行政学院学报，2016（7）：11-12.

④ 唐佩. 职业教育引入第三方评价的教育经济学审视 [J]. 教育理论与实践，2017（27）：20-22.

第三节　现代职业教育评价第三方组织的理论依据

第三方组织参与现代职业教育评价不仅具有一定的管理学理论依据，也具有教育学理论依据。

一、管理学理论依据

1. 治理理论

治理理论产生于 20 世纪 90 年代。20 世纪 70 年代，由于凯恩斯主义主导下的"全能政府"逐渐失败以及西方世界频繁出现的市场失灵，很多学者倡导政府"少一些管理，多一些治理"。詹姆斯·N. 罗西瑙（James N. Rosenau）提出，治理建立在共同目标的商讨和共识的基础上，不依靠强权，各相关行动者充分协商、克服分歧、达成共识，进而最终达成目标。党的十八届三中全会通过的《中共中央关于全面深化改革若干重大问题的决定》中提出"推进国家治理体系和治理能力现代化"，促使国内学术界广泛关注"治理"问题。同时将"治理理论"引入大学领域，形成了"大学治理"理论。

"大学治理"不同于以往自上而下的"管制"与"集权"，政府扮演的角色发生转变，其功能从"管制"转变为"管治"，从命令式转变为协商式，政府不再是唯一的权力中心；强调多元治理，即大学应由政府、学校、行业、企业、社会民间组织或教师、学生、家长、校友等群体和个人共同治理，各个利益相关者各负其责，实现共赢。以此理论为基础，现代职业教育的第三方评价是处于大学治理体系框架之中的一种监督、管理手段。第三方评价机构（中介评价组织）既是参与大学治理的利益相关者，又是监督、评价现代职业教育的独立专业性机构。

2. 委托代理理论

委托代理理论是一种经济学理论，于 20 世纪 30 年代兴起。此理论最早的数学模型是由威尔逊、斯宾塞、泽克豪森和罗斯在研究"状态空间模型化方法"的过程中提出的。委托代理是指委托其他方代替自己办事，受托方称为代理方，委托的一方称为委托方。该理论的实质是研究委托方与代理方之间的相互关系和相互作用。在委托代理理论的指导下，现代职业教育第三方评价是将教育评价委托给第三方，即政府将教育评价任务委托给第三方来承担，政府负责资金和制度支持，第三方负责提供服务；政府依据委托合约对第三方进行监督，第三方对政府及学校负责，委托方与代理方相互依赖、相互制约、发挥优势、合作共赢，以形成专业性、客观性、创造性的现代职业教育评价体系。

二、教育学理论依据

1. 社会交往理论

社会交往理论是由马克思开创的，该理论认为，社会交往是人类生存、活动、实践及社会发展的一种重要方式。马克思指出："人的本质不是单个人所固有的抽象物，在其现实性上，它是一切社会关系的总和。"① 交往使人们与整个世界的联系越来越紧密，有助于摆脱个体的自然局限性，获得更加深刻的社会本质，实现更加自由的、完美的个性。教学评价是人类交往的重要方式之一，它动态地表现了评价者与被评价者之间相互交流、相互理解的关系。社会交往理论使教学评价的本体基础由认识论转为交往论。

2. 多元智力理论

多元智力理论（multiple-intelligence theory）是由美国心理学家霍华德·加德纳（Howard Gardner）提出的。他认为人的智力由多种相对独立的智力成分构成，如语言智力、逻辑—数学智力、空间智力、音乐智力、身体运动智力、人际智力、自知智力等。多元智力理论对传统的智力理论提出了质疑与挑战。传统智力理论的致命弱点是它们只评价人在阅读和计算方面的智力。运用多元智力理论来评价教学的方式也是多元的。

3. 建构主义学习理论

建构主义关注的是学习者如何以原有的经验、心理结构和信念为基础来建构自己独特的精神世界。建构主义者主张世界是客观存在的，但是对于世界的理解却有赖于每个人的经验，于是每个人对外部世界的理解也不同。既然对知识的理解是多元的，评价者就要保持开放的心态，尊重教师或学生的个人意见②；同时，评价过程也是一种学习过程，在评价中，通过交流、观摩、第三方组织参与现代职业教育评价存在的问题等共同学习的方式能使评价者和被评价者双方受益。

---

① 马克思，恩格斯. 马克思恩格斯选集（第1卷）［M］. 中共中央马克思恩格斯列宁斯大林著作编译局，编译. 北京：人民出版社，1995.
② 沈怡. 教育评价理论的发展及其对职业教育评价观的影响［J］. 职教论坛，2009（1）：49-52.

第三章　我国现代职业教育的评估体系与实践

　　我国高等教育评价起步较晚，1984 年，我国加入于 1961 年成立的受到联合国教科文组织赞助的国际教育成就评价委员会（IEA）。1985 年，《中共中央关于教育体制改革的决定》首次提出：教育管理部门还要组织教育界知识界和用人部门定期对高等教育的办学水平进行评估，对成绩卓越的学校给予荣誉和物质上的重点支持，办得不好的学校要整顿以至停办。1985 年 11 月，原国家教育委员会发布了《关于开展高等工程教育评估研究和试点的通知》，当时组织了 87 所院校参加学校和专业的评估，这是中国高等教育评估工作的起点。1990 年，原国家教育委员会发布《普通高等学校教育评估暂行规定》。1994 年，原国家教育委员会开始组织本科教学评估工作，对 1976 年以来新建的本科院校进行合格评估。1995 年评估工作全面启动，重点大学无须参加评估，但对国家重点建设的大学开展了教学工作优秀评估，由学校自己申请。1999 年，"随机性的水平评估"启动。2002 年，上述三个方案合一，形成了"教学工作水平评估"。2003 年，五年一次的高等院校教学评估制度成立。2004 年，高等教育教学评估中心正式组建，力图使评估工作走向规范化、科学化。

　　对国家来讲，评估工作的目的是从整体上推动高等教育上一个新台阶、办让人民满意的教育[①]。对学校来讲，评估工作至少有三个作用：一是鉴定的价值，也叫诊断的功能。也就是说，鉴定一个学校处于什么样的水平，是优秀水平、良好水平、合格水平，还是不合格水平？二是发现的价值。通过评估工作，可以发现学校的优点、长处、特色，同时也可以发现学校存在的问题。三是增加的价值。通过评估工作，我们更好地落实了二十字方针，即"以评促建、以评促改、以评促管、评建结合、重在建设"。这样，有利于提升学校原有的教育水平，并提高学校的声誉和地位。

---

　　① 李志宏. 高校教学评估工作的机制与制度 [J]. 国家教育行政学院学报，2005（8）：3-8.

第一节　高职高专院校人才培养工作水平评估的评估体系与实践

职业教育评价一直是教育行政部门非常重视的工作。2003 年，教育部下发《关于开展高职高专院校人才培养工作水平评估试点工作的通知》（教高司函〔2003〕16 号），启动我国高职高专院校人才培养工作水平评估试点工作。2003 年 4 月至 5 月、9 月至 11 月，26 所高职高专院校接受了试点评估。在此基础上，教育部组织相关人员制定了《高职高专院校人才培养工作水平评估方案（试行）》，并于 2004 年开始在各省教育主管部门领导下全面铺开，确定了五年一次的评估制度。

开展高职高专院校人才培养工作水平评估工作主要有 14 个环节：①听取学校自评报告；②参观考察学校校园环境、基础设施、实验室和实训基地等；③查阅资料；④教师、学生问卷调查统计与分析；⑤听课；⑥个别访谈；⑦召开专题座谈会；⑧基本技能和职业技能测试；⑨学生专题研讨会；⑩专业剖析；⑪专家组全体会议，经过民主讨论，由各位专家分别赋分，综合汇总确定各项指标的得分并评估等级，投票确认特色或创新项目，形成专家组对学校的考察评估反馈意见和评估结论建议；⑫专家组开展工作小结，形成的评估材料进行上报及归档；⑬召开考察评估情况通报会，由专家组长代表专家组向学校及其主管部门领导反馈考察评估意见，各位专家发表个人的意见和建议，并听取学校和主管部门的意见（不宣布评估结论建议）；⑭一年内对评估问题改进情况进行跟踪回访。

一、我国高职高专院校人才培养工作水平评估指标体系

我国高职高专院校人才培养工作水平评估指标体系见表 3-1。

表 3-1 我国高职高专院校人才培养工作水平评估指标体系

一级指标	二级指标	主要观测点		参考权重	分配权重	专家赋分			得分	评估等级
						等级	赋分	结果		
1 办学指导思想	1.1 学校定位与办学思路	学校定位与发展规划		0.4						
		教育思想观念		0.3						
		教学中心地位		0.3						
	1.2 产学研结合	产学研结合		1						
2 师资队伍建设	2.1 结构	学生与教师比例		0.2						
		专任教师结构	研究生比例	0.6	0.1					
			高级职称比例		0.2					
			双师素质比例		0.3					
		兼职教师数量与结构		0.2						
	2.2 质量与建设	质量		0.5						
		建设与发展		0.5						
3 教学条件与利用	3.1 教学基础设施	教学及辅助用房状况		0.2						
		教学仪器设备状况	生均教学仪器设备值	0.5		0.3				
			教学设备利用率			0.1				
			应用现代教学技术和手段			0.1				
		图书馆及校园网状况		0.2						
		体育运动设施状况		0.1						
	3.2 实践教学条件	校内实训条件		0.5						
		校外实训基地		0.3						
		职业技能鉴定		0.2						
	3.3 教学经费	经费保证情况		0.5						
		学费收入用于教学经费的比例		0.5						

表3-1（续）

一级指标	二级指标	主要观测点	参考权重	分配权重	专家赋分			得分	评估等级
					等级	赋分	结果		
4 教学建设与改革	4.1 专业	专业设置	0.3						
		教学计划	0.4						
		专业教学改革试点	0.3						
	4.2 课程	教学内容与课程体系改革	0.5						
		教材建设	0.2						
		教学方法与手段改革	0.3						
	4.3 职业能力训练	实践训练体系 · 实践教学体系及时间	0.6	0.3					
		实践训练体系 · 必修实践实训课开出率		0.3					
		职业能力考核	0.4						
	4.4 素质教育	全面推进素质教育的工作状态和效果	1						
5 教学管理	5.1 管理队伍	教学管理与学生管理 · 管理机构	1	0.5					
		教学管理与学生管理 · 就业服务与指导机构		0.5					
	5.2 质量控制	教学规章制度的建设与执行	0.3						
		各主要教学环节的质量标准	0.3						
		教学质量监控与学生质量调查 · 教学质量监控体系	0.4	0.2					
		教学质量监控与学生质量调查 · 有关学生的三项调研		0.2					

表3-1(续)

一级指标	二级指标	主要观测点		参考权重	分配权重	专家赋分			得分	评估等级
						等级	赋分	结果		
6 教学效果	6.1 知识能力素质	学生能力	学生职业能力或基本技能	0.6	0.3					
			学生综合素质		0.2					
			学生英语能力		0.1					
		学生掌握必备知识的程度		0.2						
		学生基本素质状况	学生道德素质	0.2	0.1					
			文化科技活动,身心素质		0.1					
	6.2 就业与社会声誉	录取新生报到率及毕业生就业率	录取新生报到率	0.7	0.1					
			毕业生就业率		0.6					
		社会对毕业生的综合评价		0.3						
7 特色或创新项目										

注:上表中二级指标加粗的是重要指标,共8个。

表3-1中的指标,得分为4.5~5分,评估等级为A(优秀);得分为3.5~4.4分,评估等级为B(良好);得分为3.0~3.4分,评估等级为C(合格);得分为2.5~2.9分,评估等级为D(基本合格),得分低于2.4分,评估等级为E(不合格)。

二级指标共15项,其中重要指标8项。评估标准给出A、C两级,介于A、C之间的为B级,低于C级的为D级。评估结论分为优秀、良好、合格、不合格四种,其标准如下:

优秀需同时满足:

(1)全部评估指标中,A≥12,C≤2,D=0;

(2)重要指标中,A≥7,C≤1;

(3)有特色或创新项目。

近两年毕业生就业率达不到本省(自治区、直辖市)高职高专院校就业率排列前1/3者不能评为优秀。

良好需同时满足:

(1)全部评估指标中,A+B≥12,其中A≥6,D≤1;

（2）重要指标中，A+B≥7，其中 A≥4，D=0；

近两年毕业生就业率达不到本省（自治区、直辖市）高职高专院校就业率平均水平的不能评为良好。

合格需同时满足：

（1）全部评估指标中，D≤3；

（2）重要指标中，D≤1。

不合格：未达到合格标准的。

指标体系等级标准及内涵详见表3-2。

表3-2 我国高职高专院校人才培养工作水平评估指标等级标准及内涵

一级指标	二级指标	主要观测点	参考权重	等级标准		说明
				C（合格）	A（优秀）	
1 办学指导思想	1.1 学校定位与办学思路	学校定位与发展规划	0.4	学校办学指导思想、发展目标、人才培养模式、办学形式、服务面向等方面定位准确。发展规划适应经济与社会发展需求，措施落实	学校定位准确，能主动服务经济和社会发展，能按照培养高等技术应用性人才的要求创新办学模式，学校特色、专业特色鲜明。建设规划较好地适应地方或行业发展的需求，并能逐年落实	1. 学校应根据社会需要和自身的条件，找准自己的位置，明确在一定时期学校的发展目标、类型、层次、办学形式、服务面向等方面的定位 2. 办学思路要遵循高职高专教育规律，正确处理新形势下规模与质量、发展与投入、改革与建设的关系，在观念、制度、工作上有所创新 3. 教学经费比重处于领先地位并有稳定来源，非教学部门主动为教学服务，学校各项政策和规定体现教学中心地位
		教育思想观念	0.3	注重高职高专教育思想观念的学习研究，遵循高职高专教育规律，对规模与质量、发展与投入、改革与建设等关系处理得当，办学思路符合实际	有高职高专教育研究机构和专职人员，并有一定研究成果。积极探索高职高专教育人才培养模式，以服务为宗旨，以就业为导向，能以培养技术应用能力为主线设计教学方案，形成具有中国特色的高职高专教育思想观念	
		教学中心地位	0.3	重视教学工作，基本能正确处理教学工作与其他工作之间的关系，教学工作的中心地位基本落实	突出了教学工作的中心地位，各项政策规定向教学、教师倾斜力度大	
	1.2 产学研结合	产学研结合	1	产学研结合的理念、机制和途径在办学中得到体现，例如在人才培养模式、师资培养、实训基地建设、实习组织及科技成果转化、面向社会开展培训等方面有实质成效	形成了以社会需求为导向，学校主动为行业企业服务、行业企业积极参与的校企合作办学的体制、机制，成效显著。在技术研究、开发、推广、服务中有明显成果或效益	

表3-2(续)

一级指标	二级指标	主要观测点	参考权重	等级标准		说明
				C(合格)	A(优秀)	
2 师资队伍建设	2.1 结构	学生与教师比例	0.2	学生：教师≤18：1左右	①学生：教师≤16：1 ②50%的专任教师周学时≤12	1. 计算学生数与教师数之比时，学生数按各类全日制学生的自然人数计算；教师数计算范围除专任教师外，还包括校内"双肩挑"的教学行政人员和校外聘请的兼职教师及返聘教师，按学校的教学工作定额进行折算 2. 青年教师指40周岁以下的教师。计算其学历结构时：合格标准可包含在读研究生，优秀则必须已经取得研究生学历或学位者方可计入 3. 双师素质教师是指具有讲师（或以上）教师职称，又具备下列条件之一的专任教师： （1）有本专业实际工作的中级（或以上）技术职称（含行业特许的资格证书） （2）近五年中有两年以上（可累计计算）在企业第一线本专业实际工作经历，或参加教育部组织的教师专业技能培训获得合格证书，能全面指导学生专业实践实训活动 （3）近五年主持（或主要参与）2项应用技术研究，成果已被企业使用，效益良好 （4）近五年主持（或主要参与）2项校内实践教学设施建设或提升技术水平的设计安装工作，使用效果好，在省内同类院校中居先进水平 4. 兼职教师是指学校正式聘任的，已独立承担某一门专业课教学或实践教学任务的校外企业及社会中实践经验丰富的名师专家、高级技术人员或技师及能工巧匠 5. 专任教师结构的三个观测点的权重系数依次为0.1、0.2、0.3
		专任教师结构	0.6	①研究生学历或硕士及以上学位比例达到15% ②高级职称比例达到20% ③专业基础课和专业课中双师素质教师比例达到50%	①青年教师中研究生学历或硕士及以上学位比例达到35%以上 ②高级职称（不含高级讲师）比例达到30%以上，且在各专业中的结构分布合理，大多数专业有高级职称的专业带头人 ③专业基础课和专业课中双师素质教师比例达到70%以上	
		兼职教师数量与结构	0.2	①兼职教师队伍的专业结构与学校专业设置相适应 ②兼职教师数占专业课与实践指导教师合计数之比达到10%	①兼职教师一般具有中级以上职称，其中高级职称占30%以上，专业结构与学校专业设置相适应 ②兼职教师数占专业课与实践指导教师合计数之比达到20% ③兼职教师的教学效果好	
	2.2 质量与建设	质量	0.5	重视提高教师质量和师德师风建设，教师积极参与教学改革，不断提高教学水平，有适应教学的科研能力与成果	教师为人师表，从严治教，教学改革意识和质量意识强，教学水平普遍较高，学生满意率高。有省级以上优秀教学成果或地市级以上鉴定的科技成果	
		建设与发展	0.5	建立了提高教师质量的机制与政策，制定了适应学校发展的教师队伍建设规划及相关政策，并采取了相应的措施	有较高水平的专业带头人，教学科研成果在同类院校或相关行业有一定影响，并形成教学与科研骨干队伍和梯队结构；建立了有利于提高教师质量的机制与政策，效果显著，师资队伍建设规划行之有效，措施得力	

表3-2（续）

一级指标	二级指标	主要观测点	参考权重	等级标准		说明
				C（合格）	A（优秀）	
3 教学条件与利用	3.1 教学基础设施	教学及辅助用房状况	0.2	教学及辅助用房符合国家有关规定	教学及辅助用房符合国家有关规定，生均建筑面积和校舍面积与学校的发展规模相适应	1. 有关规定执行教育部发布的《普通高等学校基本办学条件指标》（教发〔2004〕2号）2. 教学仪器设备是指单价高于800元的仪器设备（合格可含订有一年以上合同期的租赁的仪器设备），计算生均仪器设备值时，用不含夜大函大的自然规模计算 3. 图书馆合格标准：理工农医类为15万册，文史财经管类为16万册；优秀标准：理工农医类为25万册，文史财经管类为30万册 4. 教学仪器设备状况三个观测点的权重系数依次为0.3、0.1、0.1
		教学仪器设备状况	0.5	①生均教学仪器设备值：理工农医类≥4 000元，文史财经管类≥3 000元 ②百名学生配教学用计算机8台 ③百名学生配多媒体教室和语音室座位7个	①生均仪器设备值：理工农医类≥5 000元，文史财经管类≥4 000元 ②教学设备利用率高 ③能广泛应用现代教学技术和手段	
		图书馆及校园网状况	0.2	图书馆生均面积、馆藏册数基本达到有关规定，生均图书60~80册	生均面积、馆藏册数、开放时间达到有关规定；馆藏适应专业发展的要求，有现代化的管理手段；图书流通率较高，图书有计划地逐年增加；校园网信息畅通	
		体育运动设施状况	0.1	运动场与体育设施能满足体育课和课外活动要求	有风雨操场和400米跑道标准田径运动场，体育设施齐备	
	3.2 实践教学条件	校内实训条件	0.5	各专业都具有必需的实验实训条件	多数专业都建立了具有真实（或仿真）职业氛围、设备先进、软硬件配套的实训基地，利用率高，在同类学校中居先进水平	
		校外实训基地	0.3	多数专业都建立了稳定的校外实训基地	多数专业都建有运行良好并有保障机制的校外实训基地，实习、实训效果好	
		职业技能鉴定	0.2	建有培训点	学校重点专业设有国家职业技能鉴定站	
	3.3 教学经费	经费保证情况	0.5	学校举办者足额拨付经费，保证达到本省制定的生均培养标准。学校有一定自筹经费的能力	学校举办者及时足额拨付经费，保证达到本省制定的生均培养标准，并另有专项资金支持。学校自筹经费的能力较强，能基本满足事业发展的需要	教学经费指近3年年度事业费决算表中列支的教学仪器设备购置费、图书资料购置费、教学业务费（含实验费、实习费、资料讲义费等）、教学差旅费、体育维持费、教学设备仪器维修费、教学改革经费、课时补贴费等；生均值按各年度全日制在校生的自然人数分别计算
		学费收入用于教学经费的比例	0.5	学费收入用于教学经费的比例达到20%	学费收入用于教学经费的比例达到30%以上	

表3-2(续)

一级指标	二级指标	主要观测点	参考权重	等级标准		说明
				C（合格）	A（优秀）	
4 教学建设与改革	4.1 专业	专业设置	0.3	专业设置要有行业、社会背景和人才需求调查预测，适应经济、社会发展需要和人才市场需求	主动适应经济、社会发展需要，能以人才市场需求变化为导向适时调整专业结构	
		教学计划	0.4	培养目标定位基本准确，毕业生质量标准基本建立，人才培养模式能基本反映高职高专教育培养目标要求；执行情况尚可	培养目标定位准确，毕业生质量标准明确具体，人才培养模式较好地体现了以培养技术应用能力为主线和全面推进素质教育的要求，实践教学占有较大比重，高职高专教育特色和学校特色鲜明，执行情况好	
		专业教学改革试点	0.3	有校级（或以上）教学改革试点专业，改革有进展	有省级（或以上）教学改革试点专业，并取得阶段性成果	
	4.2 课程	教学内容与课程体系改革	0.5	教学文件基本齐全，多数专业的课程体系和教学内容的改革有思路，有措施，能够反映当前社会技术先进水平和最新岗位资格要求，有初步成效	能以应用为主旨和特征构建教学内容和课程体系，改革有总体思路、具体计划和配套措施，能够反映当前社会技术先进水平和最新岗位资格要求，有创新特色，并有显著效果	
		教材建设	0.2	能优先选用省级以上获奖的高职高专教材，有自编教材，选用近三年出版的高职高专教材的达到30%	重视自身教材建设，能优先选用省部级以上获奖的高职高专教材，有一定数量的自编特色教材，选用近三年出版的高职高专教材的≥60%	
		教学方法与手段改革	0.3	注重改革教学方法，积极推广多媒体教学	积极推进教学方法手段的改革，能有效地培养学生的技术应用能力；广泛应用多媒体教学，效果明显	
	4.3 职业能力训练	实践训练体系	0.6	①实践训练计划、训练大纲等教学文件齐全，训练内容基本符合培养目标要求，要保证足够的实训时间，学生实习实训报告效果较好 ②必修实践实训课开出率达到80%，符合要求的指导教师的比例达到70%	①建立了与理论教学体系相辅相成的科学的实践教学体系，能满足培养目标对职业能力培养标准的要求，并能根据技术发展的实际予以更新，实训时间原则上累计不少于半年 ②必修实践实训课开出率达到100%，全部由符合要求的指导教师上课，每个专业均有综合性实践训练课	实践训练体系两个观测点的权重系数依次为0.3、0.3
		职业能力考核	0.4	重视职业技能和能力考核，社会已开展职业资格考试的专业，多数学生能参加考试，通过率达70%以上	各专业均建立了与本专业培养目标相匹配的职业技能考核鉴定制度，或与社会职业资格证书制度接轨，社会已开展职业资格考试的专业，学生全部参加考试，通过率达90%以上	

表3-2（续）

一级指标	二级指标	主要观测点	参考权重	等级标准		说明
				C（合格）	A（优秀）	
4 教学建设与改革	4.4 素质教育	全面推进素质教育的工作状态和效果	1	能以职业素质教育为导向，成效较显著；注意"两课"的教学改革和建设并有较好的效果；注意科技、文化和职业道德教育；有组织地开展课内外科技、文化、体育和社会实践活动；能开展心理咨询指导工作，关心学生的心理健康	能以职业素质教育为核心全面推进素质教育，有创新，措施得力，效果明显；"两课"教学改革力度大，针对性强，效果好；能开设一定数量的文化素质教育必修课或选修课；定期举办人文、社会科学和自然科学素质教育讲座；重视科技、文化、体育和社会实践活动，有组织、有计划、内容丰富、形式多样；有心理咨询指导机构并积极开展工作，成效明显	
5 教学管理	5.1 管理队伍	教学管理与学生管理	1	①管理机构健全，人员的数量、素质基本能满足需要，工作能正常健康运行，能开展教育管理研究 ②组织了学生就业服务与指导工作的专门机构，有符合工作要求的专职人员	①管理机构健全，结构合理，有改革创新意识和教育管理研究成果，管理工作在国内同类院校中居先进水平 ②学生就业服务与指导工作经常化、制度化，效果显著	1. 管理队伍包括校领导、教务处、学生处、就业指导中心等管理人员，系（院、部）主任、教研室主任和专职学生工作人员 2. 管理队伍两个观测点的权重系数依次为0.5、0.5
	5.2 质量控制	教学规章制度的建设与执行	0.3	管理规章制度健全，并能认真执行	管理规章制度健全、严谨，执行严格，积极采用现代管理技术	
		各主要教学环节的质量标准	0.3	初步建立了质量标准和相关工作人员的工作规范，并能认真执行	各主要教学环节都建立了明确具体的质量标准和相关人员的工作规范，且实施效果好	
		教学质量监控与学生质量调查	0.4	①建立了教学质量保证与监控体系，并已开展教学督导、学生评教、教师评教和教师评学等活动，并取得初步成效 ②建立了社会需求调研、毕业生跟踪调查和新生素质调研制度，并已开展工作	①建立了较完善的教学质量保证与监控体系，并切实开展教学督导、学生评教、教师评教和教师评学等活动，成效显著，促进教学质量不断提高 ②坚持每年进行一次社会需求调研、毕业生跟踪调查和新生素质调研；能通过对所获信息进行系统分析，促进专业结构调整和培养方案的优化	1. 教学质量保证与监控体系包括目标确定、各主要教学环节质量标准的建立、教学信息的收集（统计与测量）以及评估、反馈和调控等环节 2. 教学质量监控两个观测点的权重系数依次为0.2、0.2

表3-2(续)

一级指标	二级指标	主要观测点	参考权重	等级标准 C（合格）	等级标准 A（优秀）	说明
6 教学效果	6.1 知识能力素质	学生能力	0.6	①学生职业能力或专业基本技能合格率达到70%，有获得校级以上（不含校级）奖的科技文化作品 ②学生收集处理信息能力、自学能力、语言文字表达能力、合作协调能力等尚可 ③近三届学生参加高等学校英语应用能力考试累积通过率达到55%，或有证据说明多数学生英语应用能力达到国家英语教学基本要求	①学生职业能力或专业基本技能合格率达到90%，有一定数量的获校级以上（不含校级）奖的科技文化作品 ②评价结果良好 ③近三届学生参加高等学校英语应用能力考试累积通过率达到75%，或有证据说明多数学生英语应用能力高	1. 学生职业能力或专业基本技能通过对学生的现场考核和检查实践作业等进行分析、评价 2. 学生收集处理信息能力、自学能力、语言文字表达能力、合作协调能力、英语应用能力等通过学生专题研讨会等评价 3. 英语累积通过率是指考试通过学生数与应届全部学生的比率 4. 根据学校提供的近三年有关资料和采取座谈、个别访谈等方式剖析两个专业，评价学生对所学的必备理论和专业知识以及职业能力掌握的程度 5. 根据学校提供的近三年素质教育总结和相关资料及观察学生的行为表现，判断学生基本素质状况 6. 学生能力三个观测点的权重系数依次为0.3、0.2、0.1 7. 学生基本素质状况两个观测点的权重系数依次为0.1、0.1
		学生掌握必备知识的程度	0.2	①大多数学生能够掌握必备的理论和专业知识 ②学校对毕业实践环节有明确规定，大多数学生毕业实践符合要求	①大多数学生能较好地掌握必备的理论和专业知识，能够理论联系实际 ②学校非常重视毕业实践环节的工作，学生毕业实践质量较高	
		学生基本素质状况	0.2	①学生遵纪守法，履行公民基本道德规范和职业道德修养状况较好，考风考纪良好 ②学校能经常性地开展群众性文体科技活动，认真实施《大学生体质健康标准》，大多数学生身心健康	①校园形成了良好的文明氛围，大多数学生具有良好的伦理道德、社会公德和职业道德修养，考风考纪好 ②学校能积极、广泛地开展多种文体科技活动，认真实施《大学生体质健康标准》，学生普遍身心健康	
	6.2 就业与社会声誉	录取新生报到率及毕业生就业率	0.7	①近3年录取新生平均报到率达到70% ②近3年毕业生当年平均就业率达到70%	①近3年录取新生平均报到率≥90% ②近3年毕业生当年平均就业率≥90%	1. 毕业就业率包括签约率、上岗率、自主创业率和升学率、出国率 2. 录取新生报到率及毕业生就业率两个观测点的权重系数依次为0.1、0.6
		社会对毕业生的综合评价	0.3	①近3年用人单位对毕业生综合评价的称职率达到60% ②有一定的社会声誉	①近3年用人单位对毕业生综合评价的称职率≥80% ②对学校综合评价在省（区、市）内处于较高水平	
7 特色或创新项目						特色是在长期办学过程中积淀形成的，本校特有的，优于其他学校的独特优质风貌。特色应当对优化人才培养过程，提高教学质量作用大，效果显著。特色有一定的稳定性并应在社会上有一定影响得到公认。特色可能体现在不同层面：①体现在总体上的治学方略、办学观念、办学思路；②体现在教育上的特色——教育模式、特色专业、人才特色等；③体现在教学上的特色——课程体系、教学方法、实践环节等；④体现在教学管理上的特色——科学先进的教学管理制度、运行机制等 创新主要是指在办学过程中，针对人才培养各方面的重点、难点问题，以及根据高职高专教育人才培养规律和趋势所做的前瞻性的研究和实践，并在人才培养的实际中得到应用，产生明显的效果

二、我国高职高专院校人才培养工作水平评估体系投入及过程、产出分析

从一级指标看，评估指标体系的投入及过程、产出比例为 5∶1，见表 3-3①。

表 3-3　一级指标投入及过程、产出比例

投入及过程指标	产出指标
1. 办学指导思想	6. 教学效果
2. 师资队伍建设	
3. 教学条件与利用	
4. 教学建设与改革	
5. 教学管理	

从二级指标看，评估指标体系的投入及过程、产出比例为 13∶2，见表 3-4。

表 3-4　二级指标投入及过程、产出比例

投入及过程指标	产出指标
1.1 学校定位与办学思路	6.1 知识能力素质
1.2 产学研结合	
2.1 结构	
2.2 质量与建设	
3.1 教学基础设施	
3.2 实践教学条件	
3.3 教学经费	
4.1 专业	6.2 就业与社会声誉
4.2 课程	
4.3 职业能力训练	
4.4 素质教育	
5.1 管理队伍	
5.2 质量控制	

从重要指标看，评估指标体系的投入及过程、产出比例为 7∶1，见表 3-5。

---

① 范露露. 高职院校人才培养工作水平评估指标体系的改进研究：基于"社会需求"的分析 [D]. 上海：华东师范大学，2008.

表 3-5　重要指标投入及过程、产出比例

投入及过程指标	产出指标
1.2 产学研结合	
2.1 结构	
3.2 实践教学条件	
4.1 专业	6.2 就业与社会声誉
4.2 课程	
4.3 职业能力训练	
5.2 质量控制	

从指标内容看，评估指标体系的投入及过程、产出比例为 5∶1，见表 3-6。

表 3-6　指标内容投入及过程、产出比例　　　　　　　单位:%

	指标分类	一级指标	二级指标	重要指标
投入 及过程指标	指导思想类	16.7	13.3	12.5
	办学条件类 （软硬件）	66.6	73.4	75
产出指标	学生质量类	16.7	13.3	12.5

三、我国高职高专院校人才培养工作水平评估问题

根据评估方案，评估的方针是"以评促建、以评促改、以评促管、评建结合、重在建设"。经过半轮评估下来发现以评促建的效果比较明显。通过评估回访发现，各院校在师资队伍建设、设施设备建设等方面有了一定的进步，为培养数以千万计的高级技能型人才做出了贡献。

杨应崧教授认为首轮评估也暴露出一些问题，主要表现在：①高职院校内涵建设未能得到足够重视①。《教育部关于全面提高高等职业教育教学质量的若干意见》（教高〔2006〕16 号）是针对高职高专院校数量急剧增加、内涵建设却未充分跟进而发布的，要求把高职教育转向内涵建设，要创新和改革，

---

① 本刊编辑部. 高职院校评估的现状与前景：教育部高等职业院校人才培养工作评估研究课题组组长杨应崧教授访谈录 [J]. 教育发展研究，2009（19）：54-57.

办出高职院校自身的特色。但第一轮高职院校人才培养方案在导向上存在明显偏差，主要强调办学条件，尤其是硬件条件的建设。②重视学科建设的偏向比较突出。首轮高职院校人才培养工作方案和指标体系主要借鉴本科教学工作水平评估的设置，但在教师入职条件中，对实践经历和操作能力的考核没有提出相关要求。③优秀情结（又称鉴定情结）、量化情结（又称模板情结）和主体情结（又称钦差情结）严重。有的学校不愿扎扎实实从自身基础出发有针对性地取长补短，过于关注量化指标，甚至为了达到规定的30多项指标要求而弄虚作假。所谓主体情结，即专家是主体，学校是客体，专家成了"警察"，与学校之间形成的不是平等关系，不是为了帮助学校去评估，而是几乎把注意力全部放在评估结论上，形成没办法化解的优秀情结。同时，由于过高的"优秀率"，大众对评估公信力产生怀疑。

同时，在上海第一轮评估中发生的一个典型事例也在一定程度上反映了评估存在的问题。在对上海某高等职业学院的评估中，根据现行的评估体系得出结论是"优秀"[1]。而在评估程序中有一项要求对学生的"职业能力"进行测试，考试题目来源于该学院上学期期末考试试题库，因此不存在难度偏大的问题。由负责该项目的专家随机从相应专业抽取10名男生和10名女生，要求学生用120分钟完成该套试题。测试工作组织规范，由专家组成员和专家组秘书监考，考场秩序正常。考试结束后，由专家组秘书根据标准答案打分并汇总情况，成绩结果见表3-7。

表3-7 专业技能测试成绩

分数	人数/人
0~20.5	1
21~29.5	7
30~39.5	5
40~49.5	5
50~59.5	2

从表3-7中可见，平均分为37分，没有一人及格。根据现行的评价指标体系，该学院的确是一个优秀的高职院校，然而该学院培养的学生是否适应社

① 范露露. 高职院校人才培养工作水平评估指标体系的改进研究：基于"社会需求"的分析 [D]. 上海：华东师范大学，2008.

会的需求呢？学生专业能力不达标，评估结果与该校学生专业水平有明显的差异。不仅是该学院，还有一些院校的实际得分跟学员的表现以及用人单位对学生的满意度的契合度不是很高。评估的实地考察有一个环节是对校外实训基地的考察，在这个环节中，专家组会抽取任意一个或两个学校签约的校外实训基地，去拜访那里的负责人，查看学生的实训场所，并询问学生的表现、用人单位的意见等。有些校外基地对学生的表现相当满意，认为这些学生专业素质良好，上手快，勤奋谦虚，是企业带教老师的好帮手，并且给了这些学生比较高的综合评分。但由于种种原因，该学院的办学水平评估等级却不高。另一些学校则相反，企业对学生的评价一般，而根据指标体系得出的学院综合等级却比较高。出现以上现象的原因很多，但和评估的主体是政府，指标主要是基于"政府需求"的现行评估体系存在局限性有较大的关系。学校办学主要聚焦于满足政府的办学管理需求，而忽视了高职教育的本质、职业能力与精神。

第二节　高等职业院校人才培养工作评估的评估体系与实践

回顾四年多的评估实践，在教育部高等教育司和教育教学评估中心的直接指导以及各省市教育主管部门的精心组织下，评估工作基本达到了预期的目标，在加快院校建设、规范院校管理、增强质量意识、促进教学改革以及加强宏观管理等方面取得了明显的成效。与此同时，评估实践中也逐渐显现出一些不容忽视的问题，引起社会各方面的深切关注。引入多元主体、创新评估模式、提高评估实效、增加社会透明度等呼声日甚一日。

一、高职院校人才培养工作评估的概述

2006 年，教高〔2006〕16 号文的颁布，促进了新的人才培养工作水平评估方案的提出。2008 年 4 月 9 日，《教育部关于印发〈高等职业院校人才培养工作评估方案〉的通知》（教高〔2008〕5 号）要求从 2008 年开始，各地原则上应依据新的评估方案，开展独立设置的高等职业院校评估工作。新颁布的《高等职业院校人才培养工作评估方案》（以下简称《方案》），是在《高职高专院校人才培养工作水平评估方案（试行）》基础上研究制定的，将教高〔2006〕16 号文的精神与要求贯穿于整个方案设计，引导高职院校按照高等职

业教育发展的方向进行改革与建设。

在第一轮试点评估的基础上，高职院校面临的紧迫课题是怎么样深化改革、激发活力、提升内涵，怎么样服务社会、办出特色、增强核心竞争能力。第二轮评估《方案》制定以引导学校抓内涵、抓改革、抓核心竞争能力为主要目标。正是因为目标的变化，《方案》不再提供面面俱到的、教科书式的指标体系，也几乎不设量化指标。这样的设计，是为了引导院校步入"规范→创新→再规范→再创新"的良性轨道。而且，正是这历时四年多的"水平评估"为第二轮《方案》的提升奠定了基础。

1. 《评估方案》指导思想

（1）贯彻。贯彻落实教高〔2006〕16号文的精神，将其贯穿于《方案》制定的全过程，体现于院校人才培养工作评估的全过程，促进高等职业院校加强内涵建设，深化校企合作、工学结合人才培养模式改革。

（2）推动。推动教育行政部门完善对高等职业院校的宏观管理，在内涵建设上彰显其类型特色，探索适合高等职业教育特点的管理理念和模式，推进院校依法自主办学。

（3）形成。逐步形成以学校为核心、教育行政部门为引导、社会参与的教学质量保障体系。

（4）教育教学评估。一所院校的人才培养质量，最终要依靠院校自己来保证。无独有偶，企业质量管理与此走向完全吻合。众所周知，现代企业的产品质量，主要依靠企业自身建立完善、有效的质量保障体系来保证。外部监控的主要着力点，是对企业内部质量保障体系运行状态和保障效果的监督与评价。实践证明，依靠企业自身的社会责任和竞争压力来保证质量，远比"猫捉老鼠"式的外部抽检来得有效，来得长效。因此，今后对高等职业院校进行外部评估的主要作用将是引导学校建立起科学、高效的内部质量保障体系，而不是代替学校去管理质量。这是制定《方案》的一条重要的方向性原则。

2. 评估指标体系

高职院校人才培养工作评估指标体系见表3-8。

表 3-8　高职院校人才培养工作评估指标体系

主要评估指标	关键评估要素	建议重点考察内容	评估标准	
			通过	暂缓通过
1 领导作用	1.1 学校事业发展规划	学校事业发展、师资队伍建设、专业建设等规划方案。当地区域社会经济发展规划、学校发展规划及专业结构		
	1.2 办学目标与定位	在校生结构		
	1.3 对人才培养的重视程度	经费收入、经费支出、领导关注教学及学生情况、教师培训进修、校企合作、奖学金		
	1.4 校园稳定	无校园不稳定事件、违规办学事件发生		
2 师资队伍	2.1 专任教师	专任教师基本情况		
	2.2 兼职教师	兼职教师基本情况		
3 课程建设	3.1 课程内容	课程教学目标、校企合作开发课程		
	3.2 教学方法及手段	课程教学设计、教学方法及手段考试/考核办法、授课地点		
	3.3 主讲教师	授课教师情况		
	3.4 教学资料	选用教材、校企合作开发教材、馆藏图书资料、校园网		
4 实践教学	4.1 顶岗实习	顶岗实习计划、专业顶岗实习记录、校外实习基地		
	4.2 实践教学课程体系设计	专业课程设置、专业产学合作		
	4.3 教学管理	校内外实践教学管理、教学质量管理、专职教学管理人员、专职学生管理人员		
	4.4 实践教学条件	校内实训基地、校外实习基地、实践教学经费、专业合作、社会捐助		
	4.5 双证书获取	专业执业资格证书		
5 特色专业建设	5.1 特色	专业设置、特色专业建设规划、现场专业剖析		

表3-8(续)

主要评估指标	关键评估要素	建议重点考察内容	评估标准	
			通过	暂缓通过
6 教学管理	6.1 管理规范	教学制度与运行管理，专职教学管理人员基本情况，随机访谈教师、学生、管理干部		
	6.2 学生管理	专职学生管理人员基本情况，随机访谈学生、家长、教师		
	6.3 质量监控	教学制度与运行管理，专职督导人员基本情况，随机访谈教师、管理干部、用人单位、社会等参与教学质量监控情况		
7 社会评价	7.1 生源	招生第一志愿上线率及新生报到率		
	7.2 就业	就业率及就业质量、学校就业服务与指导工作开展情况		
	7.3 社会服务	教师技术服务情况、产学合作、社会技能培训开展情况、鉴定站（所）		

根据高等职业院校人才培养工作评估方案，评估要围绕影响院校人才培养质量的关键因素，通过对"高等职业院校人才培养工作状态数据采集平台"数据的分析，辅以现场有重点的考察，全面了解学校的实际情况，对人才培养工作的主要方面做出分析和评价，提出改进工作的意见和建议，引导学校加大对工学结合改革的投入，使不断提高人才培养质量成为学校的自觉行动。

3. 评估原则

（1）学校自评与专家评估相结合。以学校自评为基础，专家评估相配合，建立和完善学校人才培养质量保障机制。

（2）静态与动态相结合。既要考察人才培养效果，又要注重人才培养工作过程，还要关注学校发展潜力。

（3）全面了解与重点考察相结合。既要把握人才培养工作全局，又要抓住关键要素进行重点考察。

（4）评价与引导相结合。既要对人才培养工作状态做出判断，更要为学校的改革与发展提出建设性思路与办法。

（5）客观、科学、民主、公正，提高工作效率，不影响学校正常教学秩序。

（6）不向被评估学校收取评估费用。

4. 申请评估的基本条件

高等职业院校自有毕业生起至有 3 届毕业生前必须参加一次人才培养评估，但须符合以下条件：

独立设置的高职高专院校，并达到教育部《普通高等学校基本办学条件指标（试行）》（教发〔2004〕2 号）的有关要求。

核算教师总数时，兼职教师等非专任教师数按每学年授课 160 学时为 1 名教师计算，专兼教师之比无限制。

实验、实习、实训场所（含合作共建）及附属用房生均占有面积（平方米）达到表 3-9 的要求。

表 3-9 各类院校实验、实习、实训场所（含合作共建）及附属用房生均面积标准

单位：平方米

学校类别	综合、师范、民族类院校	工科类院校	农林类院校	医学类院校	财经、政法类院校	体育、艺术类院校
生均面积	5.30	8.30	8.80	9.00	1.05	1.85

各省级教育行政部门可根据当地实际情况对上述条件做出调整，但不能低于教育部《普通高等学校基本办学条件指标（试行）》（教发〔2004〕2 号）设定的"限制招生"标准。

不具备申请评估条件的院校，应尽快加大投入，在有 5 届毕业生前须达到基本办学条件，参加一次人才培养工作评估。同时，省级教育行政部门应在其有 3 届毕业生后、首次参加人才培养工作评估前，逐年减少其招生计划。

5. 评估结论

评估结论分为"通过"和"暂缓通过"。暂缓通过的院校，在一年内必须再次接受评估，省级教育行政部门应同时适当减少其招生计划；若第二次评估仍未通过，省级教育行政部门应采取暂缓安排招生计划等有效措施，促使其尽快达到人才培养基本要求。教育部从 2008 年起，每年定期向社会公布一次评估结论。

6. 评估程序

（1）学校自评。学校要组织干部、教师认真学习有关文件，准确理解开展高等职业院校人才培养工作评估的基本精神，掌握实质内涵；认真回顾总结学校教育教学改革与发展的思路、成果、经验和特色，对学校的人才培养质量做出基本判断，找出存在的主要问题，提出解决的对策，形成自评报告（不超过10 000字），并在"高等职业院校人才培养工作状态数据采集平台"上填写相关数据。

（2）提交材料。学校向省级教育行政部门提交书面自评报告和"高等职业院校人才培养工作状态数据采集平台"数据，并将自评报告、"高等职业院校人才培养工作状态数据采集平台"最新的原始数据、区域社会经济发展"十一五"规划、学校发展规划、特色专业建设规划，于专家组进校前30天在校园网上对社会公布。

（3）确定专家组成。评估专家组应由熟悉高等职业教育教学工作的人员组成，其中必须包括行业企业人员和一线专任教师。省级教育行政部门需根据被评院校规模与校区结构、自报主要专业、特色专业类别等因素，确定专家组成员人数和名单，并对社会公布。专家组人数一般以5~8人（含秘书）为宜。

（4）现场考察。专家组到现场考察评估，在与学校充分交流和对学院填报的"高等职业院校人才培养工作状态数据采集平台"数据进行深入分析的基础上形成考察评估工作报告。现场考察时间建议掌握在2~3天为宜。

（5）确定结论。专家组的结论由省级教育行政部门予以审定、公布，并将评估结论（包括专家组评估考察意见）及时反馈给学校，学校根据评估意见制定并实施整改措施。

新一轮评估以"高等职业院校人才培养工作状态数据采集平台"的数据为参照，"状态数据"是看得见摸得着的指标群，采集"状态数据"强调的是原始性、即时性、独立性和写实性。专家以采集平台显示的数据为基础，进校后，更多考察学校办学的关键环节，如专业建设、师资队伍建设，进行有针对性的考察。如在审核数据平台数据时，"当年停招专业"数所占的比例比较高的话，就说明学校的专业设置可能存在一定问题。至于究竟是什么问题，则需要通过深度访谈去寻找。再如"师资队伍建设"，要看经费投入，有的学校师资经费投入只占学校经费投入的千分之几，说明在办学思路方面肯定存在问题。

第二轮评估的导向是不过分强调外部评估，而是要让学校建立自己的质量保障体系，保证人才培养的质量。就外部评估而言，主要关注学校有没有质量保障体系，以及体系运行的效果。评估参照企业建立 ISO9000 认证体系的思路，让学校建立长效的质量保障体系。"水平评估"的主要目的是规范管理，因此量化指标比较多。但高职院校经过第一轮评估和发展，规范管理问题已不再那么突出，最紧迫的问题是怎么样深化改革、激发活力、提升内涵。正是因为目标发生变化，所以新的评估方案不再提供面面俱到、教科书式的指标体系，也尽量减少量化指标。同时，专家组进校考察不再提前分工，而是要全面浏览数据采集平台提供的数据，把握院校人才培养工作的全貌，到了现场确定重点之后再分工。比如，关于"领导作用"指标，不能只看个人经历、学历和职称，以及去了多少次学生宿舍和开了几次会，还要从学校办学的主要方面，如招生情况、就业情况、校企合作、队伍建设等评估学校领导作用的发挥情况。再如，关于"教育经费的使用"指标，有的学校在教师学历提升上投入的经费过多，在实践能力培养上的投资却很有限，因此在评估时需要综合判断。又如，对于"专业建设"指标，现在很多学校及教师都愿意将自己的困惑、碰到的问题与评估专家交流，一起研究解决的方法。

二、高职高专院校人才培养两轮评估比较

两轮高职高专院校人才培养工作评估一级指标体系对比见表3-10。

表3-10　两轮高职高专院校人才培养工作评估一级指标体系对比

评估指标	第一轮（2003—2006 年）	第二轮（2008—2010 年）
1	办学指导思想	领导作用
2	师资队伍建设	师资队伍建设
3	教学条件与利用	课程建设
4	教学建设与改革	实践教学
5	教学管理	特色专业建设
6	教学效果	教学管理
7		社会评价

第一轮评估方案确定的评估指标包括办学指导思想、师资队伍建设、教学条件与利用、教学建设与改革、教学管理、教学效果6个一级指标与15个二级指标，以及一项特色或创新项目。而第二轮评估方案确定的评估指标包括领导作用、师资队伍建设、课程建设、实践教学、特色专业建设、教学管理及社会评价7项主要评估指标和22项关键评估要素。由此可以看出指标体系从以前注重定量指标向如今注重定性指标转化，评估结论也由过去的A、B、C、D4个等级变更为通过与暂缓通过。需要强调的是第一轮确定的评估指标体系相对独立存在，而第二轮方案中的评估指标体系是以"高等职业院校人才培养工作状态数据采集平台"为基石，在其运行基础上，参照数据库中的数据来完成评估工作的。

学校领导的能力是学校自身发展的一个重要因素①。第二轮评估指标体系强调领导作用的重要性。从宏观上看，学校整体发展方向与办学目标、思想、定位的确立主要取决于学校领导的决策能力。从微观上看，对学校的经费投入及师生工作、学习和生活状况的关心，校园的和谐、稳定的文化氛围的保障主要取决于学校领导对人才培养的重视程度。一所院校的领导，应该具有敏锐的洞察力、强烈的责任心和创新思想，适时抓住机遇，并勇于面对社会给学校带来的挑战。以此来为学校铺平前进的道路，因此领导作用对学校生存与发展具有重大意义。

新指标体系强调师资队伍结构优化的重要性。高职院校不仅要加强双师队伍建设，更重要的是对师资队伍结构进行优化，调整专职教师与兼职教师的比例。新指标体系将兼职教师的基本情况作为重点考察因素。高职院校培养出的人才是从事生产一线工作的高技术、高素质专用人才，所谓兼职教师正是从事生产一线工作的行业专家和技术能手。大量引进高水平兼职教师为学校实践教学提供了保障，让学生更能贴近工作实际，确保学校人才培养质量。与此同时，新指标体系还强调专职教师在学历层次的提高、职称结构的调整以及双师素质的培养等方面的重要性。一个具有科研能力、创新能力、团队合作能力的教师队伍，是提高高职院校人才培养质量的主要力量。

课程建设的具体环节直接关系到学校的人才培养质量。因此新指标体系将课程建设作为一项单独指标，以显现其重要性。课程建设具体环节包括课程内容的选择、教学方法手段的运用、授课教师的具体情况以及教学资料的选用等方面。新指标体系强调课程内容的选择要符合区域经济发展，并重点考察校企合作开发的课程。对于授课教师，不仅要考察其专业背景，而且要注重其课堂的教学效果。对于教学资料，新指标强调重点考察教材、馆藏图书资料以及校园网的建设情况等。新指标将课程建设具体到各个环节，可见其具体而全面。

实践教学方面，实践教学在新指标体系中占有更大分量。学生的理论知识学习得再扎实，没有进行深入的实践学习，也是很难达到预期效果的。新指标体系将实践教学体系、学生顶岗实习、教学管理与实践教学条件、双证书的获得等方面作为重点考察对象，以此强调实践教学的重要性。

专业设置更强调"特色"。所谓特色专业是指高职院校在长期办学过程中沉淀形成的，本校特有的，优于其他学校的具有独特性质的专业。新指标体系

---

① 于寒潇. 辽宁省高职院校人才培养工作评估现状及对策研究 [D]. 沈阳：沈阳师范大学，2012.

不仅将特色专业建设提高到一级指标的位置以显示其重要性，还将特色建设进一步细化。具体包括：特色专业建设的目标与规划、师资队伍结构的优化、课程内容与教学方法的调整、人才培养模式的变革、专业与社会需求相适应能力的建设。对于学校的特色专业，评估专家对其进行现场剖析后对其优点给予肯定，不足之处提出改进建议。

新指标体系更加强调社会评价的重要性。生源是一个学校生存与发展的命脉，许多高职院校需要通过良好的社会评价提升自身的社会声誉以扩大生源。社会评价的来源是多方面的，包括学生家长的评价、用人单位的口碑、学生的就业率等。新评估指标体系特别注重社会评价的作用，这更加体现新指标体系设置的深入与全面。

三、我国高职高专院校人才培养两轮评估反映我国高职教育存在的主要问题

（1）领导作用。一名好领导就意味着一所好学校。领导应该是教育家，时代呼唤的杰出教育家。学校领导的能力是学校自身发展的一个重要因素。目前我国高职院校主要领导来源行政化现象严重，校长岗位成为行业主管和地市政府主管部门的院校的垄断资源。校长岗位因为行政级别的存在而成为安排官员出路的渠道，固化了高校的行政化趋势。在行业和地方主管学校选任校长时，机关处级干部的级别提升成为重要因素，而对拟任人选的学术经历、教育管理实践背景等方面关注相对较少，从而导致其在管理中以行政思维管理学校。问题主要体现在：选拔任用标准的"官员化"倾向与大学领导"多面手"角色要求不一致；选拔任用对象的"一体化"方式与高职教育"类属性"特征不吻合。

2009 年 3 月，两会期间，九三学社中央副主席邵鸿指出，大学行政化程度愈来愈深，目前我国省属院校正职领导按照厅级官员任命和管理、享受厅级官员待遇。地方大学校长享受厅级干部待遇，而高职院校校长享受副厅级干部待遇。地方高校正职领导由所在省委组织部和教育工委考察、由所在省委及人民政府负责任命。完善大学校长选拔任用办法是完善大学治理结构的必然路径，应该成为完善大学治理结构的突破口。

（2）院系两级管理与绩效评价。目前，我国高职院校管理组织结构按照官僚结构设计，讲究与上级政府机构保持"上下对口"，"行政化"现象较为严重，未能体现高等教育规律和以教学为中心的要求。高职院校内部管理问题主要体现在：第一，"机构设置政府化已经成为高校六大司空见惯的现象之

一"。行政系统内部，机构多、领导多、专职多、副职多，部门之间职责、权限在一定程度上存在重叠、交叉、冲突等现象，使得管理上协调成本增加，工作效率低下。在一个官僚化的组织机构中，大量工作被人为地制造出来。第二，高职院校的规模不断扩大。在校学生数在 8 000~10 000 人规模的高职院校已非常普遍，有许多学校超过万人规模。高职教育已占据高等教育的半壁江山。管理这样规模的学校，原有的一级管理体制无论是在管理力度上，还是在监控力度上都很难适应，学校管理层次的增加、组织结构的转化、专业设置的细分，使得原来的管理模式陷入低效和极不适应的状态。高职院校规模的变化必然影响学校的资源配置、体系结构、教育质量和管理模式的建立与运行。推行校、院系二级管理体制是在市场经济体制运行中学校办学规模扩大的情况下，实施有效管理、充分调动学校各种资源、发挥办学优势的有效途径，以及提高管理水平和办学效益的有效办法。第三，对整个学院的办学效益没有考核，专业投入产出、人才培养方案的合理性、科学性论证不够。应该说，教育现代化及现代大学制度的建立，其关键要素是管理，这就呼吁高水平高职院校建设首先要有一流的适应教育现代化要求的现代化管理。

（3）产教融合，校企合作。《国务院关于加快发展现代职业教育的决定》（国发〔2014〕19 号）指出：探索公办和社会力量举办的职业院校相互委托管理和购买服务的机制。引导社会力量参与教学过程，共同开发课程和教材等教育资源。《国务院办公厅关于深化产教融合的若干意见》（国办发〔2017〕95 号）明确指出，受体制机制等多种因素影响，人才培养供给侧和产业需求侧在结构、质量、水平上还不能完全适应，"两张皮"问题仍然存在。深化产教融合，促进教育链、人才链与产业链、创新链有机衔接，是当前推进人力资源供给侧结构性改革的迫切要求。"校企合作"是高职院校发展的必然趋势，是经济发展对教育提出的客观要求，也是高职院校生存、发展的内在需要。在这一方面，政府与高校已达成共识。然而毋庸讳言，高职院校"校企合作"的形式至今还处于浅层次的初级阶段和刚刚开始的中层次的起步阶段，其合作深度与深层次的高级阶段相距甚远，基本停留在学校专业方向按企业所需确定的阶段。学校在企业建立实习基地，建立专业专家指导委员会和实习指导委员会，聘请行业（企业）专家、高级技师等作为指导委员会成员，与企业签订专业实习协议，逐步形成产学合作体，但尚未达到一种深层次合作的程度，企业与学校还需相互渗透，学校针对企业的发展需要设定科研攻关和经济研究方向，并将研究成果转化为工艺技能、物化产品和经营决策，以提高整体效益①。企业也应主动向学校投资，建立利益共享关系，真正实现"教学—科研—开发"三位一体。学校在为地区经济发展提供各种技术、营销、管理、咨询服务的过程中，可获得相关地区经济发展状况和需求的第一手资料，为课堂教学提供案例，使理论与实际有机结合。同时，校企共同开发教材，共同实施双主体教学，企业全过程、全方位参与人才培养过程，并将企业文化融入教学过程中。

（4）实训条件与教师实践能力。2004 年，《教育部、财政部关于推进职业技术教育若干工作的意义》针对职业教育实训条件薄弱这一环节，采用中央财政资金引导的方式推动各地职业教育实训基地建设。《国务院关于大力发展职业教育的决定》（国发〔2005〕35 号）进一步明确了职业教育实训基地建设计划，即在重点专业领域建成 2 000 个专业门类齐全、装备水平较高、优质资源共享的职业教育实训基地。中央财政职业教育专项资金，以奖励的方式支持市场需求大、机制灵活、效益突出的实训基地建设。《教育部关于全面提高高等职业教育教学质量的若干意见》（教高〔2006〕16 号）指出实训基地的建设应本着主体多元化的原则，多渠道、多形式筹措资金；要紧密联系行业企业，厂校合作，不断改善实训、实习基地条件。要积极探索校内生产性实训基地建设的校企组合新模式，由学校提供场地和管理，企业提供设备、技术和师资支持，以企业为主组织实训。《国务院关于加快发展现代职业教育的决定》（国发〔2014〕19 号）指出：当前，我国职业教育还不能完全适应经济社会发展的需要，结构不尽合理，质量有待提高，办学条件薄弱，体制机制不畅。尤为突出的是实训教学体系建设和教师实践能力方面。实训条件建设要有充足的资金保障实训场地和实训设备，同时，又要具有实践经验和能力素质的教师，这是我国尤其是中西部地区职业教育最突出的短板。目前我国高职院校教师基本是应届高校毕业生，他们毕业后直接进入高职院校任教，缺乏行业一线工作经验，自身对一线企业环境、企业文化、职业素养等的认识严重缺乏，同时实践教学经验更是空白。

（5）课程建设与教学改革。专业是人才培养的基本单元，课程是人才培养的核心要素。学生从大学里受益的最直接、最核心、最显效的是课程②。课程是教育最微观、最普通的问题，但它要解决的却是教育中最根本的问题；课程是中国大学普遍存在的短板、瓶颈、软肋，是一个关键问题；课程是体现

---

① 刘晓明，杨如顺. 高职校企合作的现状、问题及模式选择 [J]. 职教论坛，2003 (14)：30.
② 吴岩. 建设中国"金课" [J]. 中国大学教育，2018 (12)：4-9.

"以学生发展为中心"理念的"最后一公里"。以学生发展为中心，是世界高等教育共同的理念，课程是解决这个理念落地的"最后一公里"。这个问题没有解决好，前面所说的所有事情都做不好；习近平总书记说评价学校好与坏的根本标准是立德树人的成效，而课程正是落实"立德树人"根本任务的具体化、操作化和目标化。所以，要建设中国大学"金课"，我们要会发狠力、精准发力，使大学里的"水课"越来越少，直至消失；使"金课"越来越多，让每一个学生都能够享受"金课"。"金课"是高职教育走入"质量时代"的关键和基础。学校人才培养质量不仅受到单门课程质量的影响，而且受到课程总体质量的影响。

2018 年 6 月，时任教育部部长陈宝生第一次提出把高校"水课"转变成有深度、有难度、有挑战度的"金课"，随即在同年 8 月份，教育部专门印发了《关于狠抓新时代全国高等学校本科教育工作会议精神落实的通知》（教高函〔2018〕8 号），提出各高校要全面梳理各门课程的教学内容，淘汰"水课"、打造"金课"，合理提升学业挑战度、增加课程难度、拓展课程深度，切实提高课程教学质量。这是教育部文件中第一次正式使用"金课"这个概念。2018 年 12 月，教育部高等教育司司长吴岩在第十届中国大学教学论坛上，对"水课"和"金课"的内涵给出了界定，认为"水课"是低阶性（学生不用抬腿就可以通过，课程中没有对学生能力的训练，也没有对学生素质的培养），陈旧性的课（过时的课），是教师不用心上的课（没良心的课，学生可以不走心，听听就可以通过）。相应地，"金课"则是高阶性、创新性、挑战性的课。在职业院校，职业院校的"水课"具有以下特点：一是专业课程体系中各门课程的系统性、科学性不够，论证不充分，课程内容之间的衔接性不够，课程与课程之间内容重复、交叉的现象比较严重，组成一个专业课程体系的各门课程间缺乏内在关联，只是一堆课程拼盘，学生难以受到系统的、有深度的专业教育，也就难以形成完整的、精深的专业素质的培养。二是无效性。部分课程纯粹就是教师在读 PPT，既无课堂管理，学生低头看手机或睡觉，又无基本的教学设计和教学方法，导致这门课纯粹是无效的课程。三是无趣性。大多数的课堂仍是"一人一书一张嘴"，由教师一个人唱独角戏，教师中心、教材中心、知识中心，单调乏味，了无生趣。四是80%的教师都是从本科院校毕业后直接到高职院校任教，既没有专业的实践经验、经历和能力，也没有对教育学基本理论的认识，教学设计、教学方法欠缺，动手能力和对本专业的认知不足。五是课程的设置中由于实训教学条件和教师实践能力不足的问题，理论课设置过多，理实一体课程和工作过程导向这类符合职业教育规律的课程设置严重不足。六是课程改革动力不足。由于课堂质量监控不系统，科学性、技术性评价不够，整个评价体系没有建立起来，"水课"没有有效手段甄别，即使甄别出来，由于管理体制问题，也没有有效的措施及时解决。上述种种，是高职院校面临且亟待解决的关乎教学质量的根本问题。

（6）高职院校课程质量诊断与改进策略。随着《高等职业院校内部质量保证体系诊断与改进指导方案（试行）》（教职成司函〔2015〕168号）的出台，高职院校内部质量保证体系建设工作全面展开，课程作为内部质量保证体系建设的重要组成部分之一，是撬动全员实施质量保证的支点，是学校开展人才培养的主要载体，而目前对课程质量的诊断与改进尚未形成可操作的实施方案，因此，对课程质量进行诊断与改进策略的研究迫在眉睫。在面向高职院校学生的调查问卷结果表明，高职院校学生普遍对课程质量的满意度不高①。学生普遍认为所学的课程对自己未来帮助不大，在开放性问答中，部分学生认为不知道该课程对自己今后的帮助在哪里，对自己的就业会有什么帮助；学生普遍对课程教学不感兴趣，在开学放性答题中部分学生认为教师在教学中"照本宣科"，缺乏与学生之间的互动交流，学生上课时觉得枯燥乏味、无聊，课后缺乏辅导答疑。通过向顶岗实习单位负责人推送调查问卷，其结果表明，企业对高职院校课程教学现状的整体满意度不高，认为学校开设的课程不能有效满足企业的实际需求，还有部分企业认为学校开设的课程滞后于企业技术的发展，内容陈旧。企业普遍认为学生掌握的知识（技能）特别是实践操作技能不能满足企业的需求，在开放性问答中部分企业认为学生实践动手能力不足，操作不规范，对现有主流的设备、仪器操作技能掌握不够。

同时，现有评价指标在职业院校学生素养与职业素养、能力培养，质量文化和校园文化方面的评价都需要进一步考虑或加强。

---

① 丁才成，陈炳和. 高职院校课程质量诊断与改进策略［J］. 职业技术教育，2017（8）：55-58.

第四章　以重点项目建设为导向的高职教育质量提升计划

　　2006 年，我国高职院校还处于发展的初级阶段，迫切需要一批优秀的高职院校走在前头，积极地探索实践。因此，国家通过创建示范性高职院校，发挥它们在建立中国特色的高职教育体系中的示范、引领、带动和辐射作用，带动其他高职院校共同发展。这种引领、示范有多个方面，比如在办学理念、办学方向上引领全国高职院校培养大批高技能人才；在人才培养模式上通过推行产学合作、工学结合，探索高技能人才培养的有效途径；在深化改革和创新体制中引领，带动全国职业院校办出特色教育、提高教育水平。示范性高职院校经过改革发展不断创新，形成自己的鲜明特色，建成一批具有国内外先进水平的示范性高职院校。这将有利于我国经济结构调整，积极完善我国高等教育体系，对于培养大批技术应用型和高技能人才，优化人才结构，促进人才的合理分布，凝聚全社会重视高职教育的共识，优化高职教育的改革发展环境，提高其社会地位和认可度，示范、引领全国高职院校的持续健康发展，推动我国经济建设和社会发展都具有重要意义。

　　2006 年 11 月，针对严重制约我国高等职业教育健康发展的问题，如职业院校办学条件相对较差，"双师型"专业教师数量不足，质量保障体系不完善，办学机制改革有待突破等突出问题，引导高等职业教育主动适应社会需求，以加强基础能力建设为切入点，切实把改革与发展的重点放到加强内涵建设和提高教育质量上来，增强培养面向先进制造业、现代农业和现代服务业高技能人才的能力，根据《国务院关于大力发展职业教育的决定》的要求，在全国高等职业院校中树立改革示范，经国务院同意，在"十一五"期间实施国家示范性高等职业院校建设计划。该计划按照地方为主、中央引导、突出重点、协调发展的原则，选择办学定位准确、产学结合紧密、改革成绩突出、制度环境良好、辐射能力较强的高等职业院校，进行重点支持，带动全国高等职业院校办出特色教育、提高教育水平。

2006 年启动的由教育部、财政部联合实施的国家高职示范（骨干）院校项目，从实施效果来看，该项目很好地拉动了地方对高职教育的投入，调动了高职院校改革建设的积极性，提升了一批高职院校的办学水平，提高了高职教育的社会影响力，发挥了改革示范、发展示范、创新示范作用。

第一节　示范性（骨干）高职院校建设计划

2006 年 11 月，随着《教育部、财政部关于实施国家示范性高等职业院校建设计划加快高等职业教育改革与发展的意见》（教高〔2006〕14 号）的发布，"高职 211"的"百所示范性高等职业院校建设工程"启动，至 2010 年，前后三批共 109 所高职院校进入国家示范性高等职业院校建设计划。其目标为：通过实施国家示范性高等职业院校建设计划，使示范院校在办学实力、教学质量、管理水平、办学效益和辐射能力等方面有较大提高，特别是在深化教育教学改革、创新人才培养模式、建设高水平专兼结合专业教学团队、提高社会服务能力和创建办学特色等方面取得明显进展。发挥示范院校的示范作用，带动高等职业教育加快改革与发展，逐步形成结构合理、功能完善、质量优良的高等职业教育体系，更好地为经济建设和社会发展服务。具体任务为：支持建设 100 所高水平示范院校，60 万以上在校生直接受益，为社会提供各类培训 200 万人次；重点建成 500 个左右产业覆盖广、办学条件好、产学结合紧密、人才培养质量高的特色专业群；培养和引进高素质"双师型"专业带头人和骨干教师，聘请行业企业技术骨干与能工巧匠，专兼结合的专业教师队伍建设取得明显成效；建成 4 000 门左右优质专业核心课程，1 500 种特色教材和教学课件，每个专业带动区域和行业内 3 个以上相关专业主干课程水平的提高，教学质量显著提升；围绕国家重点支持发展的产业领域，研制并推广共享型教学资源库，为学生自主学习提供优质服务；运用现代信息手段，搭建公共服务平台，为共享优质教学资源提供技术支撑；推动示范院校与经济欠发达地区的对口支援与区域内中高等职业院校的对口交流，促进高等职业教育整体质量的提升。

一、示范院校入选条件

各地推荐示范院校应为独立设置的高职高专院校，并具备以下基本条件：
（1）领导能力领先。学校领导班子办学理念先进，具有战略思维、科学决策能力和较强的资源整合能力。

（2）综合水平领先。学校办学定位准确，具备较好的师资、设备、经费等条件，教学质量好，就业率高，有较高的社会认可度。

（3）教育教学改革领先。高等职业教育与区域经济社会发展联系紧密，形成产学研结合的长效机制，以就业为导向，人才培养模式改革成效显著。

（4）专业建设领先。专业建设理念先进，特色鲜明，在教师队伍建设、实习实训基地建设、推行"双证书"制度、课程和教材建设等方面取得明显进展。

（5）社会服务领先。积极承担面向区域产业发展的社会培训，主动为行业企业提供应用技术开发等科技服务，在区域高等职业教育发展中具有明显的带动作用。

二、示范院校评估标准

"国家示范性高等职业院校建设计划"的启动，是国家财政首次为高等职业教育工作划拨专项资金，体现了党中央、国务院对高等职业教育事业发展的重视。这一建设计划的实施在我国高等职业教育领域产生了很大的反响，提升了社会对高等职业教育的认识，加快了部分被评为示范性高等职业院校的建设步伐，在一定程度上各地高职院校都开始从注重数量上发展开始转移到注重质量、提高内涵建设的发展轨道上来。国家示范性高等职业院校建设项目预审标准（试行）见表4-1。

从表4-1可以看出，6个一级指标体现了国家示范性职业院校应在建设环境、领导能力、综合水平、教育改革、专业建设和社会服务方面处于同类院校的领先地位，并且得到省级政府或有关部门、举办方的全力支持。17个二级指标都有详细的指标内涵，清楚地描述了院校建设应该达到的标准。对于一些可以量化的标准尽量做到量化。国家示范院校的建设，发挥了以评价标准为导向，以经费支持为基础的改革的示范、发展的示范和管理的示范作用。

表 4-1 国家示范性高等职业院校建设项目预审标准（试行）

序号	一级指标	二级指标	指标内涵
1	建设环境	省级政府支持	（1）省级政府在"十五"期间对高职教育的重视程度和投入强度（院校数量、在校生规模、本专科生比例、经费投入等） （2）省级教育行政部门在"十一五"规划中已将其列为重点建设院校 （3）省级政府有持续不断的政策支持和经费投入 （4）省级政府有对高职院校规范有效的质量监控体系，且运行良好
		举办方支持	（1）举办方为院校依法自主办学提供了良好的政策保证和制度环境 （2）举办方对院校高度重视并给予持续有力的投入保证 （3）举办方给予建设院校以足额（生均经费不低于当地标准）的经费投入
		项目经费保证	举办方投入建设项目的资金达到实施方案要求，投向准确，并能列入预算
2	领导能力	院校领导	（1）学校领导班子健全，群体结构合理；领导班子团结、勤政、廉洁，在学校有很高的亲和力、凝聚力、感召力，已成为学校事业发展的核心 （2）党政一把手有强烈的事业心和责任感，具有较强的领导力、执行力、学习力、创造力；办学理念先进，表率作用好、威信高 （3）院（校）长注重教育观念的更新和先进理念的传播；具有战略思维和科学决策的能力；富有创新精神、勇于开拓；善于沟通协调、整合社会资源；学识丰富、视野开阔，具有人格魅力

表4-1(续)

序号	一级指标	二级指标	指标内涵
3	综合水平	办学理念	(1) 学校定位科学、准确；办学宗旨、服务方向明确；严格依法自主办学；形成了符合高等职业教育规律、特色鲜明的办学思想和教育理念，并在本省（行业）或全国高等职业教育界有较大影响 (2) 学校确立了教学工作的中心地位和教师在办学中的主体地位
		师资队伍	(1) 符合高职院校人才培养目标要求的师资队伍建设，尤其是"双师型"队伍建设取得显著成效。特色鲜明，结构优化，教师队伍整体实力属当地高等职业院校的先进水平 (2) 学校有完善的师资管理制度和激励政策，机制先进，成效显著 (3) 学校重视教风、师德建设，学生满意，社会评价好 (4) 教师获得教学、科技开发、社会服务的成果多，水平高
		设施经费	(1) 设施条件能满足教育教学要求，管理先进，运作状态良好 (2) 经费投入有保证，管理严格，有监控评价机制，已进入良性运行轨道 (3) 大力吸引社会人力物力财力和智力资源，学校自筹资金能力和办学效益均居当地高等职业院校的先进水平
		教育教学管理与质量监控	(1) 已形成适合自身特点的质量保障体系，运行有序，效果显著 (2) 有健全的教育教学管理组织系统，管理制度健全，执行严格 (3) 建立了各教学环节的质量标准和工作规范，建立了相应的评价、考核、激励制度，导向鲜明、效果明显 (4) 管理队伍结构优、素质高、理念先进 (5) 管理方法科学、手段先进、节约高效
		就业质量与社会评价	(1) 近三年毕业生当年平均就业率，在省内同类院校中名列前茅。近三年招生的第一志愿报考上线率年平均≥70%（西部地区和农林等类院校≥50%），录取新生报到率居当地同类院校前列 (2) 社会用人单位对近三年毕业生的思想政治表现、职业道德、文化素养等评价高，对业务素质、职业技能评价好，总体满意率或工作称职率≥80% (3) 毕业生在本地区（行业）有良好声誉

表4-1(续)

序号	一级指标	二级指标	指标内涵
4	教育改革	办学模式改革	（1）定期进行市场调研、分析论证，具有较强的适应人才市场需求变化的办学机制和活力；积极探索顶岗实习、订单培养等能够有效促进就业和减轻学生学费负担的途径 （2）积极探索和创新人才培养模式，努力将理论知识学习、实践能力培养、综合素质塑造三者紧密结合起来；积极实施学籍管理制度和方法的改革，调动学生自主学习的积极性；积极开展两年学制的试点 （3）坚持走产学研结合的发展道路，形成了互动互惠、效益良好的长效机制，能寻求并获得行业企业持续有效的技术、设备和资金支持，促进了办学模式创新，增强了办学活力
		教学模式改革	（1）在改革以学校和课堂为中心的传统教学模式、大力推行产学结合、工学交替等方面取得明显进展 （2）学校高度重视教学设施现代化建设，核心课程教学全部较好地使用现代化教学手段 （3）学校设有专门的高职教育研究机构和专职研究人员，每年有专项研究经费；有国家或省（部）级立项研究课题；校、系领导以及教学管理部门负责人带头参加教育教学研究；每年都有一定数量的教研论文公开发表 （4）近五年内获省（部）级以上（含）优秀教学成果奖不少于1项

表4-1(续)

序号	一级指标	二级指标	指标内涵
5	专业建设	专业建设总体水平	(1) 专业建设理念先进,目标明确,规(计)划科学,政策到位,措施落实,效果明显,已有不少于6个校级以上(含)的重点建设专业,其中省(部)级以上(含)教学改革试点专业不少于1个 (2) 专业设置有良好的行(企)业背景,结构优化,特色鲜明,能主动适应区域经济社会发展需要,能以人才市场需求变化优化专业内涵,不断提高毕业生就业竞争力 (3) 各专业都建立了以社会用人单位相关人员为主体的专业指导委员会,用人单位参与了学校教学基本建设和其他各教学环节,在学校与行(企)业之间形成了良性互动 (4) 各专业教学计划都能较好地体现以素质教育和职业能力培养为主线,知识能力素质培养结构合理,专业实训(习)时间不少于整个教学时数的1/3 (5) 重点专业和核心课程初步形成了以教学水平高、实践能力强、具有行业企业经历的专业带头人或课程带头人为首的专兼结合教师队伍
		课程建设	(1) 重点专业在探索建立科学的、职业特色鲜明的、理论和实践紧密结合的课程体系方面取得明显成效,核心课程及课程目标(标准)明确具体,深广度要求适当 (2) 课程建设有计划、有措施、有成效,至少已有2门课程被列为省级及以上精品课程 (3) 与专业教学改革相配套的教材建设取得显著成果
		职业能力与职业素质教育	(1) 各专业都建立了稳定的校外实训基地,能保证学生顶岗实习需要,为毕业生今后能够胜任工作或就业奠定可靠基础 (2) 按照国家职业标准,职业资格考试大纲或订单要求强化职业技能培训,并与职业资格证书的认证紧密结合。学校设有能覆盖2/3以上专业的职业技能鉴定站(所)或培训点。近三年毕业生的职业资格或技能证书获得率居当地先进水平,其中,获得高技能人才职业证书、高级工或技师等职业证书者占有一定比例 (3) 职业技能培训全部由"双师型"教师和来自企业的兼职教师或能工巧匠承担,学生的满意率高 (4) 重视学生职业素质培养,有效地、创造性地开展有利于提高学生职业素质的形式多样的校内、校外活动

表4-1(续)

序号	一级指标	二级指标	指标内涵
6	社会服务	教育培训服务	根据社会、企业、农村劳动力转移等的需要,积极承担非学历的短期职业技能培训和岗位培训任务,取得了明显的社会效益和经济效益
		科技服务	(1) 积极开展面向社会实际需要的应用技术研究与新产品、新工艺开发等科技服务。近三年的科技服务年平均到款额在当地同类院校中处于先进水平 (2) 获专利数量在当地同类院校中处于领先水平
		辐射带动作用	(1) 学校的办学理念、办学特色和办学成果,已在省、行业企业乃至全国高等职业院校中产生了影响 (2) 学校有强烈的社会使命感,为帮助相对落后地区的教育发展和弱校的发展做出了积极贡献 (3) 学校主动承担对本地高等职业院校的带动责任,在促进资源共享、提高办学效益、增强适应力、扩大受益面等方面取得成效,受到好评 (4) 积极开展国际合作交流,在引进国外先进职教理念、优质职教资源,扩大我国高职教育在国际上的影响等方面做出了较大贡献

湖南省省级示范（骨干）高职院校建设基本要求见表4-2。

表4-2 湖南省省级示范（骨干）高职院校建设基本要求

评审指标		建设标准要求（评估要点及标准）	人才培养水平工作评估（A级）
1 办学定位	1.1 办学指导思想	(1) 坚持以科学发展观为指导,全面贯彻党的教育方针,全面推进素质教育,全面提升人才培养质量 (2) 坚持以服务为宗旨,以就业为导向,对接产业（行业）,工学结合,提升质量,推动职业教育深度融入产业链,为行业和区域经济发展"转方式、调结构"服务、为行业企业人才需求服务	
	1.2 人才培养目标	培养面向生产、建设、管理、服务第一线需要的高素质技能型专门人才	
	1.3 人才培养模式	(1) 坚持校企合作、工学结合的办学模式,全面构建"人才共有、过程共管、责任共担、成果共享"的校企合作长效机制,实现校企"合作办学、合作育人、合作就业、合作发展" (2) 所有专业实行校企合作,依托优势专业兴办或与企业合作开办相关生产性实训企业 (3) 学校自主或与企业合作开展应用技术研究、产品开发、技术推广与咨询 (4) 大力推进"订单培养","订单培养"比例达在校生的30%以上	

表4-2(续)

评审指标		建设标准要求（评估要点及标准）	人才培养水平工作评估（A级）
2 专业 建设	2.1专业 建设机制	（1）根据经济发展"转方式、调结构"要求，及时调整设置专业和专业定位，建立与行业企业发展急需的高素质技能型专门人才相适应的专业设置动态调整机制 （2）分专业大类建立由教学专家和现场专家共同组成的专业建设指导委员会 （3）校企共同制定专业人才培养方案，共同确定人才培养规格与标准，共同培养"双师型"教师，共建实习实训基地，企业深度参与人才培养全过程	
	2.2专业 建设团队	（1）每个专业形成以专业带头人为引领的专业教学团队，有一名与职业对口的具有高级专业技术职务的专业带头人 （2）重点专业（含精品专业、示范特色专业）至少有一名省级专业带头人或正高专业技术职务教师，主体专业实行现场专家和教学专家组成的"双带头人制" （3）专业带头人在专业建设和课程改革中起带头和把关作用，指导本专业教师提高培训水平，获得省内同行认可 （4）专业教学团队由专业教师和现场专家组成，团队合作意识强，共同开展教育教学研究和应用技术研究，其中，重点专业至少有一项省级教育规划课题、教育教学改革研究项目或横向应用技术研究项目	
	2.3专业 课程体系	（1）形成与高素质技能型专门人才相适应，以学生获得职业行动能力和职业生涯可持续发展为目标，以职业活动为主体，知识、技能、态度有效融合的课程体系 （2）以典型工作任务、过程、项目为线索确定课程结构，以职业核心技能和最前沿技术为主线参照专业岗位任职要求，整合相应的知识、技能、态度确定课程内容，以典型产品、项目、案例为载体设计教学组织形式 （3）将职业道德和职业精神融入专业教学全过程，促进学生知识、技能、职业素养协调发展 （4）主体专业有2门以上优质专业核心课程供同类院校共享 （5）联合行业企业共同开发适应新兴产业、新职业、新岗位的校本教材	
	2.4专业 教学方法	（1）专业教学符合"教、学、做合一"的原则，根据专业特点，采用现场教学、案例教学、项目教学、探究式教学方法 （2）充分利用网络学习资源和现代教育技术，创新教学方式	
	2.5实践 教学体系	（1）高度重视实验、实训、实习等实践教学，与相关企业合作，系统设计和开发实践教学体系，共同组织实践教学，实践教学时数占教学总数的50%以上（面向三产类专业不低于30%） （2）分专业制定包括实习、实训和顶岗实习等环节的实践教学方案 （3）顶岗实习岗位与专业对口，顶岗实习时间符合规定要求，实习任务和目标明确，管理到位，现场专家参与学生顶岗实习的各个环节，形成了以学生作品为主，辅以毕业实习报告的时间教学考核制度	

表4-2(续)

评审指标		建设标准要求（评估要点及标准）	人才培养水平工作评估（A级）
2 专业建设	2.6 实习实训条件	（1）创新实习实训室建设理念，引入企业先进的管理理念、管理方法和职业文化，根据专业特点，按照理实一体的要求，创建功能复合齐全、校园文化和企业文化紧密结合的教学环境 （2）所设专业有相应的、能模拟生产一线或就业岗位环境的实习实训室，每个实习实训室能满足一个班同时参与教学 （3）设施设备技术含量先进，项目开出率100%，价值达标率80%以上、完好率90%以上 （4）每个专业开设1个以上综合实训项目 （5）有与所设专业相适应的相对稳定的校外实习基地	
3 教师队伍	3.1 教师管理机制	（1）制定并实行符合职业教育教学规律和职业院校教师成长规律的教师管理制度，实行全员聘任制，教师实行岗位管理和合同管理，实行人员能进能出、优胜劣汰的教师管理机制 （2）健全"双师型"教师成长和激励机制，制定专业带头人选拔标准、骨干教师认定标准、新进教师准入标准和实施细则以及兼职教师聘任与考核管理办法 （3）建立并实行与绩效挂钩、明显向一线倾斜的分配制度 （4）健全教师职业技术职务聘任办法	
	3.2 教师队伍	（1）教职员工配备符合《湖南省高校机构编制（试行）》（湘编办〔2009〕21号）文件要求，专任教师具备高等院校教师资格，全部达到本科以上学历，其中45岁以下教师中研究生学历或硕士以上学位比例达35%以上，高级专业技术职务的教师达30%以上（不含高级讲师和高级政工师） （2）"双师型"教师占专业课教师的比例达80%以上，省级以上专业带头人5名以上，省级教学团队2个以上 （3）实习指导教师和兼职专业教师全部具备高级职业资格或中级专业技术职务 （4）兼职专业教师（现场专家）占专业教师的比例为20%~30%	学生：教师≤16∶1（体艺类除外）； 青年教师（40岁以下）中研究生学历或硕士及以上学位比例达到35%； 高级职称（不含高级讲师）教师比例达到30%以上； 专业基础课和专业课中"双师型"教师比例达70%以上； 兼职教师数占专业课与实践指导教师合计数之比达20%以上

表4-2(续)

评审指标		建设标准要求（评估要点及标准）	人才培养水平工作评估（A级）
3 教师队伍	3.3 教师培养培训	(1) 制订并实施教师培养培训计划，教师培养培训专项经费不低于学费收入的5% (2) 建立专业教师企业实践制度和公共课教师社会实践制度，专业教师每两年必须有两个月到企业或生产服务一线实践，学校承担教师实践培训的全部经费 (3) 制定并实施教师学历提升方案，学校按规定承担部分费用 (4) 制定并实施专业带头人和骨干教师培养培训方案，培养对象明确并形成梯队 (5) 按时组织专任教师和管理人员参加国家级、省级培训 (6) 采取教师交流和互培等形式，与境外先进企业和职业院校联合培养专业教师 (7) 建立健全教师奖励制度，定期表彰有突出贡献的优秀教师 (8) 采取与行业企业和其他社会组织联合培养的方式，切实加强新技术和职业教育教学新理念培训，提高教师新技术吸收能力和教育教学改革能力	
	3.4 师德师风	(1) 重视教师政治理论学习和道德修养，引导教师树立正确的世界观、人生观、价值观 (2) 认真执行国家有关法律法规对教师职业道德的规定，对教师的职业道德、业务水平和工作业绩定期进行考核 (3) 教师遵循职业教育教学规律，树立正确的教学观和学生观，爱岗敬业，无重大教学责任事故和造成不良社会影响的行为。注重学风教风、师德师风建设，学生满意，社会评价高	

表4-2(续)

评审指标		建设标准要求（评估要点及标准）	人才培养水平工作评估（A级）
4 科研工作	4.1 科研管理	（1）学校设立了科研管理机构，有专职人员，成立了科研工作领导小组，并由院长担任组长，制定并实施了科研工作规划，设立科研工作专项经费，学费收入用于科研的经费不低于5% （2）建立健全科研成果转化与技术咨询、推广与服务机制，工作取得明显成效，其中应用技术研究项目数占课题总数的50%以上	
	4.2 教育教学研究	（1）学校设立职业教育研究机构，有专职人员，重点研究教育教学改革的现实问题、热点问题和前沿问题 （2）有国家或省部级教学改革研究课题3个以上，有一定数量的校级立项课题 （3）有省级以上教学成果奖或哲学社会科学成果奖1项以上 （4）有教研教改成果在校内推广，效果明显 （5）在全国有一定影响刊物公开发表教育教学研究论文年均15篇以上，教师每年人均发表论文0.3篇以上	
	4.3 应用技术研究与推广	（1）创新应用技术研究、开发、服务机制，针对本行业、本区域产业发展和新农村建设的实际需求，与企业联合开展应用技术研究、产品开发工作 （2）每个专业有反映新技术、新工艺、新材料、新设备、新标准的应用技术研究项目1个以上，具有良好的市场应用前景 （3）学校有重点应用技术研究项目3个以上，与相关企事业单位建立了横向合作机制，有1项以上成果 （4）纵横向科技课题到位经费30万元以上，建立了应用技术咨询、推广机制，在当地取得了一定的成效 （5）有市级以上或省部级行业科技成果奖1项以上，或登记专利5项以上 （6）在全国有一定影响刊物公开发表专业学术论文年均15篇以上，教师每年人均发表论文0.2篇以上	

表4-2(续)

评审指标		建设标准要求（评估要点及标准）	人才培养水平工作评估（A级）
5 德育工作	5.1 德育首要地位及机制与制度建设	(1) 认真贯彻落实《中共中央 国务院关于进一步加强和改进大学生思想政治教育的意见》（中发〔2004〕16号）和《中共湖南省委 湖南省人民政府关于进一步加强和改进大学生思想政治教育实施的意见》（湘发〔2005〕8号）文件精神，德育机构和工作队伍符合有关文件规定，德育工作管理、考评等制度健全 (2) 按文件要求配备辅导员和班主任，按规定开设思想政治理论课程 (3) 结合国家重大政治生活，开展德育活动 (4) 建立业余党校，积极发展学生党员，充分发挥党团组织的作用 (5) 确保德育活动的时间和经费	
	5.2 德育工作针对性	(1) 根据职业院校特点，突出德育工作重点，有针对性地开展理想教育、法纪教育、心理健康教育、职业道德教育和养成教育 (2) 坚定学生成才的信念，培养学生良好的职业习惯和安全意识、质量意识、环境意识、职业道德意识与团队意识，教育学生诚实守信、爱岗敬业 (3) 严格规范学生日常行为，注重学生交往礼仪和职业礼仪的教育与训练，使其形成健康文明的生活习惯	
	5.3 校园文化建设	(1) 大力推进校园文化建设，形成体现社会主义核心价值观的、广大师生认同的价值取向 (2) 有反映本校办学传统、办学特色的校训、校歌、校徽；领导班子形成高效、廉洁、民主和务实的工作作风，教师形成了敬业、爱岗、爱生的教风，学生形成勤奋、上进、守纪的学风 (3) 学生活动制度化、经常化，每学年举办一次文化艺术节、技能节、体育节，学生全员参与 (4) 指导学生建立学生社团，学生活动丰富多彩、积极向上 (5) 校园整洁、绿化美化，建设适量的能反映学校传统、当地文化和中华传统文化的雕塑、壁画和宣传标牌，学校建有开拓学生知识面的文化长廊、阅报栏，形成了管理育人、服务育人和环境育人的氛围	

表4-2(续)

评审指标		建设标准要求（评估要点及标准）	人才培养水平工作评估（A级）
6 基础设施设备	6.1 校园校舍	（1）生均校园面积、教室面积、宿舍面积分别不少于67平方米、2.3平方米、6.5平方米，实训场所面积中理工农林医类、文财体艺类分别不少于8.1平方米和1.8平方米 （2）有与教学相适应的教学仪器设备，生均仪器设备值中理工农林医类、文财体艺类分别不少于5 000元和4 000元 （3）每个专业都有能进行项目教学的专业教室，每个专业实验实训工位至少能满足一个教学班同时实习实训的需要 （4）有独立的图书馆，生均面积不低于1.6平方米，阅览室座位数生均不低于0.2座 （5）有独立的学生公寓，住校学生床位率100% （6）有独立的学生食堂，座位数不低于住校生的30%	生均教学行政用房14平方米/人
	6.2 数字化校园	（1）搭建了信息服务平台，有1 000M主干和100M到桌面的校园网，校园网以宽带接入方式连接互联网，网络覆盖无盲点，有满足教学需要的现代化电教设备，每间教室配备多媒体设备；百名学生配教学用计算机20台，百名学生配语音实验室座位数5个 （2）有丰富的教学与学习资源，供师生免费使用 （3）实现教学管理、学生管理、后勤管理信息化	百名学生配教学用计算机8台；百名学生配语音实验室座位数7个
	6.3 图书和报刊	（1）纸质图书藏量生均30册以上，其中专业图书达60% （2）年购置纸质图书生均2册以上；（生均购置纸质图书费用40元） （3）报刊种类500种以上，其中专业报刊达到50% （4）电子图书馆容量达100GB以上，并适时更新	图书馆藏：理工农医类为25万册，文史财经管类30万册；年购置纸质图书生均3册以上
	6.4 体育设施设备	（1）运动场和体育设施能满足体育课和课外活动要求 （2）有达到"普通高等学校建筑规划面积指标"的教学型体育馆，有400米跑道的标准田径场1个以上，有符合《体育教学大纲》需要的其他设施和器材 （3）每五个班一个运动场；体育馆生均建筑面积为0.5平方米且同时容纳6个班教学；室内乒乓球台50张	

表4-2(续)

评审指标		建设标准要求（评估要点及标准）	人才培养水平工作评估（A级）
7.常规管理	7.1 管理体制	(1) 公办学校实行党委领导下的院长负责制，民办学校实行董事会领导下的院长负责制，制度健全并严格执行 (2) 学校党、团、工会等组织健全并充分发挥作用，党组织的战斗堡垒作用和共产党员的先锋模范作用充分体现 (3) 学校党代会、教职工代表大会、教学工作会、学术委员会等制度健全，决策民主、管理科学，实现校务公开	
	7.2 教学管理	(1) 积极探索符合职业教育规律的、开放的教学管理制度，常规管理制度健全并执行到位，实行选课制、学分制、工学交替、分阶段完成学业等制度 (2) 根据专业培养目标，科学确定公共课、专业课、实践课教学内容和课时比例，按照行业企业标准和职业资格认证要求调整教学内容，形成教学内容根据市场需求适时调整的教学管理机制 (3) 建立适应社会需要和高素质技能型专门人才培养要求的质量保障体系，探索并构建行业企业专家参与评价、适应高职教育培养目标的教学评价体系，建立以学生作品为核心、过程考核和结果考核相结合的学生学业水平考核评价制度 (4) 坚持以教学为中心，教学开支占学费收入的30%以上 (5) 教材征订规范，教材使用符合有关规定，杜绝盗版教材	
	7.3 学生自主学习与发展机制	(1) 形成教学相长、课内学习和课外学习相结合的学习氛围，鼓励学生的创造性思维 (2) 每个实验实训室和实训基地课余向学生周开放时间10小时以上，每个专业建有学生自主创新工作室，学生在专业教师指导下自主开展探究式实践活动和专业技能训练 (3) 图书馆周开放时间90小时以上 (4) 室内体育设施和器材课余向学生周开放时间20小时以上，双休日全天候开放	
	7.4 学生管理	(1) 认真执行《普通高等学校学生管理规定》，制定并实施本校学生管理规定及相关配套制度 (2) 学校聘请常年法律顾问，依法依规处理学生管理有关问题 (3) 建立健全学生管理工作队伍，加强专职辅导员队伍建设 (4) 建立贫困学生救助制度，积极推进高校学生助学贷款，落实学费收入的10%用于贫困学生资助的规定，积极组织学生开展勤工俭学	

表4-2（续）

评审指标		建设标准要求（评估要点及标准）	人才培养水平工作评估（A级）
7 常规 管理	7.5 后勤 保障体系	（1）学校资产管理、财务管理、宿舍食堂管理、卫生管理等制度健全并执行到位 （2）建立学生后勤服务公开承诺制度 （3）重大采购和建设项目按政府有关规定公开招标 （4）民办学校实行法人登记，切实落实法人财产权 （5）后勤保障体系完善，学生宿舍、学生食堂不以营利为目的 （6）有校医室（卫生所）以及一定数量的专职校医，学校经常开展卫生防疫工作和卫生检查 （7）财务管理严格，强化财务过程监控和审计，无违反财务纪律和乱收费现象	
	7.6 学生 安全工作	（1）重视学生安全工作，在日常管理、实习实训、社会实践活动、文体活动、各类重大活动、饮食卫生、宿舍管理等方面建立完善的安全工作规章 （2）建立切实可行的各类应急预案 （3）建立安全工作责任制度和责任追究制，各个环节明确安全工作责任人 （4）无重大安全责任事故发生	
	7.7 依法 依规办学	（1）遵守国家的法律法规和教育行政部门的有关文件规定，自觉维护招生秩序，不发布虚假广告、不买卖生源，无乱办班、乱招生、滥发文凭等现象 （2）专业设置合理、科学、客观，审批手续完备 （3）切实维护教师、学生的合法权益	
8 职业 指导	8.1 机构 和队伍	学校成立职业指导与就业服务机构，有专职工作人员，并提供必要的条件保障	
	8.2 职业 指导	（1）将职业指导课作为各专业的必修课程，有针对性地开展职业指导讲座和相关实践活动，教育学生树立正确的职业理想和就业观念，全面提高学生的就业能力 （2）培养学生创业精神和创业意识，提高学生创业能力 （3）帮助学生了解就业政策法规，维护自身合法权益	
	8.3 就业 服务	（1）落实毕业生就业"一把手"工程，根据学校的培养目标和办学特色有效开展就业服务工作 （2）与相关用人单位建立稳定的联系，形成毕业生稳定、有序、灵活的就业渠道和网络，及时跟踪反馈毕业生就业信息，为毕业生再就业提供服务	

表4-2(续)

评审指标		建设标准要求（评估要点及标准）	人才培养水平工作评估（A级）
9 质量与特色	9.1 服务社会和辐射能力	（1）学校成为行业或区域内职业院校教学指导中心、实习实训中心、师资培训中心和职业资格鉴定培训中心，在行业内或同类学校中具有良好的声誉 （2）学校对区域内职业院校在办学指导思想、人才培养模式、专业建设、就业指导、常规管理等方面进行指导和示范 （3）实习实训基地和其他学校实现共享，每年接受一定数量的外校学生到校参与实习实训 （4）根据区域内教师培训需求，制订教师培训计划，为区域内教师专业知识、专业技能培训提供服务 （5）三分之二以上专业设有职业技能鉴定站或行业企业资格证书授权认证点或职业技能培训点，成为行业企业和区域技能人才培训基地，成为区域内行业企业新标准（规范）研发基地 （6）参与开发职业资格标准或主持开发行业、企业岗位标准（技术标准）4个以上	
	9.2 专业特色	（1）形成相对稳定的1~2个重点建设专业大类，以主体专业、特色专业为引领，形成专业群，有重点专业2个以上 （2）重点专业毕业生具备高素质技能人才的基本素质，全部获得中级职业资格证书或行业企业认证证书，其中高级职业资格获证率50%以上，毕业生规格符合企业技能型岗位的要求，毕业生获得用人单位的广泛欢迎，年终就业率95%以上，对口就业率80%以上，上岗起薪点明显高于一般专业 （3）初步形成了一支专业名师队伍，在行业内有一定的知名度，开发在本专业领域内有一定影响力的教材，开发了本行业内有一定影响力的技术或产品，或者具有较强的新技术、新工艺、新材料、新设备、新标准的吸收、消化和推广能力	
	9.3 学生素质	（1）学生文明、守纪、严谨、勤奋，无违法犯罪行为 （2）在评估和质量抽查中，公共课、专业课、专业技能合格率90%以上 （3）有职业资格证书和行业企业资格证书的专业，学生参加职业技能鉴定或职业资格认证获证率90%以上。其他专业毕业生获得中级职业资格证书或行业企业认证证书90%，其中高级职业资格获证率15%以上	社会已开展职业资格考试的专业，学生全部参加考试，通过率达90%以上
	9.4 社会声誉和影响	（1）第一志愿高考投档分数线在本地区或者同类院校中名列前茅，录取新生报到率80%以上 （2）毕业生年终就业率90%以上，其中对口就业率70%以上 （3）学生就业单位、就业岗位和就业待遇有明显优势 （4）用人单位对毕业生的思想道德素质和职业素质评价满意率90%以上 （5）建立成果报告和发布制度，每年举办一次教育教学改革现场观摩会，及时发布改革成果，推广建设经验	近三年毕业生当年底平均就业率≥90%；近三年录取新生平均报到率≥85%
	9.5 办学规模	（1）学校招生数和在校生数符合核定的学校办学规模要求 （2）多渠道、多层次举办各种形式的职业技能培训，年培训2 000人次以上	
	9.6 国际交流与合作	（1）围绕产业发展要求，积极探索"走出去"的发展战略，将国际通用的职业资格标准融入教学内容，改造课程体系 （2）利用学校品牌和专业优势与境外职教发达国家或地区的职业院校进行学生交流或直接招收留学生 （3）专业教师参与国际交流和境外培训的比例不低于5%	

表4-2(续)

评审指标		建设标准要求（评估要点及标准）	人才培养水平工作评估（A级）
10 管理部门重视和经费投入	10.1 当地政府重视	（1）当地政府根据经济社会发展和教育发展的总体规划，认真制定并实施职业教育发展规划 （2）学校举办者将省级示范性（骨干）高等职业院校建设纳入重要议事日程，关心支持学校发展，帮助学校及时解决发展中的实际困难和问题，形成支持学校改革与发展的氛围	
	10.2 地方政府与举办者	（1）地方政府或学校举办者按《湖南省公办职业院校生均经费标准指导意见》（湘财教〔2010〕64号）文件要求按时足额拨付生均经费 （2）确保教职工工资（包括国家规定的津补贴）按时足额发放，工资标准不低于当地公务员标准	
	10.3 经费投入	（1）示范性（骨干）高等职业院校建设经费按实施方案落实到位，其中地方政府或学校举办者投入的比例不低于50%，硬件建设经费不超过项目建设总经费的50% （2）学校学杂费等办学收入全部由学校使用，没有冲抵财政拨款、截留或挪作他用 （3）当地有关部门无对学校乱收费、乱罚款、乱摊派的现象	

　　四川省示范性高等职业院校预审标准（试行）见表4-3。

表4-3　四川省示范性高等职业院校预审标准（试行）

序号	主要方面	关键因素	内涵说明
1	建设环境	举办方支持	（1）举办方已将省级示范院校建设项目列入地方经济社会、行业。产业发展规划，有保证措施、政策支持，提供了良好的政策保证和制度环境 （2）举办方建立了生均经费拨款机制，其标准不低于全省职业院校生均经费标准 （3）举办方完成学院办学基本条件建设，并承担了建设的主要经费 （4）举办方对院校的校企合作、兼职教师聘任、学生生产性实训和顶岗实习有政策措施和制度保证 （5）以学校为核心、教育行政部门引导、举办方和用人单位参与的教学质量保障体系已经建立，运行有序，效果良好
2	领导能力	院校领导	（1）学校领导班子健全，群体结构合理；班子团结、勤政、廉洁，在学校有很高的亲和力、凝聚力、感召力，已成为学校事业发展的核心 （2）党政一把手有强烈的事业心和责任感，具有较强的领导力、执行力、学习力、创造力；办学理念先进，表率作用好、威信高 （3）院（校）长注重教育观念的更新和先进理念的传播；具有战略思维和科学决策的能力；富有创新精神、勇于开拓；善于沟通协调、整合社会资源；学识渊博、视野宽阔，富有人格魅力

表4-3(续)

序号	主要方面	关键因素	内涵说明
3	综合水平	办学理念	(1) 学校办学定位和发展定位科学、准确；办学宗旨、服务方向明确；严格依法自主办学；适应当地区域经济（产业、行业、企业）建设一线的需求和发展，在省（产业、行业领域）内有较大影响 (2) 加强内涵建设，强化办学特色，提高办学质量；教学工作已是学校党委、行政经常性的中心工作和学校发展的重心，并被列为学校事业发展规划重点建设内容
		师资队伍	(1) 根据工学结合人才培养模式改革的需要，完善人事分配和管理制度及激励政策，成效显著 (2) 注重"双师"素质培养，专业教师中具有一线工作经历的比例较高，实践教学能力较强 (3) 聘请了解行业产业发展趋势、熟练掌握行业主流技术的企业一线人员担任兼职教师，且比例较高，已初步形成实践技能课程主要由具有高技能水平的兼职教师讲授的机制；"双师"结构较为合理 (4) 重视教学团队建设；重视教师的综合职业素养、工作学习经历、技术开发与社会服务能力培养；团队建设以及教师获得教学、科技开发、社会服务的成果明显，学生满意，社会评价好
		实践条件	(1) 校内外实训实习基地建设互为补充，能满足教育教学要求，管理先进，运作状态良好 (2) 与行业企业紧密结合，初步建立起校内生产性实训基地建设的校企合作新模式 (3) 实践基地建设、设备投入有保证；设备维护、材料损耗经费补充有保障，已进入良性运行轨道
		教育教学管理与质量监控	(1) 教育教学管理系统适应教学改革和人才培养模式创新需要，制度建设理念先进，执行严格，管理队伍结构良好 (2) 各教学环节建立了质量标准和工作规范，质量评价、考核、激励等管理制度健全，过程管理严格，形成了持续改进的人才培养质量保障体系 (3) 注重对学生职业道德、技术知识、操作技能、基本职业素质和专科层次文化素质的全面培养，积极帮助学生进行职业生涯规划，开展就业指导与服务，就业率稳步提高 (4) 从严治教，办学行为规范，招生管理严格，学生文化生活丰富，校园稳定
		就业质量与社会评价	(1) 近三年毕业生平均初次就业率≥80%，就业对口率较高，起薪较高，在省内同类院校中名列前茅 (2) 近三年招生的第一志愿报考上线率三年平均≥85%（农林等类院校≥75%），录取新生报到率三年平均≥80% (3) 社会用人单位对近三年毕业生的思想政治表现、职业道德、文化素养等评价较高，对业务素质、职业技能评价较好，总体满意率或工作称职率≥80% (4) 毕业生在本地区（行业）有良好声誉，有较高的社会认可度

表4-3(续)

序号	主要方面	关键因素	内涵说明
4	教育改革	人才培养模式创新	(1) 积极推行工学结合的人才培养模式，通过产学合作、校企合作，探索订单培养、工学交替、任务驱动、项目导向、顶岗实习等有利于增强学生职业能力的教学模式 (2) 突出教学过程的实践性、开放性和职业性，注重校企合作开展"教、学、做"一体化教学；注重学生校内学习与实际工作的一致性、校内成绩考核与企业实践考核相结合 (3) 强化实验、实训、实习三个关键环节，校内生产性实训有较高的比例，学生至少有半年时间到企业等用人单位顶岗实习
		教学改革	(1) 以提高教学质量为目的，系统设计课程体系与课程教学内容，改革教学方法和手段，强化学生职业能力培养 (2) 与行业企业合作开发课程，根据技术领域和职业岗位（群）的任职要求，参照相关的职业资格标准，改革课程体系和教学内容，并取得一定成效 (3) 每年有专项教学改革研究经费；校、系领导以及教学管理部门负责人带头参加教育教学研究
5	重点专业建设	专业建设水平	(1) 能跟踪市场需求变化，主动适应区域经济和行业企业发展的需要，及时有效地调整专业和课程体系；以产业、行业（企业）为主导，制定专业教学标准 (2) 建立以社会用人单位相关人员为主体的专业指导委员会，用人单位参与专业基本建设和相关教学环节的实施，学校与行（企）业形成良性互动 (3) 建立以重点专业为龙头、相关专业为支撑的专业群，为促进区域经济和行业企业发展发挥积极作用
		课程建设	(1) 开发以企业工作过程为基础的专业技术课程教学内容，实施以真实工作任务驱动或社会产品导向的教学方法，建立突出专业能力和素质培养的课程标准，规范课程教学的基本要求，提高课程教学质量 (2) 重视优质教学资源和网络信息资源的利用，至少有5门省级精品课程，实现优质教学资源的共享 (3) 教材建设有计划、有措施、有成效，特别重视与行业企业共同开发紧密结合工作实际的实训教材
		实践教学	(1) 积极探索由学校提供场地和管理，企业提供设备、技术和师资支持，校企合作联合设计和系统组织实训教学的实践教学模式，大力推进校外顶岗实习力度，注重校内生产性实训与校外顶岗实习的有机衔接与融通，确保毕业生在毕业前有半年以上的顶岗实习工作经历，学生实际动手能力有显著提高 (2) 加强对顶岗实习组织实施的过程管理，完善学生顶岗实习既是专业学习的重要阶段，又能使学生经历真实的工作情境，切实在顶岗实习中体现与工作过程相结合的学习模式 (3) 充分利用现代信息技术，开发虚拟工厂、虚拟车间、虚拟工艺、虚拟实验，为实践操作前的理论教学提供多种有效途径

表4-3(续)

序号	主要方面	关键因素	内涵说明
5	重点专业建设	职业能力与职业素质教育	(1) 高度重视学生的职业道德教育,在培养学生诚信品质、敬业精神和责任意识方面有所成效。职业教学计划能较好地体现以素质教育和职业能力培养为主线,知识能力素质结构培养合理的专业实践教学,其时间不少于整体教学时数的40% (2) 推行"双证书"制度,强化学生职业能力培养,建立职业技能鉴定机构,开展职业技能鉴定工作,使相应职业资格证书专业的毕业生取得"双证书"的人数达到80%以上 (3) 积极参加各项职业能力竞赛,在各种技能竞赛等活动中获得优胜奖项
6	社会服务	教育培训服务	根据社会、企业、农村劳动力转移等的需要,积极承担非学历的短期职业技能培训和岗位培训任务,有效发挥教育培训服务功能,培训效果明显
		技术服务	(1) 积极开展面向社会实际需要的新产品、新工艺开发等技术服务,近三年的技术服务年平均到款额不能低于学校总收入的5% (2) 工科类为主的院校,部分工科专业有专利
		辐射带动作用	(1) 学校的办学理念、办学特色和办学成果得到行业、企业的肯定,在全职业院校中产生积极的影响 (2) 学校有强烈的社会责任感、使命感,主动承担对本地高等职业院校的带动责任,已与对口支援院校签订协议,并在干部挂职锻炼、师资培训、实训基地共建共享、合作培养学生等方面取得一定成绩 (3) 积极开展国内外合作交流,在学习借鉴发达国家和地区先进职业教育理念和经验、引进先进的教师职业资格标准、课程体系及课程标准、师资培训与培养等方面有实质性的进展

河南省示范性高等职业院校预审标准(试行)见表4-4。

表4-4 河南省示范性高等职业院校预审标准(试行)

序号	主要方面	关键因素	内涵说明
1	建设环境	举办方支持	(1) 举办方为院校依法自主办学提供了良好的政策保证和制度环境 (2) 举办方给予建设院校足额的经费投入 (3) 举办方完成了院校办学基本条件建设,并承担了建设的主要经费
		项目经费保证	举办方投入建设项目的资金达到实施方案要求,投向准确,并能列入预算
2	领导能力	院校领导	(1) 学校领导班子健全,群体结构合理;班子团结、勤政、廉洁,在学校有很高的亲和力、凝聚力、感召力,已成为学校事业发展的核心 (2) 党政一把手有强烈的事业心和责任感,具有较强的领导力、执行力、学习力、创造力;办学理念先进,表率作用好、威信高 (3) 院(校)长注重教育观念的更新和先进理念的传播;具有战略思维和科学决策的能力;富有创新精神、勇于开拓;善于沟通协调、整合社会资源;学识丰富、视野宽阔,富有人格魅力

表4-4(续)

序号	主要方面	关键因素	内涵说明
3	综合水平	办学理念	(1) 学校定位科学、准确；办学宗旨、服务方向明确；严格依法自主办学；适应当地区域经济（产业、行业、企业）建设一线的需求和发展，在省（产业、行业领域）内有较大影响 (2) 加强内涵建设，强化特色，提高质量；教学工作已成为学校发展的重心，并列入学校"十一五"事业发展规划重点建设内容
		师资队伍	(1) 根据工学结合人才培养模式改革的需要，完善人事分配和管理制度及激励政策，成效显著 (2) 注重"双师"素质培养，专业教师中具有一线工作经历的比例较高，实践教学能力较强 (3) 聘请了解行业产业发展趋势、熟练掌握行业主流技术的企业一线人员担任兼职教师比例高，已初步形成实践技能课程主要由具有高技能水平的兼职教师讲授的机制；"双师"结构合理 (4) 重视教师的综合职业素养、工作学习经历、科技开发服务能力，教师获得教学、科技开发、社会服务的成果多、水平高，学生满意，社会评价好
		实践条件	(1) 校内外实训实习基地能满足教育教学的需要，管理先进，运作状态良好 (2) 与企业、行业紧密结合，初步建立起校内生产性实训基地建设的校企合作新模式 (3) 设施经费投入有保证；设备维护、材料损耗经费补充有保障，已进入良性运行轨道
		教育教学管理与质量监控	(1) 教育教学管理系统适应教学改革和人才培养模式创新需要，管理队伍结构优良，理念先进，执行严格 (2) 各教学环节有质量标准和工作规范，质量评价、考核、激励等管理制度健全，过程管理严格，形成了持续改进的人才培养质量保障体系 (3) 注重对学生职业道德、技术知识、操作技能、基本职业素质和专科层次文化素质的全面培养，积极帮助学生进行职业生涯规划，开展就业指导与服务，就业率稳步提高 (4) 从严治教，办学行为规范，招生管理严格，学生文化生活丰富，校园稳定
		就业质量与社会评价	(1) 近三年毕业生平均初次就业率≥80%，就业对口率高，起薪高，在同类院校中名列前茅 (2) 近三年招生的第一志愿报考上线率三年平均≥90%，录取新生报到率三年平均≥80% (3) 社会用人单位对近三年毕业生的思想政治表现、职业道德、文化素养等评价高，对业务素质、职业技能评价好，总体满意率或工作称职率≥80% (4) 毕业生在本地区（行业）有良好声誉和较高的社会认可度

表4-4（续）

序号	主要方面	关键因素	内涵说明
4	教育改革	人才培养模式创新	（1）积极推行工学结合的人才培养模式，通过校企合作、产学合作，探索订单培养、工学交替、任务驱动、项目导向、顶岗实习等有利于增强学生职业能力的教学模式 （2）突出教学过程的实践性、开放性和职业性，注重学生校内学习与实际工作的一致性、校内成绩考核与企业实践考核相结合、课堂与实习地点的一体化 （3）强化实验、实训、实习三个关键环节，校内生产性实训有较高的比例，学生至少有半年时间到企业等用人单位顶岗实习
		教学改革	（1）以提高教学质量为目的，系统设计课程体系与课程教学内容，改革教学方法和手段，融"教、学、做"为一体；强化学生职业能力培养 （2）与行业企业合作开发课程，根据技术领域和职业岗位（群）的任职要求，参照相关的职业资格标准，改革课程体系和教学内容，并取得一定成效 （3）每年有专项教学改革研究经费；校、系领导以及教学管理部门负责人带头参加教育教学研究
5	重点专业建设	专业建设水平	（1）能跟踪市场需求变化，主动适应区域经济和行业企业发展的需要，及时有效地调整课程设置。建立以社会用人单位相关人员为主体的专业指导委员会，用人单位参与专业基本建设和其他各教学环节，在学校与行（企）业形成良性互动 （2）建立以重点专业为龙头、相关专业为支撑的专业群，为促进区域经济和企业、行业发展发挥积极作用
		课程建设	（1）开发以企业工作过程为课程设计基础的教学内容，实施以真实工作任务社会产品为载体的教学方法，建立突出专业能力和素质培养的课程标准，规范课程教学的基本要求，提高课程教学质量 （2）重视优质教学资源和网络信息资源的利用，至少有1门省级以上精品课程，实现优质教学资源的共享 （3）教材建设有计划、有措施、有成效，特别重视与行业企业共同开发紧密结合生产实际的实训教材
		实践教学	（1）积极探索由学校提供场地和管理，企业提供设备、技术和师资支持，校企合作联合设计和系统组织实训教学的实践教学模式，大力推进校外顶岗实习力度，注重校内生产性实训与校外顶岗实习的有机衔接与融通，确保毕业生在毕业前有半年以上的顶岗实习工作经历，学生实际动手能力有显著提高 （2）加强对顶岗实习组织实施的过程管理，完善学生顶岗实习既是专业学习的重要阶段，又能使学生经历真实的工作情境，切实在顶岗实习中体现与工作过程相结合的学习模式 （3）充分利用现代信息技术，开发虚拟工厂、虚拟车间、虚拟工艺、虚拟实验，为实践操作前的理论教学提供多种有效途径
		职业能力与职业素质教育	（1）高度重视学生的职业道德教育，在培养学生诚信品质、敬业精神和责任意识方面有所成效。专业教学计划能较好地体现以素质教育和职业能力培养为主线，知识能力素质结构培养合理的专业实践教学，其时间不少于整体教学时数的1/2 （2）推行"双证书"制度，强化学生职业能力培养，建立了职业技能鉴定机构，开展职业技能鉴定工作，使有相应职业资格证书专业的毕业生取得"双证书"的人数达到80%以上 （3）积极参加各项职业能力竞赛，在河南省（或全国）数控技能大赛等、全国大学生机器人大赛等活动中获得奖项

表4-4(续)

序号	主要方面	关键因素	内涵说明
6	社会服务	教育培训服务	根据社会、企业、农村劳动力转移等的需要,积极承担了非学历的短期职业技能培训和岗位培训任务
		技术服务	(1) 积极开展面向社会实际需要的新产品、新工艺开发等技术服务,近三年的技术服务年平均到款额不能低于学校总收入的5% (2) 工科类为主的院校,部分工科专业有专利
		辐射带动作用	(1) 学校的办学理念、办学特色和办学成果已被企业、行业所肯定,并在全省乃至全国高等职业院校中产生了积极的影响 (2) 学校有强烈的社会使命感,在干部挂职锻炼,学生联合培养等方面有明显成效 (3) 学校主动承担对我省其他高等职业院校的带动责任,并在师资培训、实训基地共享等方面取得了一定成绩 (4) 已与对口支援院校签订了协议,并积极开展国际合作交流,在引进先进的教师职业资格标准、课程体系及课程标准、师资培训与培养等方面有实质性的进展

三、示范院校主要评估标准解析

"十一五"期间,国家财政投资20亿元重点支持100所国家示范性高职院校①。通过实施国家示范性高职院校建设计划,使示范院校在办学实力、教学质量、管理水平、办学效益和辐射能力等方面有较大提高,特别是在深化教育教学改革、创新人才培养模式、建设高水平专兼结合专业教学团队、提高社会服务能力和创建办学特色等方面取得明显进展。示范院校要积极发挥作用,带动高等职业教育加快改革与发展,逐步形成结构合理、功能完善、质量优良的高等职业教育体系,更好地为经济建设和社会发展服务。

国家示范性高职院校的建设目标不仅是做投资的示范,更要做发展的示范、改革的示范和管理的示范。该计划启动以后,各个入选院校担负起"国家使命",积极加强自身建设,力争建设成为地区内、行业内真正的示范院校。周明认为"内涵建设包括专业化建设、师资队伍建设、制度建设、管理水平建设、教育教学改革、创新人才培养模式、质量保障与监控体系、创造国际合作办学特色、提升国际竞争能力、提升学生综合职业素质等,其中专业化建设尤其是精品课程建设、创新人才培养模式以及提高高技能人才培养质量和

---

① 教育部,财政部. 关于实施国家示范性高等职业院校建设计划加快高等职业教育改革与发展的意见(教高〔2006〕14号)〔Z〕. 2006-11-03.

办学水平是内涵建设的核心"①。徐国庆认为高职教育内涵建设，首先要以课程为载体，培养一批思路清晰、表达规范、态度严谨的教师。他还指出高职教育内涵建设的关键突破点就是要彻底打破传统的学科课程模式，使其转变为基于工作任务的项目课程模式②。金万哲、玉险峰、梁日成等认为高职教育的内涵式发展要经历四个阶段：以规模求发展、以质量求发展、以品牌求发展、以文化求发展，并指出从五个方面着手追求内涵式发展③。徐行副教授认为内涵建设是示范建设工作的灵魂，推行工学结合是示范建设的突破口④。黎荷芳认为高职教育内涵至少包括了两方面的内容，首先是一种培养人的活动，其次是一种新兴的高等性和职业性并举的高等教育类型⑤。

示范性高职院校遴选标准内容相当全面，涵盖了6个一级指标。要求示范性高职院校应在领导能力、综合水平、教育改革、专业建设和社会服务等方面处于同类院校的领先地位，并且得到省级政府或有关部门、举办方的全力支持。标准设置应符合以下要求：

（1）标准权重合理，重点突出。各个指标根据示范性高职院校发展所涉及的内容的轻重、主次等安排分值，并针对高职院校培养高技能应用型人才的目标，着重突出人才培养模式改革和教育教学改革的权重，并特别要求示范性高职院校要有特色与创新，符合高职教育的特色和规律，不仅能推进学校教育事业的健康发展，还有利于打造学校品牌。

（2）标准尽量做到细化、量化。在6个一级指标下设有17个二级指标，每个二级指标都有详细的指标内涵，清楚地描述了院校建设应该达到的标准。对于一些可以量化的标准，都尽量做到量化，比如就业质量与社会评价一项，要求近三年毕业生平均首次就业率≥80%。关于实践教学，要求专业实训实习的时间不少于整个教学时数的1/3。

（3）设置的标准切合实际，设置灵活。设置的标准应极其符合高职院校目前的实际情况，有些未达到的要求，通过努力也是完全可以达到的。另外，全国各个地区的各个学校或多或少存在差异，一个标准一刀切，难以照顾到教育资源与条件薄弱的地区，尤其是西部地区。因而在标准的设置上，应对此区

① 周明. 国家示范性高职院校建设行动研究：以上海市某高等专科学校为例［D］. 上海：华东师范大学，2008.

② 徐国庆. 高职缺什么内涵［J］. 职教论坛，2007（7）：1.

③ 金万哲，玉险峰，梁日成. 国家示范性高职院校建设应着重内涵发展［J］. 中国成人教育，2008（9）：105-106.

④ 徐行. 示范性高职院校的内涵建设和工学结合［J］. 教育与职业，2008（29）：41-42.

⑤ 黎荷芳. 论高职教育内涵发展及示范性高职院校建设［J］. 职教论坛，2008（3）：18-20.

别对待。如近三年招生的第一志愿报考上线率三年平均≥100%（西部地区和农林等类院校≥80%）。

示范性高职院校建设的任务就是支持高水平示范院校建设，使其在办学条件、专业建设和社会效益等方面有较大的提高，起到引领和带动其他普通高职院校发展的作用，以促进我国高等职业教育整体质量的提升。具体任务如下：

（1）提升示范院校整体水平。包括努力提高示范院校基本建设和教学基础设施建设水平，改善教学、实训条件；制定"双师型"教师培养和专兼结合专业教师队伍建设的支持政策与办法，聘请一批精通企业行业工作程序的技术骨干和能工巧匠兼职，促进高水平"双师"素质与"双师"结构教师队伍建设；密切与行业企业在人才培养、技术开发应用等领域的合作，广泛吸纳社会各方资金、物质与人力资源参与学校建设；加强国际交流与合作，扩大我国高等职业教育的国际影响。

（2）推进教学建设和教学改革。主要包括根据经济社会发展需要，建立专业设置、招生规模的计划与调整机制；坚持育人为本、德育为先，突出职业道德教育改进人才培养方案，创新人才培养模式，探索职业岗位要求与专业教学计划有机结合的途径和方式；根据高技能人才培养的实际需要，改革课程教学内容、教学方法、教学手段和评价方式，建成一大批体现岗位技能要求、促进学生实践操作能力培养的优质核心课程；紧密结合生产实际，统筹规划和建设具有高职教育特色的教材体系，规范教材评价选用机制，确保高质量教材进课堂。

（3）加强重点专业领域建设。建设一批融教学、培训、职业技能鉴定和技术研发功能于一体的实训基地或车间；合作开发一批体现工学结合特色的课程体系，形成一个以重点建设专业为龙头、相关专业为支撑的重点建设专业群，提高示范院校对经济社会发展的服务能力。

（4）增强社会服务能力。示范院校要积极为社会提供技术开发与服务，大力开展职业技能培训，努力为提高劳动者素质、促进就业，以及转移农村劳动力提供服务；积极开展地区之间、城乡之间的对口支援与交流，主动为区域内职业院校培训师资，促进地区职业教育的协调发展。

（5）创建共享型专业教学资源库。对需求量大、覆盖面广的专业，中央财政安排经费支持；研制共享型专业教学资源库，以规范专业教学基本要求，共享优质教学资源；针对职业岗位要求，强化就业能力培养，为实施"双证书"制度构建专业认证体系；开放教学资源环境，满足学生自主学习需要，为高技能人才的培养和构建终身学习体系搭建公共平台。

第二节 卓越高职院校建设计划

2015 年湖南省教育厅发布《关于实施湖南省卓越职业院校建设计划的通知》（湘教通〔2015〕167 号），启动了湖南省卓越职业院校建设计划，其目的是打造湖南职教品牌，建设一批起示范引领作用的职业院校，以带动湖南职业教育发展水平整体提升，提高职业教育"转方式、调结构、促升级"的能力。卓越高职院校建设项目是湖南省教育厅继示范校、骨干校建设项目后示范时期进行的一次遴选。该项目于 2015 年启动，分 3 年进行立项，项目建设期为 3~5 年，2017 年完成立项，2020 年基本建设完成，项目计划数量为 20 所。

湖南省卓越职业院校建设基本要求，也就是评估的基本指标体系见表 4-5。

表 4-5　湖南省省级示范性高等职业院校评估指标体系（试行）

一级指标	二级指标	指标内涵
1 办学定位	1.1 指导思想	全面贯彻党的教育方针，以立德树人为根本，以服务发展为宗旨，以促进就业为导向，主动适应经济发展新常态，努力实现由"对接产业、服务产业"向"提升产业、引领产业"转型
	1.2 人才培养定位	面向战略性支柱产业和战略性新兴产业，按照培养学生社会责任感、创新精神和实践能力的总体要求，遵循现代高等职业教育发展规律，培养适应高端技术技能岗位要求、具有可持续发展能力的高素质技术技能人才
	1.3 发展思路	坚持内涵发展、特色发展和创新驱动发展，紧跟产业转型升级前沿趋势和现代职业教育体系建设要求，科学制定学校中长期发展规划，并有效实施。领导班子办学理念先进，具有创新意识、战略思维能力和资源整合能力，能推动学校可持续发展

表4-5（续）

一级指标	二级指标	指标内涵
2 基本办学条件综合水平	2.1 校园校舍	结合区域经济社会发展实际和产业发展趋势，科学规划校园校舍建设，高起点、高标准建设现代化的校园校舍。校园功能分区科学、文明整洁，绿化美化符合"两型"要求；教学、实习实训、体育运动、生活、文化设施配套，并与办学规模相适应，达到教育部《普通高等学校基本办学条件指标（试行）》的优秀标准
	2.2 实习实训条件	适应专业发展和技术进步需求，建成安全环保、与专业体系相配套的实习实训室。每个专业都与实践教学体系相配套的实习实训室，布局科学，功能分区合理，设备数量足够，技术水平达到企业生产现场先进水平。重点建设的特色专业群建成集技术研发、产品开发、产业孵化、实习实训等功能于一体的生产性实训基地
	2.3 智慧校园	建成以物联网为基础、应用为导向，体现现代信息技术发展趋势，集教育教学、科研、管理和社会服务等功能于一体的智慧校园。信息化基础设施、应用系统、数字资源能够满足本校师生泛在学习和融合创新需要，并向合作院校、合作企业、社区开放，实现教育流程再造和智能化管理
3 特色专业群建设	3.1 专业建设机制	根据区域经济发展"转方式、调结构、促升级"的要求，紧紧围绕特色专业群建设，完善专业结构动态调整机制，调整优化专业布局，形成对接产业、引领产业、以专业群为核心的特色专业体系。主动适应经济提质增效和技术进步要求，建立健全专业教学持续改进机制，及时调整人才培养规格和专业教学内容
	3.2 特色专业群建设	按照"专业基础相通、技术领域相近、职业岗位相关、教学资源共享"的原则，构建与区域产业发展高度契合的专业群，每个专业群由5个左右专业组成，重点建设2~3个专业群，系统推进人才培养模式改革，形成校企深度融合的育人机制，构建群内专业充分共享、各具特色的一体化课程体系。系统推进教师队伍建设，形成"大师引领、骨干支撑、师德高尚、业务精湛"的教学团队。重点建设专业群核心专业达到同类院校全国领先水平，其他专业达到同类院校省内领先水平，形成3门以上群内充分共享的专业核心课程及配套的网络课程，重点建设专业群专业数达到全校开设专业数的50%以上，在校学生数达到办学规模的60%以上
	3.3 产教融合机制	创新产教融合、校企合作制度和实现形式，探索校企共建特色二级学院和专业群，探索联盟制、集团化等发展模式，形成校企互融、专业建设与产业发展同步协调的运行机制。以重点建设专业群为依托，整体推进与行业龙头企业或骨干企业合作，将企业资源、标准等融入人才培养全过程，实现专业建设与产业需求、课程内容与职业标准、教学过程与生产过程对接。校企共建应用技术研发机构、产品开发中心、高水平生产性实训基地和产业孵化基地，实现校企协同创新，重点建设专业群成为相关产业高端技能人才培养培训中心、重要的技术技能积累基地

表4-5(续)

一级指标	二级指标	指标内涵
4 教师队伍	4.1 教师管理机制	按照"编制到校、经费包干、自主聘用、动态管理"的总体要求,建立健全吸引人才、稳定人才、合理流动的制度和工作绩效考核办法,将师德表现、教学水平、应用技术研发推广成果与社会服务成效作为重要内容。制定并执行体现自身发展水平的"双师型"教师标准、专业带头人选拔标准、骨干教师遴选标准、专业教学团队建设办法、新进教师准入实施办法;制定兼职教师聘任与考核管理办法。建立健全教师成长激励机制,鼓励教师专业成长和共同成长,定期表彰有突出贡献的优秀教师和教学团队
	4.2 教师整体素质	制定教师培养培训计划,设立不少于学校收入5%的教师培训专项经费,通过培养、引进、聘请等多种方式,提升教师队伍素质。落实高校教师职业道德规范,引导教师树立正确的世界观、人生观和价值观,把教师职业道德作为教师考核的重要指标,形成爱岗敬业、乐于奉献的师德风尚。加强专任教师培养培训和兼职教师队伍建设,专任教师全部具有本科以上学历和高等院校教师资格,其中45岁以下教师具有研究生学历或硕士以上学位的比例达到70%以上。"双师型"教师占专任专业课教师的比例达到90%以上。行业企业聘请的技术专家和能工巧匠承担专业课的授课比例不低于50%,实习指导教师和兼职专业教师全部具备高级职业资格或中级专业技术职务
	4.3 专业教学团队建设	以重点建设专业群为核心,整体推进专业教学团队建设,建立"名师工作室"和"大师工作室",加强专业带头人和骨干教师培养培训,创新专业教学团队运行机制,形成教育教学、技术攻关和科研的协同创新机制,营造在教研教改过程中集体攻坚克难的良好氛围。重点建设专业群至少有3个以上"名师工作室"或"大师工作室",5名以上具备正高专业技术职务、"双师"素质的专业带头人,具有副高以上专业技术职务、"双师"素质的骨干教师达50%以上。重点建设专业群带头人全国知名,并取得本专业教育教学或应用技术研究国家级成果,群内各专业带头人省内知名,并取得本专业教育教学或应用技术研究省级成果。其他专业群有1~2个"名师工作室"或"大师工作室",3名以上具备正高专业技术职务、"双师"素质的专业带头人,具有副高以上专业技术职务、"双师"素质的骨干教师达40%以上

表4-5(续)

一级指标	二级指标	指标内涵
5 教育教学	5.1 德育	认真贯彻落实大学生思想政治教育和德育工作有关文件，强化德育首要地位，形成全员、全程、全方位育人的德育体系。加强中国梦、中国特色社会主义核心价值体系、社会公德、个人品德、职业道德教育，坚定学生理想信念，引导学生树立正确的世界观、人生观、价值观。加强德育队伍和德育实践基地建设，发挥思想政治课主阵地作用，开展爱学习、爱劳动、爱祖国等丰富多彩的德育活动，增强德育工作的针对性和实效性。加强校园文化建设，形成体现社会主义核心价值观要求的特色校园文化
	5.2 教育 教学改革	建立健全常规教学管理制度，根据现代职业教育发展要求和产业转型升级多样化技术技能人才需求，不断创新人才培养模式、教学模式和学习方式，形成持续推进教育教学改革的常态机制。围绕构建校企双主体的育人模式、理实一体的教学模式等热点难点问题，结合学校特点，明确教育教学改革的重点领域和主攻方向，在中高职教育衔接、现代学徒制、学分制、信息化教学等方面取得可供推广的实质性成果和经验
	5.3 教育 教学评价	建立健全专业、课程、毕业生就业质量等评价制度，专业技能考核、毕业设计评价、毕业生综合素质评价等制度常规化，充分吸纳行业企业专家、学生、家长参与质量评价，建立健全社会组织、社区和第三方专业机构质量评价和诊断机制，实行过程评价与结果评价相结合，形成内部闭环运行并与企业需求沟通衔接的质量保障与监控体系。强化评价结果运用，建立健全质量诊断、反馈与改进机制，促进教育教学质量不断提升。注重质量评价数据分析与运用，完善质量年度报告制度，人才培养质量定期向社会公布
	5.4 教育 教学研究	建立健全教育教学研究工作机制，有独立设置的高等职业教育研究机构、满足需要的专职研究人员和专项经费，形成专兼结合、校校合作、校企合作、理论与实践结合的研究格局，一线教师参与研究的人数达100%。围绕教育教学改革的重大理论和实践问题开展研究，建设期内，主持省级以上教育教学研究课题10项以上，取得有理论创新、重大应用价值并向全国或全省推广的研究成果

表4-5(续)

一级指标	二级指标	指标内涵
6 治理能力	6.1 治理结构	制定体现职业教育办学特色的学校章程,落实公办高等职业院校党委领导下的校长负责制,建立健全自主管理、民主监督、社会参与的现代大学治理结构。探索设立有办学相关方代表参加的理事会或董事会机构,发挥咨询、协商、议事与监督作用。设立学术委员会,统筹行使学术事务的决策、审议、评定和咨询等职权。学校党、团、工会等组织健全并充分发挥作用,党代会、教职工代表大会按期召开并有效履职
	6.2 运行机制	坚持依法治校,形成与学校章程相配套的内部管理制度体系,建立健全决策、执行、监督三者相对分离、相互制约、相互合作的内部运行机制和执行体系,实现依法依规办学和流程化管理。建立健全内外部约束、激励机制和校务公开制度,用好办学自主权。建立健全教学、学生、后勤、安全管理齐抓共管机制,杜绝重大安全责任事故和违规办学事件。建立完善舆情处置和工作通报制度,完善学校突发事件应急管理机制,构建和谐校园
	6.3 关键领域改革	改革人事分配制度,全面推行竞聘上岗、按岗聘用,分类管理、分类评价;建立健全教职工绩效考核制度,制定并实施以岗位职责为基础,贡献为导向,向一线教师倾斜的内部分配方案。积极探索社会力量和行业企业以资本、知识、技术、管理等要素参与办学,鼓励专业技术人才、高技能人才在学校建设股份合作制工作室。探索建立教师主动参与社会服务的激励机制

表4-5(续)

一级指标	二级指标	指标内涵
7 办学效益	7.1 技术技能人才培养培训	办学规模与学校发展规划相匹配，每年向社会输送合格毕业生1 500人以上（艺术体育类专门学校1 000人以上），毕业生初次就业率、对口就业率、初次就业起薪点高于全省平均水平并领先全国同类院校。建设期内，省级教育行政部门组织的技能抽查、毕业设计抽查等质量监测全部达到合格要求，合格率、优秀率高于全省平均水平。参加国家、省教育行政部门组织的各项竞赛获奖总数、一等奖获奖数居于前列。每年面向社会开展各种职业培训人次不少于在校生规模
	7.2 社会服务	积极与行业企业合作开展新技术应用创新和应用技术研究，每年主持市（厅）级及以上科技课题或与企业合作开展技术研发、产品开发5项以上（其中省级以上科技课题1项以上），应用技术课题到账经费100万元以上。建设期内，获得省级及以上科技成果奖或发明专利。针对区域或行业产业发展需求，开展技术咨询服务，每年独立或合作推广新技术应用项目5项以上，为企业创造经济效益500万元以上，技术服务收入年到账经费不低于100万元
	7.3 国际合作	服务企业实施"走出去"发展战略，培养具有国际视野、通晓国际规则的技术技能人才和中国企业海外生产经营管理需要的本土化人才。将国际先进工艺流程、产品标准、技术标准、服务标准、管理方法等引入教学内容，与积极拓展国际业务的大型企业联合办学，共建国际化人才培养基地。推进专业教师、学生国际交流和互换，每年组织专任教师参与国际交流和境外培训，吸引境外学生来校学习。与国际机构联合开发课程，共建专业或实训基地，共同开发国际标准取得实质成果。积极参与世界技能竞赛和国际职业教育交流展览等活动。在国际教育机构教师互聘互用、学生互换、学分互认等方面取得实质突破，提升学校软实力
	7.4 办学优势	学校在全国具有较高的社会声誉，在行业内有较大的影响力，承担省级以上教育教学标准研发或行业标准开发，成为区域、行业技术技能人才培养培训中心，新技术研究、推广、服务中心，教育教学指导中心、产业孵化中心。社会认可度高，承担省级以上教师培训，或教学改革现场观摩，或技能竞赛等活动，建设成果向全省推广，至少帮带3所以上薄弱职业院校共同发展，省级及以上媒体正面宣传报道学校的办学经验和成果

第三节　优质高职院校建设计划[①]

2014年，《关于加快发展现代职业教育的决定》《现代职业教育体系建设规划（2014—2020年）》等系列政策，做出了加快发展现代职业教育的战略部署。高等职业教育具有职业教育和高等教育的双重属性，在建设现代职业教

[①] 任占营. 优质高等职业院校建设的思考 [J]. 国家教育行政学院学报, 2018 (7)：47-52.

育体系、优化高等教育结构与布局中有举足轻重的作用。2015 年，继"国家示范性高等职业院校建设计划"后，为进一步集聚优质职业教育资源，激发高等职业教育办学活力，推动高等职业院校特色化创新发展，教育部发布的《高等职业教育创新发展行动计划（2015—2018 年）》（以下简称《行动计划》）明确提出：到 2018 年，支持地方建设 200 所左右的优质院校。至此，优质院校建设作为推动高等职业教育创新发展的"头雁"项目，已经成为高等职业教育领域落实国家重大战略部署的重要举措，也成为各地、各院校落地最快、分量最重的重点项目。

一、优质高职院校建设的基本条件

《行动计划》提出建设一批"办学定位准确、专业特色鲜明、社会服务能力强、综合办学水平领先、与地方经济社会发展需要契合度高、行业优势突出"的优质院校。这明确了优质高职院校建设的基本条件。

1. 办学定位准确

办学定位是学校根据自身办学条件和服务面向，对办学理念与定位、思路与目标、规模与水平进行的制度性安排和设计，是学校确定发展方向、制定发展战略的逻辑起点。所谓"准确"就是优质院校的办学定位基于自身办学传统和资源优势，契合地方经济社会发展需求，凸显优势、特色和个性。

2. 专业特色鲜明

专业特色是指学校在一定办学定位指导下与长期办学实践中，在不断加强传统品牌特色专业建设的同时，对接地方现代产业发展需求，增设符合市场需求的新兴特色专业，逐步形成的特有品质。所谓"鲜明"就是优质院校的专业在人才培养目标、师资队伍、课程体系、教学条件和培养质量等方面，已产生较好办学效益和社会影响，能够体现高标准、高水平和高质量，进而彰显专业领域的特有优势。

3. 社会服务能力强

社会服务能力是指学校在人才培养、技术研发、社会培训和管理咨询等方面的服务能力。所谓"强"就是优质院校基于学校办学定位和特色，以特色专业为依托，确定社会服务方向和服务领域，实现其针对性、有效性和品牌效应。

4. 综合办学水平领先

综合办学水平是对学校在办学理念、办学规模、办学体制机制、专业建设、师资队伍建设、校企合作、社会服务能力、学生成长成才、科研成果转化等诸多方面的全方位考量。所谓"领先"就是优质院校的综合办学水平位居本区域、本行业的最前列或绝大多数方面位居前列。

5. 与地方经济社会发展需要的契合度高

与地方经济社会发展需要的契合度是指学校为地方经济社会发展和现代产业体系提供智力支持与人才保障的贡献程度。所谓"高"就是优质院校办学定位紧扣地方经济发展和产业结构调整，依托区域龙头企业创新适合自身的校企合作模式，为当地经济社会发展和产业转型升级提供数量足够、质量优良、结构合理的技术技能人才。

6. 行业优势突出

行业优势是指学校依托当地行业或产业，充分考虑行业重大关切，打造深层次合作平台，凸显植根行业的先天优势。所谓"突出"就是优质院校与行业发展相互依存、相互支撑、同频共振，学校聚焦行业重点领域和重大项目，培养"无缝对接"的技术技能人才，进而促进行业健康可持续发展；行业的高质量发展又为学校发展提供外部环境条件，进而有效促进学校的人才培养。

二、优质高职院校建设的政策设计

优质院校建设也是顺应政府积极转变职能、实行"放管服"的重要体现，应充分发挥地方政府和高职院校的主体作用，着力为高等职业教育提供基本制度和政策环境。

1. 基本原则：引领发展

"以示范建设引领发展"，就是延续国家示范（骨干）高职院校项目引领战线创新发展的成功做法，推动国家（省）示范（骨干）院校将前期改革成果进行全面深化、及时推广，着力固化、整体优化，坚持扶优扶强、鼓励竞争原则。第一，全面深化、及时推广。国家（省）示范（骨干）高等职业院校建设多采用项目化推进方式，较多集中于当时立项的、占全校专业总数约1/10的重点建设专业上，具有很强的个案性和典型性。优质院校建设就是要将国家（省）示范（骨干）高等职业院校的建设成果，在重点建设专业上进行全面深化，在本校其他专业进行推广，使其融入人才培养全过程，使广大教师、学生受益。第二，着力固化、整体优化。优质院校建设是要把那些经过证明成熟的、可以推而广之的、确有实际办学成效的理念、标准和机制，按照"经验→制度→文化→行动"等步骤积累沉淀下来，让改革经验上升成管理制度，让管理制度升华为学校文化，在学校文化氛围熏陶下变成全体教职员工的自觉行动，并逐步形成学校人才培养以及教育教学管理等各项工作应遵守的规范化、标准化原则，最终形成一种健康有序、具有鲜明中国特色的高等职业教育制度范式。第三，扶优扶强、鼓励竞争。优质院校建设就是要传承扶优扶强、鼓励竞争的原则，传导滚动发展、不进则退的压力。据不完全统计，在19个已公布优质院校建设名单的省份中，辽宁、安徽、湖南、黑龙江、江苏、四川、内蒙古等省份的10所国家示范（骨干）院校未能获得省级优质院校立项建设资格。

2. 建设机制：地方为主

"鼓励支持地方建设"，明确了优质院校"统一规划、自主承接、先行建设、检查认定"的建设机制。第一，统一规划。按照"坚持顶层设计与支持地方先行先试相结合""坚持扶优扶强与提升整体保障水平相结合"的原则，统一规划"建设200所左右的优质院校"，统一制定建设策略和机制，从实设计建设内容，分年度采集并发布绩效数据。第二，自主承接。优质院校建设是由地方根据实际需要自愿提出的自主承接、自主安排。2016年年初共有31个省份和新疆生产建设兵团拟自愿承建328所优质院校，承诺预估投入经费约60亿元。第三，先行建设。各地执行情况和绩效统计数据显示，截至2017年年底，已有31个省份和新疆生产建设兵团共计投入33.8亿元，先行启动了429所优质院校建设。第四，检查认定。教育部将依据各地承建成效对优质院校做好事中监督管理、事后检查认定工作，待2018年《行动计划》执行期满后，在各地立项建设的优质院校中认定一批国家优质院校。

三、优质高职院校建设内容

《行动计划》提出：持续深化教育教学改革、大幅提升技术创新服务能力、实质性扩大国际交流合作、培养杰出技术技能人才，增强专业教师和毕业生在行业企业的影响力，提升学校对产业发展的贡献度，争创国际先进水平。这就明确了优质院校建设的内容和任务，为各地、各院校推动此项工作提供了根本遵循。

1. 以学习者为中心改革教育教学

由"教"主导"学"，向以"学习者"为中心的人才培养理念的转变，是高等职业教育回应"受教育者"个性化需求的必然之举。教育教学改革是人才培养改革重中之重。当前，深化教育教学改革需要以"课堂革命"更新教育观念、教学方式，以校企共建打造优质教育教学资源，实现人才培养从标准化向差异化、多样化、个性化转变，以教学改革推动以"学习者为中心"的学习新范式的建构。优质院校依然必须坚持立德树人、弘扬工匠精神，坚持工学结合、知行合一，既要注重学生严谨专注、敬业专业、精益求精、追求卓越的品质养成，还要提升学生职业素养，加强学生认知能力、合作能力、创新能力和职业能力培养。

2. 以先进性为要求提升综合办学条件

只重视硬件建设而不重视软件建设，内涵建设就会失去灵魂；只重视软件建设而不重视硬件建设，内涵建设就会失去基础。优质院校既应拥有前瞻性的规划、完善的基础设施、完备的实训（模拟）设备及良好的实习实训环境；还应拥有先进的办学理念、深厚的历史文化、特色鲜明的品牌文化、高效务实的管理文化、丰富浓郁的产业文化，以形成独具校本特色的团队精神、价值追求、制度体系和发展愿景。同时还需完善信息化设施、构建信息化环境，并充分运用信息技术改造传统教学与评价方式，改进管理方法与手段。

3. 以学校为责任主体构建内部质量保证体系

过去多采用绩效指标以及资源分配相关联的等级评分规则进行建设成效评价，一定程度上强化了学校间的相互模仿，弱化了多样化发展。作为人才培养的第一责任主体，优质院校必须以实现质量自治为目标，建立健全内部质量保证制度体系，切实推进教学工作诊断与改进制度建设，建立常态化的院校自主保证人才培养质量的机制，通过质量生成过程的分析，寻找教育教学质量的关键控制点（环节），通过制度规范、程序支持、文化自觉等，实现质量持续改进和提高。

4. 以适应现代产业发展为宗旨建设高水平专业群

单个专业建设向专业群建设的转变，是高等职业教育回应产业需求的必然之举，是为了更好地适应产业结构转型升级，形成与现代产业发展需求相适应的专业新形态。专业集群发展是高等职业教育优化资源配置、创新服务模式、实现专业复合发展的重要策略，也是技术技能积累与创新的增长点。要抓好高水平专业群建设，高职院校需从市场需求侧和人才供给侧入手，尊重办学积淀、立足服务面向、对接产业结构，厘清群内专业关系，明确管理运行方式和评价机制，画好专业群与产业群（岗位群）的映射图、群内各专业关系的逻辑图、主要建设内容的鱼骨图和建设进程管理的甘特图。

5. 以"双师型"为主题培育卓越教师队伍

从一定意义上讲，教师的能力决定了一所学校履行自身社会角色定位的水平。如何培育自己的名师巨匠、建设高水平的"双师型"师资团队，是优质院校亟待破解的难题。优质院校要围绕"双师型"主线，坚持引进与培养相结合、专任与兼职相结合，在引进高层次人才、完善教师培养培训体系、建立教师专业化发展激励机制和兼职教师有效管理等方面采取切实可行的新理念、新模式；以校企合作为切入点，推动高职院校和大中型企业共建"双师型"教师培养基地，提升教师到企业实践的效能。

6. 以服务需求为主导锻造超强社会服务能力

所谓"超强"，就是要体现职业教育特点，实现职业教育的不可替代性。所谓"社会服务"，就是要紧盯"中国制造2025"、"一带一路"倡议、"大众创业，万众创新"、"互联网+"等国家重大战略，扎根地方经济社会发展，强化技术技能积累，支撑国家经济转型升级，精准对接服务社会发展需求。优质院校建设需要以服务区域经济社会发展为逻辑起点，持续扩大影响、赢得支持、汇聚资源，进而实现社会服务能力再提升，才能为高职院校可持续发展提供持续动力。

7. 以内涵特色为名片打造市场辨识度

特色是建立在质量基础上的特色，没有质量的特色只能是包装出来的特色。在高等职业教育发展初期，特色是笼统的、模糊的，如"就业率高""录取分数高""社会影响力大"等。在示范（骨干）院校项目建设阶段，特色是学校整体的、教育内部的，诸如"示范校""骨干校""验收优秀"等。在高等职业教育创新发展阶段，特色已经走向具体化，其评价主体将由教育内部转向外部社会，评价对象也将从院校整体走向专业群。因此，学校应研究如何实现专业链和产业链紧密对接，找准专业群服务地方和产业的切入点，坚持长期投入、持之以恒建设，通过提升专业群建设水平来彰显特色，打造显著市场辨识度。

8. 以标准输出为诉求开展国际交流合作

中国高等职业教育要融入世界职业教育话语体系，必须构建高等职业教育国际化人才培养标准；中国高等职业教育要确立在世界职业教育体系中的身份地位，必须形成具有中国特色的国际化职业品牌。因此，我们要结合"引进来""走出去""再提升"的国际化办学三部曲，全面服务国家"走出去"战略，积累高等职业教育国际化的"中国经验"，打造"中国方案"。学校除了"引进来"，更要围绕"一带一路"建设和国际产能合作，推动高等职业教育和企业协同"走出去"，在吸收借鉴国际优秀经验的同时展示中国特色并提供中国经验，成为国际事务的参与者、国际标准的建设者、国际资源的提供者和中国企业国际化的协同者。

四、优质高职院校建设的成效表征

优质院校建设是新时代高等职业教育内涵建设的重要内容，目的在于提升高等职业教育核心竞争力，引领职业教育实现高质量发展，加快实现职业教育现代化。因此，优质院校建设成效评价不能简单通过一套统一固定的评价指标体系来判定。

第一，夯实内涵、彰显特色、提升服务已经成为优质院校的自觉行动。从发展方式上看，从过去粗放式发展，转变为稳定规模、整合资源、夯实基础、优化结构、提高质量的内涵发展方式。从发展动能上看，从过去政府主导、项目拉动、资金集中投入的要素驱动向政府规范管理、院校自主办学、主动服务需求的创新驱动转变。从服务质量上看，从"一头独大"的学历教育转向"三足鼎立"的学历教育、社会培训和技术服务，最终达到"五位一体"的学历教育、社会培训、技术服务、社区教育和老年教育。

第二，利益相关方认可程度已经成为优质院校的价值取向。政府、行业（企业）、教师、学生等利益相关方认同程度，是学校办学质量的直接体现。从政府视角看，学校人才培养契合地方经济社会发展需要，服务"转方式调结构"大局，利于农村劳动力转移，服务新型城镇化建设，促进劳动力高水平就业和再就业，实现"地方离不开"。从行业视角看，毕业生的知识技能结构与生产企业岗位无缝对接，来校招聘的企业多、档次高，合作企业对学校依赖性强，实现"业内都认可"。从教师视角看，学校对高水平师资的吸引力大，能够为教师提供更多专业发展机会，使其有价值认同和情感归属，实现"教师愿意教"。从学生视角看，学校生源好，尊重职业教育发展规律和人才成长规律，能够满足学生个性化、多样化学习需求，帮助其提高职业技能、促进生涯发展，获得较高就业竞争力，实现"学生乐意学"。从国际视角看，对接国际标准，深入开展国际合作与交流，能向世界提供中国职教智慧和职教方案，实现"国际能交流"。

第三，建成世界一流的职业院校和骨干专业已经成为优质院校的奋斗目标。"建成一批世界一流的职业院校和骨干专业，形成具有国际竞争力的人才培养高地"是国家在职业教育领域的战略性布局，是推进实现职业教育基本现代化的重要内容，也是必然趋势。"一批"是指数量定位，就是要重点支持起点高、积淀厚和势头好的少量优质学校；"世界"是指视野定位，就是要扎根中国大地，放眼世界视野，不忘本来、吸收外来、面向未来，提供职业教育的中国智慧和中国方案；"一流"是指品格定位，就是要形成一等品质、时代标志、自成流派和引领产业的质量品格；"职业院校和骨干专业"是指载体定位，就是要建成一批具有世界一流实力、水平、声誉和品牌的职业院校和骨干专业，这既是实施的中坚力量也是实施的重要载体；"国际竞争力"是指能力定位，就是要通过市场竞争、优势比较、选择分化，形成有国际水平的能力担当；"人才培养"是指价值定位，这既是学校的核心价值，也是学校质量生成、形成不可替代性的中心任务；"高地"是指目标定位，就是要形成中国职业教育参与世界竞争的制高点，建成中国高等职业院校的旗帜和标杆。

第四节　中国特色高水平高职学校和专业建设计划

2019 年 3 月 29 日，教育部、财政部发布了《教育部 财政部关于实施中国特色高水平高职学校和专业建设计划的意见》（教职成〔2019〕5 号，以下简称《实施意见》），其宗旨是为深入贯彻落实全国教育大会精神，落实《国家职业教育改革实施方案》，集中力量建设一批引领改革、支撑发展、具有中国特色、达到世界水平的高职学校和专业群，带动职业教育持续深化改革，强化内涵建设，实现高质量发展。《实施意见》明确了项目遴选的指导思想、基本原则和总体目标。基本原则是"五个坚持"，即坚持中国特色、坚持产教融合、坚持扶优扶强、坚持持续推进、坚持省级统筹。

一、总体目标

围绕办好新时代职业教育的新要求，集中力量建设 50 所左右高水平高职学校和 150 个左右高水平专业群，打造技术技能人才培养高地和技术技能创新服务平台，支撑国家重点产业、区域支柱产业发展，引领新时代职业教育实现高质量发展。

到 2022 年，列入计划的高职学校和专业群办学水平、服务能力、国际影响显著提升，为职业教育改革发展和培养千万计的高素质技术技能人才发挥示范引领作用，使职业教育成为支撑国家战略和地方经济社会发展的重要力量，形成一批有效支撑职业教育高质量发展的政策、制度、标准。

到 2035 年，一批高职学校和专业群达到国际先进水平，引领职业教育实现现代化，为促进经济社会发展和提高国家竞争力提供优质人才资源支撑。职业教育高质量发展的政策、制度、标准体系更加成熟完善，形成中国特色职业教育发展模式。

二、项目遴选标准

《教育部 财政部关于印发〈中国特色高水平高职学校和专业建设计划项目

遴选管理办法（试行）》的通知》（教职成〔2019〕8 号）明确了项目遴选的标准和程序；《教育部办公厅 财政部办公厅关于开展中国特色高水平高职学校和专业建设计划项目申报的通知》（教职成厅函〔2019〕9 号）明确了项目遴选的组织与实施。中国特色高水平高职学校、专业群建设计划项目遴选基本条件见表4-6 和表4-7。

表 4-6　中国特色高水平高职学校建设计划项目遴选基本条件

一级指标	二级指标
1. 办学条件和数字校园基础设施	办学条件高于专科高职学校设置标准，数字校园基础设施高于《职业院校数字校园建设规范》标准
2. 人才培养和治理水平	2.1 被确定为《高等职业教育创新发展行动计划（2015—2018 年）》省级及以上优质高职学校建设单位
	2.2 已制定学校章程并经省级备案，设有理事会或董事会机构，成立校级学术委员会，内部质量保证体系健全
	2.3 财务管理规范，内部控制制度健全
	2.4 牵头组建实体化运行的职业教育集团，合作企业对学校支持投入力度大
	2.5 成立应用技术协同创新中心、技能大师工作室
	2.6 非学历培训人数不低于全日制在校生数
	2.7 近三年招生计划完成率不低于90%，毕业生半年后就业率不低于95%
	2.8 配合"走出去"企业开展员工教育培训、有教育部备案的中外合作办学项目或招收学历教育留学生
3. 办学定位和方向	学校坚持职业教育办学定位和方向，干事创业的积极性、主动性、创造性高，教育教学改革、校企合作和专业建设基础好，人才培养质量和师资队伍水平高，学生就业水平高，社会支持度高

表4-6(续)

一级指标	二级指标
4. 标志性成果（学校在列出的 9 项标志性成果中有不少于 5 项）	4.1 近两届获得过国家级教学成果奖励（第一完成单位）
	4.2 主持国家级职业教育专业教学资源库立项项目且应用效果好
	4.3 承担国家级教育教学改革试点且成效明显（仅包括现代学徒制试点、"三全育人"综合改革试点、教学工作诊断与改进工作试点、定向培养士官试点）
	4.4 有国家级重点专业（仅包括国家示范、骨干高职学校支持的重点专业）
	4.5 近五年学校就业工作被评为全国就业创业典型（仅包括全国毕业生就业典型经验高校、创新创业典型经验高校、创新创业教育改革示范高校）
	4.6 近五年学生在国家级及以上竞赛中获得过奖励（仅包括世界技能大赛、全国职业院校技能大赛、中国"互联网+"大学生创新创业大赛、"挑战杯"全国大学生课外学术科技作品竞赛和中国大学生创业计划竞赛）
	4.7 教师获得过国家级奖励（仅包括"万人计划"教学名师、全国高校黄大年式团队、全国职业院校教学能力比赛获奖）
	4.8 建立校级竞赛制度，近五年承办过全国职业院校技能大赛
	4.9 建立校级质量年报制度，近五年连续发布《高等职业院校质量年度报告》且未有负面行为被通报
5. 否决条件	在满足以上条件的基础上，学校近五年在招生、财务、实习、学生管理等方面未出现过重大违纪违规行为。学校未被列入本省升本规划

表4-7　中国特色高水平高职专业群建设计划项目遴选基本条件

一级指标	指标内涵
专业群定位	专业群定位准确，对接国家和区域主导产业、支柱产业和战略性新兴产业重点领域
专业群资源共享机制	专业群组建逻辑清晰，群内专业教学资源共享度、就业相关度较高，形成优势互补、协同发展的建设机制
专业影响	专业特色鲜明，行业优势明显，有较强社会影响力
专业群带头人和教学创新团队	专业群有高水平专业带头人和教学创新团队，校外兼职教师素质优良

表4-7(续)

一级指标	指标内涵
实践教学与基地建设	实践教学基地设施先进、管理规范，基地建设与实践教学项目设计相适应、相配套
课程体系	校企共同设计科学规范的专业群课程体系，反映行业领域的新技术、新工艺、新规范，信息技术深度融入教育教学，线上线下课程资源丰富
专业群生源质量	专业群生源质量好，保持一定办学规模
人才培养质量	建立毕业生就业跟踪调查机制，学生就业对口率、用人单位满意度、学生就业满意度高
科技研究与开发	与行业企业深入合作开展科技研发应用，科研项目、专利数量多

"双高计划"建设咨询委员会主任委员黄达人指出："政策引领与基层实践同样重要。高职教育往哪个方向发展，国家需要以项目引领的方式予以明确。此次'双高计划'出台，借鉴了高校'双一流'建设，在职业教育领域统一质量标准，在国家层面重点支持一批高水平院校和高水平专业群，中央财政给予支持，引导地方加强投入，以点带面，引领新一轮改革建设，将会进一步带动提高中国高职教育的整体水平。'双高计划'的遴选体现了'扶优扶强'的原则，同时也兼顾了区域和产业布局。可以说，遴选标准突出质量和公平。在遴选标准的制定上强调以质量为先，突出就业率高、毕业生水平高、社会支持度高，注重校企结合好、实训开展好、'三教'质量好的高职学校和专业（群）。整个设计还特别看重地方对国家职业教育改革的响应程度。"

三、建设指标内涵[①]

《国务院关于国家职业教育改革实施方案的通知》（国发〔2019〕4 号）提出实施"中国特色高水平高等职业学校和专业建设计划"，该项计划是具有历史继承性的国家战略[②]。从"国家示范性高职院校建设计划""'国家示范性高等职业院校建设计划'骨干高职院校""国家优质校建设计划"，到当前的"中国特色高水平高等职业学校和专业建设计划"（以下分别简称"示范

---

① 梁克东，成军. 中国特色高水平高职院校建设的逻辑、特征与行动方略［J］. 教育与职业，2019（13）：9-15.

② 蓝洁，刘钰珊. 中国特色高水平高职学校建设的政策杠杆与系统审思［J］. 中国职业技术教育，2019（25）：16-23.

校""骨干校""优质校""高水平高职学校"），教育部通过国家层面的政策杠杆，实施了四轮选拔性的高职院校建设行动计划。中国特色高水平高职学校建设在示范校、骨干校、优质校建设的阶次递进基础上开展，是国家推动高职教育内涵质量发展的延续性政策措施。中国特色高水平高职学校建设计划早在2017年、2018年的教育部年度工作中酝酿，2019年3月在研究与实践领域的呼吁中出台，及时回应了国家建设现代化经济体系的需求。但是高水平高职学校建设计划与示范校、骨干校建设相比较，政策工具并没有发生显著变化，"运动式治理"的一些突出特征仍然延续，体现为教育部针对"双高"特定任务，自上而下开展的具有强制权限、选择性激励、压力传导机制的重点治理。回应上文对于政策工具的讨论，选择性激励的典型例证如"九选五"的遴选条件，设置了选择性激励的门槛，部分在其他方面有建树但是未能获得文件指定标志性成果的院校对此提出质疑，带来关于质量和公平的讨论：标志性成果门槛的设置是否有依据？9个维度的标志性成果能够在多大范围上覆盖项目院校的内涵质量？地域性原因带来的院校发展局限问题如何统筹解决？

1. 标准：中国特色高水平高职院校建设的基石

"职教20条"明确指出当前我国职业教育发展"制度标准不够健全""培养质量水平参差不齐"，并提出"要建成覆盖大部分行业领域、具有国际先进水平的中国职业教育标准体系"。明确指出"校企共同研制科学规范、国际可借鉴的人才培养方案和课程标准，将新技术、新工艺、新规范等产业先进元素纳入教学标准和教学内容"。

中国特色高水平高职院校建设应遵循技术技能人才成长的自身规律并通过与行业、企业的紧密合作，将人才培养和教育教学关键环节的标准化建设作为人才培养质量提升的"牛鼻子"，应积极面向并精准对接区域市场对技术技能人才的需求，在国家专业教学标准基础上，通过科学的标准范式开发具有自身特色的人才培养方案，落地开发包括专业设置、课程方案、校企合作、课堂教学、学生评价等一系列人才培养要素的校本标准，建立健全人才培养标准体系，以高标准来引领人才培养改革，提升人才培养质量。目前我国正在逐步建立与完善职业教育国家标准体系，内容包括专业目录、专业教学标准、顶岗实习标准、专业仪器设备装备规范标准等，雏形框架已经初步形成，但职业院校设置、专业与课程教学、顶岗实习、教师专业能力与企业兼职教师能力要求等方面仍有待进一步完善。因此，中国特色高水平高职院校要勇于担当，在不断探索校本标准的基础上总结经验规律，形成系统的、可复制的标准开发范式，为国家标准制定提供全面客观的科学数据与实际参考。组织活动乃至牵头组建新兴领域的行业组织。

2. 制度：中国特色高水平高职院校建设的核心

高水平不仅体现在一些关键性的数字指标和显性成果上，更为重要的是激发高职教育可持续改革创新的制度保障是否能够建立。

"1+X"证书制度是对我国职业教育的一项突破性、创新性的重大制度设计，中国特色高水平高职院校要成为落实"1+X"制度的"主力军"。要率先开展"1+X"证书的落地制度建设，实现复合型、创新型、发展型人才培养目标的适配优化，完成模块化、层次性、多接口专业人才培养方案的动态调整，基于育训结合、主辅修、职业综合能力训练，在学业修习、指导、认定及转换等方面建立健全运行机制，为学生获取"1+X"职业技能证书提供相应的制度通道。

专业集群发展是职业院校适应产业集群发展、产业链式发展模式的一种应然性选择，中国特色高水平高职院校要率先成为专业群制度创新的"引领者"。要根据区域产业集群的类型和特征建构与之相匹配的专业群类型，以专业之间的技术关联、行业关联与职业关联作为整合专业资源、构建专业群的基本依据，以群建院或组建跨院系的专业群基层教学组织，构建权责明晰、灵活适应的专业群管理体系制度，实现专业群内资源的高效互通与整合，并系统构建"平台+模块"的专业群课程体系以及阶梯化的专业群实践教学体系，从而真正打造一批"地方离不开"和"行业都认可"的专业群。

治理体系及治理能力提升是职业院校激发内在发展活力的根本保障，中国特色高水平高职院校要成为治理结构改革创新的"拓荒者"。一方面，从规范办学制度入手，针对参与办学的政校行企多元主体，从咨询、协商、决策到执行、监督的各个层面建立健全治理组织和管理制度，提高制度的系统性、开放性和协同性，为健全现代职业院校的治理体系夯实制度基础。另一方面，将制度建设的重点面向制度创新，在国家经济社会制度和职业教育制度变革的大背景下，针对国家政策制度的落地率先回应，针对约束发展的瓶颈、桎梏大胆改革，以制度创新来引领高水平建设和高质量发展。

3. 队伍：中国特色高水平高职院校建设的关键

培养高素质技能人才，教师是关键，没有高水平的师资队伍，就没有高水平的职业教育。"职教20条"和"双高计划"都将师资队伍建设作为职业教育改革创新目标实现的关键，不仅明确了师资队伍建设的方向，更给出了师资队伍建设的具体路径。首先，要有一批专业化、结构化的高水平"双师"教学创新团队。职业教育跨界、整合的属性特征决定了职业教育师资队伍结构的多元化特征。从类型来看，既要有能够传授专业理论知识的"经师"，也要有从行业企业引进的具有丰富实践经验的"技师"；从层次来看，应包括能够胜任课堂教学的初任教师、掌握课程开发能力的骨干教师，以及带领教学团队达成教学目标的专业带头人。团队内部成员应该分工合理、年龄互补、专兼结合，既能紧跟产业升级发展，也能与行业、企业形成紧密的互动机制，更能灵活高效地完成组织赋予的各项教学任务，并在不断适应与变革中突破组织发展瓶颈。其次，要有一批专家型、领军式的高层次专业带头人队伍。专业带头人队伍必须具备专业建设领军能力，具体包括专业发展环境的预测与研判能力、专业课程体系的架构与开发能力、专业教学团队的打造与执行能力、专业教学资源的开发与整合能力。要引育并举，打造行业有权威的专业带头人，发挥其在整体提升专业教学团队职教能力、引领提升专业技术领域应用研发与技术服务水平以及融入行业核心圈整合利用校企资源中的"领头雁"作用，从而夯实专业群建设的基础。最后，要有一批精技善教、行业顶尖的高技艺"工匠之师"。职业教育人才培养的规律决定了一些默会性的工作知识是很难通过文本化和符号化的途径获得传递的，这就需要打造一支思想素质过硬、技艺高超并且善于传授的技术技能大师。要在柔性聘任、兼职兼薪等用人机制上进行改革和突破，真正实现"引得来、用得好"，根据技术技能大师生涯发展的独特性改革职称评审制度，系统打造技术技能大师生涯成长体系。要广泛建立技能大师工作室，作为工匠型教师成长发展的重要平台，建立并完善工作室规章制度，激发技术技能大师在人才培养、技术研发上的主动性。

4. 平台：中国特色高水平高职院校建设的载体

职业教育是同区域经济社会发展联系最为紧密的一种教育类型，其健康发展离不开同行业、企业在人、财、物、信息等资源上的紧密互通。"职教 20 条"和"双高计划"都将产教融合摆在了更加突出的位置，明确提出要建立产教融合实训基地以及产教融合型企业认证制度。从国家层面看，全国已组建了 56 个行业职业教育指导委员会、1 400 个职教集团，有 3 万多家企业参与职业教育，基本形成了产教协同发展、校企共同育人的格局。就院校层面而言，中国特色高水平高职院校建设要更关注产教融合的深度和广度，力争将产教融合平台建设推向一个新高度。

产教融合平台建设要体现高端性。合作对象上要体现高端性，重点选择区域、行业内的领先企业、标杆企业以及产教融合型企业作为合作对象，以便发挥优质资源集聚优势，提升职业院校的知名度和美誉度。目标定位上要体现高端性，如抓牢地方产业、企业的国际化战略，与"走出去"企业共同组建校企协作组织，推动产教融合从本土走向国际合作的领域。资源建设上要体现高端性，如共同开发行业标准、企业标准和专业标准、课程标准，通过企业项目的教学化改造建设优质课程资源，建设专业化的产教融合高端实训基地等。

产教融合平台建设要拓展新路径。产教融合的平台构筑及实现路径不能局限于某一种固定形式，而应适应不同产业的发展形态、需求和不同专业领域的人才培养特点，探索建立职教集团、产业联盟、产业学院等不同形态，共享基地、协同创新、校地合作、资本混合等不同类型的产教融合平台组织，不断创新合作体制机制，创设产教融合各项政策落地、各类个性化模式探索的实施载体，营造产教融合发展的良好环境。

产教融合平台建设要形成共同体。平台搭建的核心在于实现内部运行机制的畅通，人、财、物、信息等资源要实现高效流通互动，而达成这一目标的关键就在于打造紧密的利益共同体。学校与企业之间可以实现充分的利益共享和价值融合，应以校企协同的人才培养为核心，建设集人才培养、科技攻关、团队建设、技术服务、智库咨询等功能于一身的产教融合平台，并融入区域产业发展平台，推动平台从虚拟化走向实体化。职业院校要以优质办学资源及智力资源参与实体化运作，把合作平台提升到校企命运共同体的新层次，形成产教融合发展、同频共振的良性循环生态圈。

第五章 基于教学诊断与改进的现代职业教育质量文化与实证研究

第一节 教学诊断与改进

为贯彻《国务院关于加快发展现代职业教育的决定》（国发〔2014〕19号），建立常态化的职业院校自主保证人才培养质量的机制，完善高职院校内部质量保证体系、提升教育教学管理信息化水平、形成现代职业教育质量文化，教育部于2015年6月下发了《教育部办公厅关于建立职业院校教学工作诊断与改进制度的通知》（教职成厅〔2015〕2号），明确提出：各职业院校要切实履行人才培养工作质量保证主体的责任，建立常态化周期性的教学工作诊断与改进制度，开展多层面多维度的诊断与改进工作，构建校内全员全过程全方位的质量保证制度体系，并将自我诊断与改进工作情况纳入年度质量报告。2015年12月，教育部职业教育与成人教育司发布《关于印发〈高等职业院校内部质量保证体系诊断与改进指导方案（试行）〉启动相关工作的通知》（教职成司函〔2015〕168号），明确了各个院校依据省级实施方案自主开展诊改工作，接受省级教育行政部门组织的抽样复核，并颁布了《高等职业院校内部质量保证体系诊断与改进指导方案（试行）》，其中设置了5个诊断项目即体系总体构架、专业质量保证、师资质量保证、学生全面发展保证、体系运行效果，15个诊断要素，37个诊断点。2017年6月，教育部职业教育与成人教育司发布《关于全面推进职业院校教学工作诊断与改进制度建设的通知》（教职成司函〔2017〕56号，以下简称《通知》），要求各地要进一步完善省级职业院校教学诊改工作规划（2017—2020年）和实施方案，并要求各职业院校均须按照《通知》要求启动本校诊改工作。

高职院校诊改是构建现代教育体系，推进大学治理体系和治理能力现代化，深化大学管理改革，实现高校管理现代化的重要抓手，其核心是引导高职院校切实履行人才培养工作质量保证主体的责任，建立常态化的内部质量保证体系和可持续的诊断与改进工作机制，核心目标任务是以诊断与改进为手段，促使高职院校在学校、专业、课程、教师、学生等不同层面建立起完整且相对独立的自我质量保证机制，强化学校各层级管理系统间的质量依存关系，形成全要素网络化的内部质量保证体系。"诊改"制度建设的基础支撑是高职院校人才培养工作状态数据和现代信息化技术手段，通过构建信息化平台，实现数据共享、源头采集、实时采集。

"五纵五横一平台"教学诊改体系，是建立在网络管理平台和大数据分析基础之上的。信息化是职业教育的"制高点"，管理信息化是"制高点"中的"制高点"。我国职业教育能否实现现代化，达到世界先进水平，在很大程度上取决于信息化发展程度。没有一个性能优越的数据搜集与处理平台，教学诊改工作就寸步难行。为了适应质量提升的需要，职业院校的数据平台应该具备"跨界采集、内容全面、多元开发、动态调整"的特征，能够采集校企两个教学场所的教学数据，数据内容需包括招生就业、人才培养、技术研发、职工培训、学生发展、教师发展、后勤工作等各个方面，由信息技术人员、学校管理人员、学校教学人员、企业生产人员共同参与开发，并能根据产业发展和职教改革的需要不断丰富平台功能。

一、复核目的

通过加强事中事后监管，把握诊改工作方向，突出高职院校质量保证的主体地位和责任，督促高职院校有效落实内部质量保证体系建设与运行实施方案，以教育教学管理信息化平台（以下简称"平台"）建设为支撑，以诊改为手段，加快内部质量保证体系建设，建立常态化的自主保证人才培养质量机制，营造现代质量文化，不断提高师生员工的满意度和获得感，进一步提升办学水平和人才培养质量。

二、基本原则

复核工作以教育部《教育部办公厅关于建立职业院校教学工作诊断与改进制度的通知》为指导，以学校内部质量保证体系建设运行实施方案为依据，以内部质量保证体系建设与运行为重点。

1. 聚焦核心要素

坚持以学校诊改工作为基础，聚焦学校、专业、课程、教师、学生不同层面（以下简称"五个层面"）的目标与标准、监测与预警、诊断与改进的机制建设和运行情况。

2. 关注诊改轨迹

坚持数据分析与实际调研相结合，基于学校平台数据分析，以轨迹变化为关注点，辅以实际调查研究，做出与事实相符的判断。

3. 尊重校本特色

坚持一校一策，尊重学校的历史文化和办学自主权，针对学校当前发展阶段和发展目标，引导学校科学定位、服务发展、促进就业，进一步完善有效可行的诊改工作实施方案。

三、复核内容

（一）内部质量保证体系建设与运行

复核的内容包括：复核目标链与标准链（以下简称"两链"）的科学性、系统性、可行性、实施情况及成效；复核五个层面"8字形质量改进螺旋"（以下简称"螺旋"）建设的科学性、覆盖面、可行性、实施情况及成效；复核学校质量文化与机制引擎（以下简称"引擎"）的驱动与运行情况及成效。

1. "两链"打造与实施

（1）学校发展规划是否成体系，是否制定学校事业发展规划、专业（群）建设规划、课程建设规划、师资队伍建设规划、学生成长规划，学校发展目标是否传递至专业、课程、教师层面，目标是否上下衔接成链。学校机构职责是否明确，是否建立岗位工作标准，标准和制度执行是否有有效机制。

（2）专业建设规划目标（标准）是否与学校规划契合，是否与自身基础适切。学校是否制定专业教学标准等。目标与标准是否明确、具体、可检测。

（3）课程建设规划目标（标准）是否与专业建设规划契合，是否与自身基础适切。学校是否制定课程标准等。目标与标准是否明确、具体、可检测。

（4）教师个人发展目标确定是否与学校师资队伍建设规划及专业建设规划等相关要求相适切，教师是否制订个人发展计划及与之相应的目标与标准。目标与标准是否与自身基础适切，是否明确、具体、可检测。

（5）学生是否制订个人发展计划，个人发展目标是否与学校人才培养方案及素质教育相关要求相适切。学校是否建立指导学生制订个人发展计划的制度。

2. "螺旋"建立与运行

（1）学校是否建有规划和年度目标任务分解、实施、诊断、考核及改进的运行机制。实施过程是否有监测预警和改进机制，方法与手段是否便捷可操作。是否建立学校各组织机构履行职责的诊改制度，方法与手段是否可操作，是否有效运行。

（2）专业（群）是否建立了诊改运行制度，是否按预设周期开展了诊改工作，是否建立专业、课程建设与课程教学质量的诊改运行制度，诊改内容是否有助于目标达成，诊改周期是否合理，诊改方法与手段是否便捷可操作。

（3）是否建立教师个人发展自我诊改制度，是否按预设周期开展了诊改工作，诊改周期是否合理，是否有助于目标达成，诊改方法与手段是否便捷可操作。

（4）学校是否引导学生进行自我诊改，是否按预设周期开展了诊改工作，诊改周期是否合理，是否有助于目标达成，诊改方法与手段是否便捷可操作。

（5）"五个层面"的诊断结论是否依据数据和事实获得，自我诊断报告的陈述是否明确具体，改进措施是否有效。

3. "引擎"驱动与成效

（1）学校领导是否重视诊改并扎实推进，师生员工是否普遍接受诊改理念，并自觉落实于行动中。

（2）学校是否建立与内部质量保证体系相适应的考核激励制度，将考核与自我诊改相结合，体现以外部监管为主向以自我诊改为主转变的走向。

（3）各个主体的自我诊改是否逐渐趋向常态化。师生员工对学校诊改工作是否满意和有获得感。

（二）平台建设与应用

复核学校平台对内部质量保证体系运行的支撑情况，重点复核平台的顶层设计、建设、应用及成效。

（1）学校是否按智能化要求对平台建设进行顶层设计，并纳入学校信息化建设总体规划，基本实现数据采集的可追溯和数据共享。平台架构是否具有实时、常态化支撑学校诊改工作的功能：

①能够实现数据的源头、即时采集；

②能够消除信息孤岛，实现数据的实时开放共享；

③能够进行数据分析，并实时展现分析结果。

（2）诊断结论是否基于数据和事实获得，是否能够展现分析结果。

（3）学校是否按照顶层设计蓝图，扎实推进平台建设。

（4）学校在数据分析、应用方面开展了哪些工作，取得了哪些成效。

四、复核过程与结论

（一）学校自我诊断

学校按照内部质量保证体系建设与运行审核通过后公布的实施方案，建立了内部质量保证体系及诊改制度，并至少在3个及以上层面（必须涵盖专业、课程层面）开展了诊改工作的前提下，依据本指引明确的复核内容，逐项诊断，撰写学校内部质量保证体系自我诊断报告。

（二）专家组复核

1. 网上复核

申请复核的学校按照复核工作计划，必须提前两周在学校相关网站或平台公布有关信息，包括学校实施方案、学校"十三五"事业发展规划、正在实施的专业建设规划及专业人才培养方案、正在实施的课程建设计划、平台建设方案、最近两年的人才培养质量年度报告、学校内部质量保证体系自我诊断报告、内部质量保证体系建设与运行的制度、学校诊改工作汇报和推荐的6个专业及12门课程层面诊改工作汇报PPT。

专家组成员浏览学校提供的网上信息，针对复核内容审阅学校相关材料与信息，了解学校诊改工作状态，并形成初步意见。

（1）主件

学校内部质量保证体系自我诊断报告及汇报PPT。

（2）支撑材料

①学校内部质量保证体系建设与运行方案。

②学校事业发展规划、专业（群）建设规划、课程建设规划、师资队伍建设规划、学生成长规划。

③1个专业群或6个专业相关材料：专业人才培养方案、诊改工作汇报PPT。其中提供专业群相关材料的应为省级一流特色专业群或学校重点建设专业群；提供专业相关材料的首选省级一流特色专业群或学校重点建设专业群的核心专业，其次为学校主体专业并至少有一届毕业生。

④12门课程诊改工作汇报PPT。其中，思想政治理论课至少1门，其他公共文化课2~3门，专业课8~9门（专业课原则上应为专业核心课程）。

⑤学校最近两年的高等职业院校质量年度报告。

学校应在网络平台建立材料目录，方便专家查阅。文本材料采用Word格式；汇报PPT直接上传。专家组成员浏览学校提供的网上资料信息，针对复核内容审阅学校相关材料与信息，了解学校诊改工作状态，形成初步意见。

2. 现场复核

①现场复核时间。专家组进校工作时间为 2~3 天。

②现场复核形式。采取听汇报、数据分析、座谈交流、个别访谈、取样分析等多种形式进行现场复核。现场复核后形成现场复核报告，以会议交流形式向学校反馈复核相关情况及建议。

③现场抽样重点内容。从学校推荐专业（群）中抽取 1 个专业群或 3 个专业、6 门课程（应分别覆盖思政课、公共文化课、专业课 3 种类型）进行数据分析。选择学校层面的，分析学校事业发展规划和年度目标任务分解、实施、诊断、考核及改进情况；选择教师和学生层面的，抽取教师总数的 10% 和学生总数的 5% 进行取样分析。

④复核程序。采取听汇报、座谈交流、访谈、现场查看等方式，最后形成意见反馈。

3. 复核结论

专家组结合网上复核和现场复核形成复核结论，经省教育厅审定后，通过网站公示，公示时间为 5 个工作日。

专家组在现场复核报告基础上形成复核结论，经教育部（省级试点院校复核结论由省级诊改专委会报请省教育行政部门）审定后，通过职业教育诊改网站或省级教育行政部门指定的网站向社会公布。复核结论分为 2 种：

（1）有效——在体系和平台建设上同时达到以下要求：

①内部质量保证体系基本形成，至少有包括专业和课程层面在内的 3 个层面的"螺旋"已经建立并运行有效。

②平台建设顶层设计先进、可行，并正按规划要求和实际节点扎实推进。

（2）待改进——尚未同时达到上述"有效"结论的要求。

结论为待改进的学校，须在完成待改进的任务后申请再复核。

五、内部质量保证体系自我诊断报告

学校自我诊断参考表见表 5-1。

表 5-1　学校自我诊断参考表①

诊断内容		诊断内容提示	诊断结论	拟采取的改进措施
"两链"打造与实施		①学校发展规划是否成体系，学校发展目标是否传递至专业、课程、教师层面，目标是否上下衔接成链。学校机构职责是否明确，是否建立岗位工作标准，标准和制度执行是否有有效机制。②专业建设规划目标、标准是否与学校规划契合，是否与自身基础适切。目标与标准是否明确、具体、可检测。③课程建设规划目标、标准是否与专业建设规划契合，是否与自身基础适切。目标与标准是否明确、具体、可检测。④教师个人发展目标确定是否与学校师资队伍建设规划及专业建设规划等相关要求相适切，与自身基础适切。教师是否制订个人发展计划及与之相应的目标与标准。目标与标准是否明确、具体、可检测。⑤学生是否制订个人发展计划，个人发展目标确定是否与学校人才培养方案及素质教育相关要求相适切。学校是否建立指导学生制订个人发展计划的制度		
"螺旋"建立与运行	学校层面	①学校是否建有规划和年度目标任务分解、实施、诊断、改进的运行机制。实施过程是否有监测预警和改进机制，方法与手段是否便捷可操作。②是否建立学校各组织机构履行职责的诊改制度，方法与手段是否可操作，是否有效运行。③诊断结论是否依据数据和事实获得，自我诊断报告的陈述是否明确具体，改进措施是否有效		
	专业层面	①学校是否建立专业建设质量诊改运行制度，诊改内容是否有助于目标达成，诊改周期是否合理，诊改方法与手段是否便捷可操作。②现有专业是否都按运行制度实施诊改。③诊断结论是否依据数据和事实获得，自我诊断报告的陈述是否明确具体，改进措施是否有效		
	课程层面	①学校是否建立课程建设与课程教学质量的诊改运行制度，诊改内容是否有助于目标达成，诊改周期是否合理，诊改方法与手段是否便捷可操作。②现设课程是否都按运行制度实施诊改。③诊断结论是否依据数据和事实获得，自我诊断报告的陈述是否明确具体，改进措施是否有效		
	教师层面	①学校是否建立教师个人发展自我诊改制度，周期是否合理，方法是否便捷可操作。②所有教师是否都按运行制度实施诊改。③诊断结论是否依据数据和事实获得，自我诊断报告的陈述是否明确具体，改进措施是否有效		
	学生层面	①学校是否建立引导学生进行自我诊改的制度，周期是否合理，方法是否便捷可操作。②所有学生是否按制度实施自我诊改。③诊断结论是否依据数据和事实获得，自我诊断报告的陈述是否明确具体。是否根据自身基础进行改进		

---

① 教育部. 关于印发《高等职业院校内部质量保证体系诊断与改进复核工作指引（试行）的通知》（职教诊改〔2018〕25号）[Z]. 2018-12-29.

表5-1(续)

诊断内容	诊断内容提示	诊断结论	拟采取的改进措施
"引擎"驱动与成效	①学校领导是否重视诊改、扎实推进，师生员工是否普遍能接受诊改理念，并落实于自觉行动中。②学校是否建立与内部质量保证体系相适应的考核激励制度，将考核与自我诊改相结合，体现以外部监管为主向以自我诊改为主转变的走向。③各个主体的自我诊改是否逐渐趋向常态化。师生员工对学校诊改工作是否满意和有获得感		
数据采集与应用	①学校是否按智能化要求对平台建设进行了顶层设计，平台架构是否具有实时、常态化支撑学校诊改工作的以下功能：a. 能够实现数据的源头、即时采集；b. 能够消除信息孤岛，实现数据的实时开放共享；c. 能够进行数据分析，并实时展现分析结果。②学校是否按照顶层设计蓝图，扎实推进平台建设③学校在数据分析、应用方面开展了哪些工作、取得了哪些成效		

校长（签字）：　　　　　　　　　　　　　　　　　年　月　日

注：1. 报告内容必须真实、准确，务必写实，尽量不使用形容词和副词。

2. 每一项的"诊断结论"需阐明目标达成情况，尚存在的问题及原因分析，建议在500字左右。

3. 每一项的"拟采取的改进措施"需突出针对性、注重可行性，建议在200字左右。

高职院校内部质量保证体系诊断项目参考表见表 5-2。

表 5-2　高职院校内部质量保证体系诊断项目参考表①

诊断项目	诊断要素	诊断点	影响因素参考提示	诊断成效观测提示	数据管理平台相应编号
1 体系总体构架	1.1 质量保证理念	质量目标与定位	学校发展目标定位是否科学明确；人才培养目标、规格是否符合区域经济和社会发展要求，是否符合学生全面发展要求；质量保证目标与学校发展目标、人才培养目标的一致性、达成度	①区域经济社会发展规划②学校发展规划③学校的质量方针与质量目标④在校生总数⑤专业设置⑥升学、就业学生占比	1.3/7
		质量保证规划	质量保证体系建设规划是否科学明晰、符合实际且具有可操作性；实际执行效果是否明显		1.3/7
		质量文化建设	师生质量意识，对学校质量理念的认同度；质量保证全员参与程度；质量文化氛围；持续改进质量的制度设计是否科学有效，是否实现持续改进		2.2/8
	1.2 组织构架	质量保证机构与分工	学校、院系各层面质量保证机构、岗位设置是否科学合理，分工与职责权限是否明确		8
		质量保证队伍	质量保证队伍建设是否符合质量保证体系建设规划要求；人员配备是否符合岗位职责要求；对质量保证机构、人员是否有考核标准与考核制度；考核机制是否严格规范；能否实现持续改进		8.2/8.6
	1.3 制度构架	质量保证制度	学校、院系、专业、课程、教师、学生层面的质量保证制度是否具有系统性、完整性与可操作性		8.1
		执行与改进	质量保证制度落实情况与改进措施是否具体务实；质量保证制度是否不断改进和完善；是否定期发布质量年度报告，质量年度报告结构是否规范、数据是否准确；院（系）、专业自我诊改是否已成常态		8.7
	1.4 信息系统	信息采集与管理	是否重视高职院校人才培养工作状态数据采集与管理平台建设；人财物是否有保障，管理是否到位，运行是否良好；是否建立信息采集与平台管理工作制度，数据采集是否实时、准确、完整		
		信息应用	是否运用平台进行日常管理和教学质量过程监控，各级用户是否定期开展数据分析，形成常态化的信息反馈诊断分析与改进机制		3.4

① 教育部职业教育与成人教育司. 关于印发《高等职业院校内部质量保证体系诊断与改进指导方案（试行）》启动相关工作的通知（教职成司函〔2015〕168 号）［Z］. 2015-12-30.

表5-2(续)

诊断项目	诊断要素	诊断点	影响因素参考提示	诊断成效观测提示	数据管理平台相应编号
2 专业质量保证	2.1 专业建设规划	规划制定与实施	专业建设规划是否符合学校发展实际,是否可行;规划实施情况如何,专业机构是否不断优化		1.3/7.1～7.6/9.2
		目标与标准	有无明确的专业建设目标和标准;专业人才培养方案是否规范、科学、先进并不断优化		7.1/7.3/7.4
		条件保障	新增专业设置程序是否规范;专业建设条件(经费、师资、实验实训条件)是否有明确的保障措施		3.4/4/5.1/5.2 6/7.4/7.5
	2.2 专业诊改	诊改制度与运行	学校内部是否建立常态化的专业诊改机制;是否能够促成校内专业设置随产业发展动态调整		3.4/8.1/8.7/9.1/9.2
		诊改效果	诊改成效如何,人才培养质量是否不断提高;校企融合程度、专业服务社会能力是否不断提升;品牌(特色/重点)专业(群)建设成效、辐射能力是否不断增强		
		外部诊断(评估)结论应用	是否积极参加外部专业诊断(或评估、认证);外部诊断(评估)结论是否得到有效应用,对学校自诊自改是否起到良好促进作用		4/5/6/7/9
	2.3 课程质量保证	课程建设规划	课程建设规划是否科学合理;是否具有可行性与可操作性		7.2/7.5
		目标与标准	课程建设规划目标达成度;课程标准是否具备科学性、先进性、规范性与完备性		7.2/7.3
		诊改制度实施与效果	校内是否开展对课程建设水平和教学质量的诊改,形成常态化的课程质量保证机制;是否对提高课程建设水平和教学质量产生明显的推进作用		3.4/7.2/8.1/8.2 8.5/8.6/8.7
3 师资质量保证	3.1 师资队伍建设规划	规划制定	学校、院系、专业等层面师资队伍建设规划的科学性、一致性和可行性;规划目标达成度		6.1/6.2/6.3/6.4
		实施保障	是否能为师资建设规划目标的实现提供必需的外部环境、组织管理、资源支撑、经费等保障		5.2/7.1/7.2/8.1/
	3.2 师资建设诊改工作	诊改制度	是否制定专兼职教师、专业带头人与骨干教师聘用资格标准;是否开展对师资队伍建设成效的诊改,形成常态化的师资质量保证机制		6.1/6.2/6.3/6.4/7.2
		实施效果	教师质量意识是否得到提升;教学改革主动性是否得到提高;师资队伍数量、结构、水平、稳定性、社会服务能力等是否得到持续改善;学生满意度是否得到持续提升		6.1/6.2/6.3/6.4/8.7

表5-2(续)

诊断项目	诊断要素	诊断点	影响因素参考提示	诊断成效观测提示	数据管理平台相应编号
4 学生全面发展保证	4.1 育人体系	育人规划	是否制定学生综合素质标准；学生素质教育方案制定是否科学，培养目标定位是否准确；是否因材施教，注重分类培养与分层教学；是否实施全员全过程全方位育人，加强创意、创新、创业教育		5.2/8.3/8.4
		诊改制度	是否实施对育人部门工作及效果的诊改		8.1
		实施与效果	育人工作是否已形成常态化诊改机制；育人目标达成度、学生自主学习能力、主动学习积极性、职业能力和创新创业能力是否得到提高		2.2/3/7.2/9.2
	4.2 成长环境	安全与生活保障	是否实施对服务部门服务质量的诊改，并形成常态化安全与生活质量保证机制；学校安全设施是否不断完善；学生生活环境是否不断优化；学生诉求回应速度、学生满意度是否持续提高；意外事故率是否不断降低		
		特殊学生群体服务与资助	建立家庭困难学生、残障学生、少数民族学生等特殊学生生活保障管理运行机制的情况；建立学生心理健康教育活动体系与运行管理机制的情况；能否为特殊学生群体提供必要的设施、人员、资金、文化等保障		

表5-2(续)

诊断项目	诊断要素	诊断点	影响因素参考提示	诊断成效观测提示	数据管理平台相应编号
5 体系运行效果	5.1 外部环境改进	政策环境	能否促进社会资源引入、共享渠道的拓展；政策环境是否有利于学校的质量保证体系和人才培养质量持续改进与完善		
		资源环境	是否能够促进校内办学资源的不断优化；学校资源环境能否促进质量保证体系和人才培养质量持续改进与完善，能否改善学校的办学条件		
		合作发展环境	学校自主诊改机制是否有利于政校合作、校企合作、校校合作的不断优化；合作发展的成效与作用是否不断呈现		7.5/9.3
	5.2 质量事故管控	管控制度	是否建立质量事故管控反馈机制，制定质量事故分类、分等的认定管理办法，对质量事故处理及时有效；是否建立学校、院系两级质量事故投诉受理机构，制定质量事故投诉、受理、反馈制度；是否定期开展质量事故自查自纠，形成质量事故管控常态化管理反馈机制		8.1
		发生率及影响	学校质量事故的发生率、影响程度；处理安全事故、群体性事件的速度与能力；学校质量事故与投诉发生率是否逐年减少		
		预警机制	是否建立过程信息监测分析机制与质量事故预警制度；是否有突发性安全事故、群体性事件应对工作预案；是否有近三年的质量事故分析报告及反馈处理效果报告		8.1
	5.3 质量保证效果	规划体系建设及效果	各项规划是否完备、体系是否科学、实施是否顺利，目标达成度如何		
		标准体系建设及效果	专业、课程、师资、学生发展质量标准是否完备、先进、成体系；能否在诊改过程中不断调整优化；社会认可度如何		
		诊改机制建设及效果	内部质量保证体系是否日趋完备；持续改进的机制是否呈常态化并步入良性循环，人才培养质量是否得到持续提升		
	5.4 体系特色	学校质量保证体系特色	学校自身质量保证体系能否形成特色，应用效果好，并能发挥辐射与影响作用		

湖南省高职院校内部质量保证体系诊断项目参考表见表5-3。

表5-3　湖南省高职院校内部质量保证体系诊断项目参考表①

诊断项目	诊断要素	诊断点	影响因素	参考提示		数据管理平台相应编号
				一般院校	卓越院校	
1体系总体构架	1.1质量保证理念	质量目标与定位	学校发展目标定位是否科学明确；人才培养目标、规格是否符合区域经济和社会发展要求，是否符合学生全面发展要求；质量保证目标与学校发展目标、人才培养目标的一致性、达成度	1. 学校是否制定了事业发展规划和专业建设、师资建设、基本建设等专项规划，是否有明确的学校总体发展目标和分项目标，是否有具体的年度落实计划 2. 学校发展目标与区域或行业经济社会发展目标是否相适应，与现有建设基础是否相匹配；是否符合重点服务区域或行业发展对高素质技术技能型人才的需求；目标定位是否体现学校自身纵向发展进步，是否体现与全国同类院校或全省同层次院校横向比较进步 3. 学校专业（群）设置是否与区域、行业主导产业（链）发展对接，重点建设专业（群）是否与产业结合紧密，重点专业（群）涵盖的专业与在校学生数量是否都占学校总数的一半以上 4. 对区域或行业高素质技术技能人才需求的数量、层次，就业岗位所需知识、能力、素质等是否进行了充分调研论证，人才培养目标与规格定位是否与高素质技术技能人才相适应，毕业生就业面向与人才培养目标是否相匹配 5. 人才培养方案是否对学生全面发展进行了系统科学设计，总课时、公共课时、专业课时、实训课时等是否符合国家相关要求。是否重视学生人文素质培养，是否形成了学校综合素质培养明显特色和标志性成果 6. 学校目标与人才培养目标是否体现了以人才培养质量为核心，质量保证目标是否围绕学校发展目标、人才培养目标展开，三者是否形成了一个有机整体	1~6同一般院校； 7. 学校发展目标是否明确了学校在全国同类院校和全省同层次学校中综合实力处于领先水平； 8. 重点专业群的在校学生数是否达到了学校在校学生总数的60%以上	1.3/7

① 湖南省教育厅. 关于印发《湖南省高等职业院校内部质量保证体系诊断与改进工作实施方案》的通知（湘教通〔2016〕290号）[Z]. 2016-06-15.

表5-3(续)

诊断项目	诊断要素	诊断点	影响因素	参考提示		数据管理平台相应编号
				一般院校	卓越院校	
1 体系总体构架	1.1 质量保证理念	质量保证规划	质量保证体系建设规划是否科学明晰、符合实际且具有可操作性；实际执行效果是否明显	1. 是否制定了学校、院（系）两级质量保证体系建设规划，规划是否涵盖了人才培养各环节 2. 质量保证体系建设规划是否有明确的质量方针、质量目标和职责分工，是否有质量策划、控制、保证和持续改进措施，是否建立了全员参与、全过程控制、全方位展开的质量管理体系 3. 是否形成了计划、执行、检查、处理（反馈）循环的质量保证运行机制，质量是否持续改进	同一般院校	1.3/7
		质量文化建设	师生质量意识，对学校质量理念的认同度；质量保证全员参与程度；质量文化氛围；持续改进质量的制度设计是否科学有效，是否实现持续改进	1. 学校教学、生活秩序是否井然，教师教学是否严谨有序，学生学习积极性高不高，教师有无责任教学事故，学生到课率、听课率是否达90%以上 2. 学校考试制度是否严格执行，是否实行了教考分离，是否有补考或重修降低质量标准和无故缺考现象 3. 领导是否带头参与质量管理，并在质量管理体系中发挥示范作用；教师是否经常听取学生反馈意见并积极改革教学方法；学生是否积极参与评教活动并及时反馈教学信息；管理与服务人员是否坚持以教学为中心并在质量管理体系中积极履职，执行、检查、处理、反馈运行是否到位，解决教学过程中出现的问题与困难是否及时 4. 质量文化是否已成为校园文化的重要内容，质量文化体系是否经过系统设计，质量文化制度体系是否完备并可操作性强，质量文化氛围是否浓厚；是否经常开展质量文化活动 5. 是否建立了影响质量因素的诊断分析制度，是否定期召开质量诊断会议，分析影响质量的主要因素，并采取切实可行的措施进行改进；是否对改进后的执行情况进行检查评估，确保质量持续改进	1. 学校教学、生活秩序是否井然，教师教学是否严谨有序，学生学习积极性高不高，教师有无责任教学事故，学生到课率、听课率是否达95%以上。 2~5同一般院校	2.2/8

表5-3(续)

诊断项目	诊断要素	诊断点	影响因素	参考提示		数据管理平台相应编号
				一般院校	卓越院校	
1 体系总体构架	1.2 组织构架	质量保证机构与分工	学校、院系各层面质量保证机构、岗位设置是否科学合理,分工与职责权限是否明确	1. 学校、院系是否设有专门的质量保证工作机构,机构职能是否相对独立,岗位职责是否明确,岗位设置与实际需要是否相匹配 2. 是否根据质量保证体系建设规划要求,学校、院(系)均配备了符合要求的专兼职质量保证人员,职责分工明确,且建立了人员素质优化培训机制	同一般院校	8
		质量保证队伍	质量保证队伍建设是否符合质量保证体系建设规划要求;人员配备是否符合岗位职责要求;对质量保证机构、人员是否有考核标准与考核制度;考核机制是否严格规范;能否实现持续改进	1. 质量保证人员结构是否合理,学校质量保证机构负责人在教育教学方面是否有较大影响并在学校专业领域具有较高权威性,质量保证专职人员是否熟悉教育教学规律,学校专业带头人和骨干教师是否成为质量保证人员的主体 2. 是否建立了质量保证人员分层分类考核奖惩制度,是否严格执行,考核结果是否与绩效工资、评优评先、职称晋升挂钩 3. 是否建立了质量保证人员优化动态调整机制	同一般院校	8.2/8.6
	1.3 制度构架	质量保证制度	学校、院系、专业、课程、教师、学生层面的质量保证制度是否具有系统性、完整性与可操作性	1. 是否根据全面质量管理理念,制定了涉及学校各层面、覆盖各环节的质量管理制度 2. 各项制度是否相互衔接、相互支撑,各有侧重,并形成了系统、完整的质量保证制度体系 3. 各项制度是否突出了以人为本、以学生为中心,是否有较强的针对性和可操作性,是否有利于质量目标实现	同一般院校	8.1

表5-3(续)

诊断项目	诊断要素	诊断点	影响因素	参考提示		数据管理平台相应编号
				一般院校	卓越院校	
1 体系总体构架	1.3 制度构架	执行与改进	质量保证制度落实情况与改进措施是否具体务实；质量保证制度是否不断改进和完善；是否定期发布质量年度报告，质量年度报告结构是否规范、数据是否准确；院（系）、专业自我诊改是否已成常态	1. 各项制度是否有明确的落实主体、监督部门与责任人，且有落实情况反馈处理机制 2. 是否建立了质量保证制度动态修订机制，并明确了修订条件与程序，动态调整机制是否得到了严格执行 3. 是否每年编写并向社会发布学校质量年度报告，质量年度报告数据是否客观地反映了学校的质量现状 4. 院（系）是否每期分专业组织了质量保证自我诊断，并制定了改进措施，且跟踪落实	1~4同一般院校 5. 质量年度报告社会认可度高，无不良反应	8.7
	1.4 信息系统	信息采集与管理	是否重视高职院校人才培养工作状态数据采集与管理平台建设；人财物是否有保障，管理是否到位，运行是否良好；是否建立信息采集与平台管理工作制度，数据采集是否实时、准确、完整	1. 学校是否建立了人才培养工作状态数据采集与管理平台 2. 学校是否组织了人才培养工作状态数据采集与应用系统培训，是否有专人负责平台管理，设备、经费是否得到保证 3. 学校是否出台了人才培养工作状态数据采集与管理的相关制度，学校相关人员是否均能实时、准确、完整填报人才培养工作状态数据 4. 学校是否定期组织人员对状态数据填报的实时、准确、完整性进行核实，对不符合要求的是否进行了及时整改	1~4同一般院校 5. 学校人才培养工作状态数据采集与管理平台是否实行了有效对接	3.4/8.1
		信息应用	是否运用平台进行日常管理和教学质量过程监控，各级用户是否定期开展数据分析，形成常态化的信息反馈诊断分析与改进机制	1. 人才培养工作状态数据采集与管理平台是否已成为学校日常管理和教学质量监控的重要依据 2. 学校、院（系）、专业是否每学期依据人才培养工作状态数据采集与管理平台开展了数据分析，是否形成了常态化的诊断与改进机制 3. 是否每年形成了人才培养工作状态数据分析报告，并对诊断与改进结果进行跟踪评估	同一般院校	3.4

表5-3（续）

诊断项目	诊断要素	诊断点	影响因素	参考提示		数据管理平台相应编号
				一般院校	卓越院校	
2 专业质量保证	2.1 专业建设规划	规划制定与实施	专业建设规划是否符合学校发展实际，是否可行；规划实施情况如何，专业机构是否不断优化	1. 学校是否制定了切实可行的专业建设规划。规划制定是否以学校事业规划为依据、体现本校特色、能够有效支撑学校发展和培养适应市场所需要的高素质技术技能人才 2. 专业规划是否在充分调研区域或行业内产业需求的基础上，结合学校办学历史和办学优势，明确学校专业建设重点和特色，体现行业、区域内支柱产业、优势产业、新兴产业的发展要求 3. 每个专业是否充分调研市场对技术技能人才的需求，重点调研专业就业岗位的知识、能力、素质要求和数量需求，结合专业建设基础，明确专业发展方向和目标定位 4. 专业规划是否以高水平重点专业为龙头，重点建设1~2个特色专业群，辐射、带动其他专业群建设，形成错位发展理念，突出重点建设特色专业群的核心专业建设，核心专业建设水平是否达到全省先进水平 5. 专业建设是否制订了实施计划，目标明确、任务落实到部门，明确了责任人、时间节点和阶段性成果要求 6. 专业建设是否按照实施计划，每年对建设实施情况进行监督、检查、反馈、评价，实现实施过程全监控，并对建设结果进行奖惩 7. 是否每年开展企业调研、毕业生反馈调研等活动，是否建立了专业动态调整机制 8. 是否按照高职高专专业目录，逐步减少学校的跨类专业数量	1~8同一般院校 9. 学校的专业群是否涵盖了学校所有专业；是否集中力量办好2~3个重点特色专业群，形成办学特色，体现办学水平	1.3/7.1~7.6/9.2

表5-3(续)

诊断项目	诊断要素	诊断点	影响因素	参考提示		数据管理平台相应编号
				一般院校	卓越院校	
2 专业质量保证	2.1 专业建设规划	目标与标准	有无明确的专业建设目标和标准;专业人才培养方案是否规范、科学、先进并不断优化	1. 人才培养方案是否符合各级教育行政部门和学校规范性文件要求 2. 每个专业是否都有明确的办学规模、办学条件、办学水平具体目标;是否有明确的实习实训基地、课程、师资、教材等建设标准,专业建设中凡有国家标准、行业标准、省级标准的,是否达到标准要求 3. 人才培养目标与规格是否明确,在充分调研的基础上,每个专业根据学校就业优势确定了毕业生就业的核心岗位,明确了拓展岗位,分析了每个岗位的知识、能力、素质要求 4. 课程体系与岗位标准、职业能力、职业发展是否相匹配;课程结构是否符合学生认知规律,课程设置是否能支撑就业岗位的知识、能力、素质要求,与人才培养目标是否相匹配 5. 是否根据产业结构的调整、岗位升级、技术进步要求及时调整人才培养方案	1~5 同一般院校 6. 重点建设特色专业群的核心专业是否有明确的建设目标定位,是否达到全国同类专业领先水平或达到国际先进水平,其他专业是否达到全省先进水平	7.1/ 7.3/ 7.4
		条件保障	新增专业设置程序是否规范;专业建设条件(经费、师资、实验实训条件)是否有明确的保障措施	1. 学校是否有新增专业设置程序,包括市场调研、专家论证、开设条件审核和行政决策 2. 每年是否对实习实训基地现状进行分析,并制定改建、扩建、新建分阶段实施方案,明确实训室的数量、面积、设备、功能、建设水平等要素 3. 实习实训基地建设是否能基本满足专业实践教学要求,在校内实践教学基地管理与建设中,是否体现了现代职业教育理念,是否引入了企业先进的管理方法与职业文化 4. 每年是否对师资队伍现状进行分析,并制定年度实施方案,明确目标与要求 5. 每年是否有师资队伍建设和实习实训条件建设经费预算,额度是否符合相关制度要求,与专业建设需求是否相匹配 6. 学校是否制定了相应的激励政策,促进专业建设条件不断改善	1~6 同一般院校 7. 生均可利用的图书资料、实习实训工位、教学仪器设备、教师、社会实践基地、定岗实习岗位资源是否居全国同类学校领先水平	3.4/ 4/ 5.1/ 5.2/ 6/ 7.4/ 7.5

表5-3(续)

诊断项目	诊断要素	诊断点	影响因素	参考提示		数据管理平台相应编号
				一般院校	卓越院校	
2 专业质量保证	2.2 专业诊改	诊改制度与运行	学校内部是否建立常态化的专业诊改机制；是否能够促成校内专业设置随产业发展动态调整	1. 学校是否按照"需求导向，自我保证，多元诊断，重在改进"的专业诊改工作方针，每年开展以用人单位、毕业生为主要调研对象的专业调研，开展在校学生满意度、家长满意度、社区满意度调查 2. 学校是否定期根据产业升级、技术进步、企业需求和学校招生、就业和人才培养方案的落实情况，建立学校自我诊断、行业和企业诊断、第三方诊断的制度，并形成诊断报告 3. 对调研和诊断报告是否进行了分析，找出影响专业发展存在的主要问题，分析问题产生的原因，形成有针对性的整改方案并落实 4. 是否有效促成校内专业设置随产业发展动态调整	1~5同一般院校 6. 是否初步建立校内专业评估制度并重视评估结果的运用 7. 诊改机制是否在全省乃至全国有示范作用	3.4/ 8.1/ 8.7/ 9.1/ 9.2
		诊改效果	诊改成效如何，人才培养质量是否不断提高；校企融合程度、专业服务社会能力是否不断提升；品牌（特色/重点）专业（群）建设成效、辐射能力是否不断增强	1. 反映人才培养质量的指标是否有明显提升，如毕业生合格率、就业率、就业质量、专业技能抽查合格率、毕业设计抽查成绩、专业技能竞赛成绩、企业满意度等 2. 专业为行业企业、当地社会培训到款额、职业技能鉴定人数、技术服务性收入、师生专利获取数量、科研项目到款数、论文发表数、为行业企业、当地社会创造的经济价值是否逐年提高 3. 品牌（特色/重点）专业（群）依托专业立项的国家、省级、市级、校级的重点建设项目立项数是否逐年增加 4. 专业建设的成效、经验，是否被其他学校及社会广泛关注	1~4同一般院校 5. 重点建设特色专业群毕业生双证率就业率、对口就业率、平均薪酬是否明显高于全国同类专业水平，专业技能抽查、专业技能竞赛、毕业设计抽查成绩是否在全省前茅 6. 重点建设特色专业群为行业企业和当地社会培训的到款额、技能鉴定人数、技术服务性收入、师生专利获取数量、科研项目到款数、论文发表数、为行业企业和当地社会创造的经济价值是否在全省名列前茅 7. 是否牵头开发省级、行业技术标准或专业教学标准，专业是否取得一批教学改革成果，并获得省级及以上职业教育教学成果奖	4/ 5/ 6/ 7/ 9

表5-3(续)

诊断项目	诊断要素	诊断点	影响因素	参考提示		数据管理平台相应编号
				一般院校	卓越院校	
2 专业质量保证	2.2 专业诊改	外部诊断(评估)结论应用	是否积极参加外部专业诊断(或评估、认证);外部诊断(评估)结论是否得到有效应用,对学校自诊自改是否起到良好促进作用	1. 是否积极参加上级主管部门、行业、独立第三方组织的外部诊断(评估),并与学校自我诊改结合起来 2. 是否建立有效的事后追踪机制,有效应用外部诊断(评估)结论,将诊断(评估)发现的问题,纳入自诊自改范围并积极整改,并对整改工作进行全程跟踪	1~2同一般院校 3. 是否为省内院校提供诊断追踪机制范例	4/ 5/ 6/ 7/ 9
	2.3 课程质量保证	课程建设规划	课程建设规划是否科学合理;是否具有可行性与可操作性	1. 是否按照专业建设规划、专业发展目标、课程建设基础、制定学校课程建设规划和分专业(群)的课程建设规划。学校专业建设规划、课程建设规划是否相互衔接、相互支撑 2. 课程建设规划是否充分考虑了学校特色发展,重点建设课程的水平和数量与学校专业发展水平是否相适应 3. 是否明确了学校课程建设的目标、水平、数量、类型、建设内容和要求、建设途径与措施 4. 课程建设是否有专门机构和人员负责,建设任务是否明确、具体 5. 每年是否根据学校课程建设规划内容分解落实到了院系、专业(群)的年度工作计划中,并按照要求进行了落实 6. 每门重点建设课程是否都确定了责任人,制定了课程建设方案并有效实施	同一般院校	7.2/ 7.5
		目标与标准	课程建设规划目标达成度;课程标准是否具备科学性、先进性、规范性与完备性	1. 每年是否按照课程建设规划进行课程建设,对课程建设情况进行分类评价考核,依照考核结果给予激励,目标达成度持续提高 2. 课程标准开发是否符合各级主管部门、学校的规范要求,是否体现了教学内容、教学方法和教学手段改革,是否体现了国家、行业企业新知识、新技术、新标准、新设备、新工艺、新产品和国际通用的技术技能型人才职业资格标准 3. 对课程标准是否进行实时动态调整	1~3同一般院校 4. 重点专业的核心课程标准是否为全省和全国同类专业提供范例	7.2/ 7.3
		诊改制度实施与效果	校内是否开展对课程建设水平和教学质量的诊改,形成常态化的课程质量保证机制;是否对提高课程建设水平和教学质量产生明显的推进作用	1. 是否组织了校内外教学专家、行业企业专家、学生代表、教师代表,诊断课程建设成果,分析存在的主要问题与成因,提出改进意见,形成诊改报告 2. 学校、院(系)、专业是否根据诊改报告,制定改进方案,对课程质量进行持续改进 3. 诊改后的课程教学是否实现了教学方法、手段改革,体现了学生在课程教学中的主体地位,倡导了运用信息技术激发学生的自主学习及探究能力培养,突出了学生职业能力目标的达成 4. 是否有市级以上立项建设的重点课程、名师课堂、示范课堂、省级和国家级的在线开放课程等	1~4同一般院校 5. 是否加强了核心课程建设,重点建设专业群是否建成了2门以上相关专业共享的优质核心课程,群内各专业是否建成了3门以上体现本专业特色的专业优质核心课程 6. 是否有5门以上专业核心课程实行数字化教学 7. 空间课程、微课程和职业教育MOOC(慕课),数字化教学资源是否被外校或社会应用	3.4/ 7.2/ 8.1/ 8.2 8.5/ 8.6/ 8.7

表5-3(续)

诊断项目	诊断要素	诊断点	影响因素	参考提示		数据管理平台相应编号
				一般院校	卓越院校	
3 师资质量保证	3.1 师资队伍建设规划	规划制定	学校、院系、专业等层面师资队伍建设规划的科学性、一致性和可行性；规划目标达成度	1. 是否按照学校、院系、专业的发展目标建立相对应的师资队伍建设规划。学校、院系、专业师资队伍建设规划是否相互衔接，各有侧重 2. 师资队伍建设规划是否既充分考虑了学校特色发展、专业建设和课程设置等因素，又系统地考虑了专任教师、兼职教师的建设工作，是否明确了专业带头人、骨干教师、双师教师、青年教师培养任务与措施，重点突出了专业带头人和双师教师的培养 3. 师资队伍建设是否有专门机构和人员负责，建设任务是否明确、具体 4. 每年是否根据学校、院系、专业师资队伍建设规划内容分解落实到了学校、院系、专业（群）的年度工作计划中，并按照要求进行了落实 5. 师资队伍整体水平是否达到基本办学要求以上，各规划目标完成度是否达到90%以上	1~4 同一般院校 5. 师资队伍整体水平是否达到国内一流，各规划目标完成是否达到100%	6.1/ 6.2/ 6.3/ 6.4
		实施保障	是否能为师资建设规划目标的实现提供必需的外部环境、组织管理、资源支撑、经费等保障	1. 学院师资队伍建设规划是否被纳入当地政府或主管部门人才培养规划，学校师资引进是否得到了当地政府或主管部门的政策支持 2. 是否建立了教师提升技能的激励制度，形成了教师教学质量与绩效挂钩的分配制度、鼓励"双师"教师成长制度、教学名师和优秀教师等表彰制度 3. 是否建立了吸引行业、企业工程技术人员、高技能人才到学校兼职教学的制度 4. 是否在国内高水平大学建立教师进修基地，在规模以上企业建立了教师定点实践基地 5. 教师培训专项经费是否达到教育部相关标准要求，并逐年有所增加	1~4 同一般院校 5. 是否建立了高水平人才引进和扶持政策，吸引芙蓉学者、技能大师等高层次、高技能人才来学校兼职或者任教 6. 是否建立了鼓励教师提升科研水平、技术服务、创新能力的制度 7. 教师培训专项经费额度是否名列全省前茅，并逐年按一定比例增加	5.2/ 7.1/ 7.2/ 8.1

表5-3（续）

诊断项目	诊断要素	诊断点	影响因素	参考提示		数据管理平台相应编号
				一般院校	卓越院校	
3 师资质量保证	3.2 师资建设诊改工作	诊改制度	是否制定专兼职教师、专业带头人与骨干教师聘用资格标准；是否开展对师资队伍建设成效的诊改，形成常态化的师资质量保证机制	1. 是否制定了专任教师引进管理办法和兼职教师聘用管理办法，专任教师的引进和兼职教师的聘用是否体现了学校的发展方向和目标 2. 是否制定了校内专业带头人和企业专业带头人聘任与管理办法、骨干教师认定与考核办法、"双师"素质教师认定与考核办法，明确的聘用与认定标准是否不低于全省的行业标准 3. 是否建有师资队伍建设成效诊断制度，有专门机构负责师资队伍建设成效诊断工作。每年是否定期开展了师资队伍建设成效诊断，并有效促进了师资队伍建设	1~3 同一般院校 4. 是否聘请第三方评价机构对师资队伍建设成效开展诊断工作	6.1/ 6.2/ 6.3/ 6.4/ 7.2
		实施效果	教师质量意识是否得到提升；教学改革主动性是否得到提高；师资队伍数量、结构、水平、稳定性、社会服务能力等是得到持续改善；学生满意度是否得到持续提升	1. 教师是否爱岗敬业，是否树立了以教学质量为核心的质量观；是否主动开展教学诊改工作，积极提高教学质量 2. 是否绝大部分教师积极参与了课程教学改革工作；是否定期开展了全校性的教学改革研讨会或者教学竞赛 3. 教师年公开发表教学改革论文数、立项院级和省级教学改革研究项目数是否不低于省里有关标准规定，并逐年增加；是否有向全省推广的教学改革研究成果 4. 生师比、师资队伍学历结构、职称结构、"双师"素质教师比例、兼职教师比例、专业带头人数是否达到教育部和省教育厅有关规定的标准，是否逐年得到了优化 5. 每年是否有一定数量技术服务项目和应用技术研究项目，为行业企业创造了一定经济效益。技术服务项目和应用技术研究项目数、技术服务款和应用技术研究项目到账经费是否逐年增加。每年是否为行业企业培训职工 6. 每学期是否开展了评教工作，学生评教满意度是否达到70%以上，并逐年提升	1. 同一般院校 2. 是否所有教师都积极参与了课程教学改革工作；是否定期组织召开全校性的教学改革研讨会或者教学竞赛，成效显著中 3. 教师年公开发表教学改革论文数、立项院级和省级教学改革研究项目数是否名列全省前茅；是否有向全省乃至全国推广的教学改革研究成 4. 生师比、师资队伍学历结构、职称结构、"双师"素质教师比例、兼职教师比例、专业带头人数是否达到国内一流水平。是否有一批高层次人才和专业教学团队在全省乃至全国都具有较强的影响力 5. 每年承担的技术服务项目和应用技术研究项目数、为行业企业创造的经济效益、应用技术研究项目到账经费是否名列全省高职院校前茅，服务行业或区域经济的成效是否有显著成效。技术服务项目和应用技术研究项目数、技术服务款和应用技术研究经费是否逐年增加。每年为行业企业培训职工数是否达到在校生规模 6. 每学期是否开展评教工作，学生评教满意度是否达到95%以上，并逐步提升；是否委托第三方开展学生满意度评价	6.1/ 6.2/ 6.3/ 6.4/ 8.7

表5-3(续)

诊断项目	诊断要素	诊断点	影响因素	参考提示		数据管理平台相应编号
				一般院校	卓越院校	
4 学生全面发展保证	4.1 育人体系	育人规划	是否制定学生综合素质标准；学生素质教育方案制定是否科学，培养目标定位是否准确；是否因材施教，注重分类培养与分层教学；是否实施全员全过程全方位育人，加强创意、创新、创业教育	1. 学校是否制定了符合人才培养目标定位要求、具体可操作的学生综合素质标准和素质教育方案 2. 学校是否建立了学生素质测评制度，是否开展了学生素质测评，针对测评结果，是否因材施教和开展了有针对性的分层培养与分类教学 3. 是否贯彻落实了大学生思想政治教育和德育工作有关文件精神，强化德育首位；是否制定并实施了全员全过程全方位育人工作方案；是否加强了中国梦、中国特色社会主义核心价值观等教育 4. 学校是否有创意、创新、创业"三创"教育工作方案，是否体现了"三创"进课堂、进主题教育、进基地，是否开设了职业指导、创业指导等必修课程，是否建有校内外"三创"基地，是否有支持学生创新创业的相应制度	同一般院校	5.2/ 8.3/ 8.4
		诊改制度	是否实施对育人部门工作及效果的诊改。	1. 学校是否建立了"三全"育人督导机制；是否有完善的制度和实施方案 2. 学校是否开展了对育人部门工作的考核并根据考核结果进行处理与改进	1~2 同一般院校 3. 学校育人工作是否做到了规范化、标准化、制度化，各项工作是否都有制度或实施方案，是否将大学生素质教育与教学、科研、社会服务以及其他工作同时部署，同时检查，同时评估，同时诊改，形成完善的育人工作评价反馈机制	8.1
		实施与效果	育人工作是否已形成常态化诊改机制；育人目标达成度；学生自主学习能力、主动学习积极性、职业能力和创新创业能力是否得到提高	1. 是否建立了对育人工作定期诊改机制，诊改资料是否齐全 2. 是否定期组织开展了多种类型的有利于提升学生综合素质的校园活动，学生参与度是否高 3. 是否经常开展校风学风建设督查，整改措施是否具体到位，校风学风是否持续改善 4. 是否建立了育人目标达成度测评制度，是否定期有育人目标达成度情况分析处理意见 5. 学生违纪率、犯罪率是否不断下降；学生群体事件发生率、责任性伤亡率是否为零 6. 学生到课率、听课率、社团活动参与率、课程合格率、毕业率是否不断提高 7. 学校是否每年组织学生创新创业教育、职业生涯规划等竞赛活动并积极参加省级竞赛，竞赛成绩是否不断提高 8. 学生初次就业率、对口就业率、就业起薪和自主创业率是否不断提高	1~6 同一般院校 7. 学生在创新创业教育大赛、职业生涯规划大赛等活动的综合成绩是否名列全省前茅 8. 学生初次就业率、对口就业率、就业起薪和自主创业率是否列全省高职院校前列	2.2/ 3/ 7.2/ 9.2

表5-3(续)

诊断项目	诊断要素	诊断点	影响因素	参考提示		数据管理平台相应编号
				一般院校	卓越院校	
4 学生全面发展保证	4.2 成长环境	安全与生活保障	是否实施对服务部门服务质量的诊改,并形成常态化安全与生活质量保证机制;学校安全设施是否不断完善;学生生活环境是否不断优化;学生诉求回应速度、学生满意度是否持续提高;意外事故率是否不断降低	1. 学校安全与生活服务部门职责是否明确,是否形成了以学生为本的工作制度;工作人员配备是否符合学生安全与生活保证需要 2. 是否制定服务部门服务质量考核制度并严格实施;是否建立了考核通报处理与改进制度 3. 学校是否重视安全工作,是否有维护安全稳定的综合防控机制和突发事件紧急处置预案,是否能够快速灵活处理安全事故;是否定期开展安全知识讲座或活动,学生安全意识是否不断提高 4. 学校安全设施是否完备,消防器材是否齐全,是否有专人定期检查维护,实时更新;安全通道标识是否清楚并时刻保持畅通;校园重点区域是否实现了安全监控全覆盖并有专人值守 5. 新生入学时,是否组织开展了学生安全设施设备使用培训 6. 学生公寓是否整洁、干净、安全,居住环境和管理制度是否不断完善,收费标准是否符合政府相关规定 7. 学生食堂是否干净卫生,食品来源是否安全可靠,大宗食品采购是否通过招投标集中进行,是否杜绝重大食品安全事故 8. 是否建立了学生诉求绿色通道和回应制度,是否通过校长书记信箱、召开学生代表座谈会和问卷调查等形式及时收集意见并及时处理,学生满意度是否持续提高 9. 是否定期开展了校园安全隐患排查,意外事故率是否不断降低,是否杜绝重大安全事故的发生 10. 是否建立了安全教育典型案例库,是否每期开展安全教育专题讨论;学校相关部门是否建立了安全事故档案,是否做到了管理标准化、规范化、常态化	同一般院校	
		特殊学生群体服务与资助	建立家庭困难学生、残障学生、少数民族学生等特殊学生生活保障管理运行机制的情况;建立学生心理健康教育活动体系与运行管理机制的情况;能否为特殊学生群体提供必要的设施、人员、资金、文化等保障	1. 学校是否建立了家庭经济困难学生、残障学生、心理问题学生等特殊群体学生档案;是否针对各类特殊群体学生制定了专门的工作方案;是否按相关要求配足了为特殊群体学生服务的工作人员;是否有针对各类特殊群体学生的专项资金,并做到专款专用 2. 是否有完善的学生资助体系和健全的工作机制。是否设有学生资助工作机构和专职工作人员;每年用于学生资助经费的总额是否达到教育部门的有关规定标准,并逐年增加;是否建有学生资助督查制度,学生资助满意度是否不断提高 3. 学校心理健康教育工作机制是否健全。是否有校级心理健康教育和心理咨询机构及场地;是否按教育部门有关规定配备专职从事心理健康教育的教师(不少于1名),按规定的经费标准预算学生心理健康教育和心理咨询的专项经费 4. 是否每年开展了新生心理健康普查,是否建有在校学生心理健康档案。是否建有校、院(系)、学生班级三级心理健康教育工作网络,是否定期开展多种类型的心理健康教育宣传活动或心理健康教育讲座	同一般院校	

表5-3(续)

诊断项目	诊断要素	诊断点	影响因素	参考提示		数据管理平台相应编号
				一般院校	卓越院校	
5 体系运行效果	5.1 外部环境改进	政策环境	能否促进社会资源引入、共享渠道的拓展；政策环境是否有利于学校的质量保证体系和人才培养质量持续改进与完善	1. 学校是否有开放办学理念，有促进合作办学的机制，有可激励、可操作的合作办学制度，有合作办学的机构与人员 2. 学校是否形成与政府、行业协同创新的机制，促进所在行业（区域）制定鼓励高职院校优先利用行业企业资源的支持政策 3. 学校是否每年制订合作办学计划，积极争取各方支持，渠道不断扩展 4. 政府、行业、企业、社区等外部组织是否积极参与学校质量保证工作，学校是否每年形成有效的外部质量诊断报告，并采取有效措施及时改进	1~4 同一般院校 5. 是否建有企业学院、园区学院和校际联盟等协同创新载体 6. 学校是否建立按专业群配置资源的制度并建有资源共享机制 7. 是否建有"技术应用孵化中心""中试基地"等共享性资源	
		资源环境	是否能够促进校内办学资源的不断优化；学校资源环境能否促进质量保证体系和人才培养质量持续改进与完善，改善学校的办学条件	1. 是否建立以优化校内资源配置、提高资源使用效率为出发点的学校资源统一管理制度，执行情况是否良好 2. 每年是否对校内资源使用情况进行分析并发布资源利用情况报告 3. 资源整合与调整是否成为学校资源配置常态，资源利用率是否不断提高 4. 是否主动争取外部政策支持，每年引入一定数量的外部资源，有效改善学校办学条件，社会影响力不断提升	1~4 同一般院校 5. 重点建设特色专业群是否有政府、行业、行业企业有高水平或较大影响的合作项目	
		合作发展环境	学校自主诊断改进机制是否有利于政校合作、校企合作、校校合作的不断优化；合作发展的成效与作用是否不断呈现	1. 学校自主诊断改进机制是否运行顺畅，自主诊断改进结果是否及时向合作方反馈 2. 合作方对学校自主诊断改进结果是否反应积极，及时跟进，协助不断改进 3. 自主诊断过程中是否有政府、行业企业和其它院校相关人员参与 4. 产学合作的学生订单培养、专业共建、课程共建、资源共建、技术服务成果是否不断增加。 5. 合作发展领域是否不断扩大，合作项目的数量和质量是否不断提升	1~5 同一般院校 6. 产学合作的学生订单培养、专业共建、课程共建、资源共建、应用技术研究水平是否居全省和行业领先水平，开发有行业技术标准或行业技能人才标准，社会捐赠（准捐赠）价值在同类院校中是否居于领先水平 7. 是否成功输出教育教学改革经验并带领同类院校共同发展	7.5/9.3
	5.2 质量事故管控	管控制度	是否建立质量事故管控反馈机制，制定质量事故分类、分等的认定管理办法，对质量事故处理及时有效；是否建立学校、院系两级质量事故投诉受理机构，制定质量事故投诉、受理、反馈制度；是否定期开展质量事故自查自纠，形成质量事故管控常态化管理反馈机制。	1. 是否建立了质量事故管控反馈制度，有质量事故预防与信息及时反馈措施，过程监控严格规范 2. 质量事故认定程序是否严谨，事故分类、分等是否符合质量改进要求，处理结果是否纳入学校奖惩范围 3. 学校、院系两级质量事故投诉受理机构及制度是否健全，投诉、受理、反馈程序是否规范，处理是否及时，投诉处理率是否达到100% 4. 学校是否每年对招生行为规范、学籍、成绩信息审核，平安校园创建，财务规范管理等方面开展1次自查自纠活动，院系是否每学期对教学标准落地、教学过程规范管理开展1次质量事故自查自纠活动	同一般院校	8.1

表5-3（续）

诊断项目	诊断要素	诊断点	影响因素	参考提示		数据管理平台相应编号
				一般院校	卓越院校	
5 体系运行效果	5.2 质量事故管控	发生率及影响	学校质量事故的发生率、影响程度；处理安全事故、群体性事件的速度与能力；学校质量事故与投诉发生率是否逐年减少	1. 质量事故发生率是否逐年下降，质量事故是否及时有效处理，造成的影响是否可控 2. 安全事故、群体性事件是否得到有效防范，事故处理是否及时有效、未造成严重影响 3. 质量事故影响程度是否逐年减轻，投诉发生率是否逐年减少。	1~3 同一般院校 4. 质量投诉发生率是否低于全省同类学校平均水平 5. 是否主动接受收集社会对质量的负面评价并及时纠正	
		预警机制	是否建立过程信息监测分析机制与质量事故预警制度；是否有突发性安全事故、群体性事件应对工作预案；是否有近三年质量事故分析报告及其反馈处理效果报告	1. 是否建立了人才培养全过程的信息监测分析机制与质量事故预警机制 2. 是否定期发布信息监测分析结果，及时进行质量事故预警 3. 是否对信息监测分析结果和质量事故预警事项进行及时改进，效果是否明显 4. 是否制定了突发性安全事故、群体性事件工作预案；是否建立了重大教学事故应急处置机制 5. 近三年质量事故分析及反馈处理资料是否齐全，是否有明确的处理意见与改进措施，有效指导质量改进	1~5 同一般院校 6. 质量监测信息处理系统针对性和有效性是否强，是否可以为同类院校提供借鉴	8.1
	5.3 质量保证效果	规划体系建设及效果	各项规划是否完备、体系是否科学，实施是否顺利，目标达成度如何	1. 学校各项规划是否逐年完备，涵盖学校的各个方面，人才培养的各个环节，形成一个相互衔接、各有侧重的有机整体，较好地指导学校发展 2. 各项规划在实践中是否不断完善，规划变更调整是否有利于目标达成，是否按规定程序办理了相关手续 3. 年度工作计划是否有效支撑规划实施，年度总结是否对规划目标的达成有明确结论。是否对未达成的目标有原因分析与改进措施	1~3 同一般院校 4. 规划体系及其经验是否在全省得到推广	
		标准体系建设及效果	专业、课程、师资、学生发展质量标准是否完备、先进、成体系；能否在诊改过程中不断调整优化；社会认可度如何	1. 是否建立完备的专业、课程、师资、学生发展质量标准并严格执行，是否形成质量建设的基本参照体系 2. 质量标准是否完全响应教育部、教育厅已颁布的相关政策要求 3. 是否将省级专业技能抽查标准、毕业设计抽查标准融入相应课程标准 4. 质量标准体系调整的依据是否可靠，过程是否规范，参与面是否广，是否至少三年内调整一次 5. 是否开展了学分制教学管理的探索，并取得明显成效 6. 标准体系建设是否得到政府、企业行业、学生与家长和社会舆论认可，相关内容被行业企业采用	1~6 同一般院校 7. 质量标准体系在全国（行业）是否得到推广应用 8. 质量标准体系相关内容是否被教育行政部门采用 9. 服务企业"走出去"和国际化办学成效是否显著，与国（境）外高水平院校是否合作开发了国际化专业教学标准	

表5-3（续）

诊断项目	诊断要素	诊断点	影响因素	参考提示		数据管理平台相应编号
				一般院校	卓越院校	
5体系运行效果	5.3质量保证效果	诊改机制建设及效果	内部质量保证体系是否日趋完备；持续改进的机制是否常态化并步入良性循环，人才培养质量是否得到持续提升	1. 是否形成了过程控制和结果控制相结合的质量保证体系；质量保证相关制度是否不断完善，方法是否不断改进 2. 是否建立健全了社会组织、社区和第三方专业机构质量评价和诊断机制，是否形成内部闭环运行并与企业需求沟通衔接的质量保障与监控体系 3. 是否按照制度要求，常态化持续改进严谨到位，不缺不漏、不走过场，内部监测和外部反馈的人才培养质量指标持续向好，在校学生满意度和用人单位满意度持续提升 4. 是否每学期形成校级诊断改进综合评价分析报告，对部门和院系常态化改进效果进行考核评价 5. 教师是否无重大责任教学事故和造成社会不良影响的行为	1~5同一般院校 6. 学校的内部质量监测指标体系是否得到师生的高度认可，并省内同类院校具有指导性 7. 每年是否组织召开教学工作会议，对人才培养质量的针对性举措实效性强 8. 人才培养整体质量是否位居全国同类院校前列	
	5.4体系特色	学校质量保证体系特色	学校自身质量保证体系能否形成特色，应用效果好，并能发挥辐射与影响作用	1. 是否在制度体系设计、质量保证执行、质量执行诊断和质量保证改进方面形成系统特色 2. 是否在质量诊断与改进过程中的计划、组织、决策指挥、工作方法、信息处理及反馈、政策支持、环境优化等方面形成亮点 3. 学校自身质量保证体系是否与学校办学定位和发展方向相适应，是否在全省或全国范围内产生辐射作用 4. 是否形成闭环质量监控系统，是否在组织、程序和制度层面确保了人才培养质量随机检测、实时反馈和持续改进	1~4同一般院校 5. 特色、亮点、辐射作用是否在全国产生影响并得到教育行政部门认可和推广	

第二节　教学诊断与改进的关键控制环节

一、五类主体和五大系统是质量过程控制的关键点

纵观高职院校内部质量保证体系的构架套路，主要是基于外部质量评价为主的应对式内部质量要素管控提升模式①。随着"管办评"分离的改革，"企业诊断"理论被引入学校内部质量保证体系建立与运行管理的视野。"诊改"理论强调质量是生产出来的，只有设计者、生产者、管理者等质量的创造者，才能真正自主保证以及维护质量的改进与提升②。因此高职院校内部质保体系

---

① 陈向平. 高职院校内部质量保证体系建立与运行策略：基于诊断与改进的视角 [J]. 职业技术教育, 2017（20）：56-58.

② 杨应崧. 诊改不是加给学校的"紧箍咒" [N]. 中国教育报, 2016-07-05（5）.

的建立与完善，必须要重视质量生成的全过程，要设计引导质量创造者“一开始就做正确的事情，一次就把事情做正确”。联系高职院校的实际，质量生成的主体主要是学校、专业、课程、教师（员工）、学生五类，质量生成的主要过程涵盖决策指挥、资源建设、质量生成、支持服务、监督控制五大系统运行的各个环节。以五类主体为质量创造与提升的出发点，以五大系统为质量过程控制的关键点，架构五类主体（横向层面）与五大系统（纵向层面）立体联动式的网络化内部质保体系，是目前高职院校内部质保体系建设由碎片化走向系统化、规范化、完备化的必由路径。基于“五纵五横”的质量过程管控主线，查漏补缺，建立自诊、查诊、会诊的质控关键点，是当前高职院校内部质保体系完善优化的一大难点。

以诊改为手段，促使高职院校在学校、专业、课程、教师、学生不同层面建立起完整且相对独立的自我质量保证机制，以强化学校各层级管理系统间的质量依存关系，形成网络化、全覆盖、具有较强预警功能和激励作用的内部质量保证体系，提高学校质量保证能力。

二、建立职业院校教学工作诊断与改进制度是持续提升培养质量的重要抓手

职业院校想要提高竞争力，服务国家产业转型升级，就必须把资源配置和工作重心转移到持续提高技术技能人才培养质量上来。建立职业院校教学工作诊断与改进制度，就是要建立一种推动职业院校完善持续改进和提高教育教学质量的机制，通过分析质量生成过程，寻找教育教学质量的关键控制点（环节），运用制度、机制、能力、文化、行动等实施控制，让制度运行成为机制，让机制坚持成为能力，让能力升华成为文化，让文化自觉成为行动，从而实现持续提升人才培养质量。

高职院校内部质量保障体系建设必须着眼于系统性和完整性。主要体现在五大方面①：①目标和标准系统。主要指高等教育发展目标、高校人才培养目标与培养规格、专业培养目标及其质量标准、课程目标及课程标准、具体教育教学活动目标与准则等。目标和标准系统属于顶层设计，在整个质量保障体系中居于统领作用，是质量保障体系的出发点，也是最终落脚点，更是体系的灵魂所在，它反映着高校对教育质量的理解，也反映着高校对政治、科技、市场、个人以及学术自身发展等多种利益相关人的态度与价值追求。目标和标准

---

① 刘振天. 系统·刚性·常态：高等教育内部质量保障体系建设三个关键词 [J]. 中国高教研究, 2016 (9)：12-16.

还决定着课程与教学内容的取舍，培养模式以及具体教育教学活动形式的安排。科学合理和完备细致，是对目标和标准系统的最基本要求，符合要求的目标和标准，就能反映和满足利益相关者的需要，并以此为依据，恰当选择教育教学活动内容与活动形式，实现教育教学活动的最大化；否则，目标和标准不科学、不合理，系统不细致，就会在出发点上出现严重偏差，结果必然事与愿违或事倍功半。②资源配置系统。这里的资源，主要指影响教育教学质量的人力、财力、物力资源，也包括知识、信息和技术资源。人力主要指管理者以及教师的数量与结构、人力培训和发展、学生状况等，财力具体指投入或获得的经费，物力具体指教育教学场所以及相应的教学实验设备。人财物等资源是内部质量保障体系中的硬件，是支撑系统。知识、信息和技术，则指影响学校质量的思想、观念、规范和技术等，它们是质量保障体系中的软件。当今时代，确保和提高教育教学质量，不仅要有足够的硬件资源保障，也需要知识、信息和技术等软件资源。硬件资源是基础，没有数量足够、质量先进的办学条件，提高质量就会落空。然而，只有硬件还远远不行，更重要的是还要有先进的管理理念等软件资源，以此优化人力、物力、财力等资源配置，充分发挥其效率、效益。③运行系统。运行系统主要指高校人才培养开展过程及质量管理，包括资源配置与管理，教育教学计划及培养方案的制订与实施，各教育教学具体环节的标准与展开，各具体教育教学环节的质量监控、质量建设和质量研究，等等。运行系统实质是按照一定目标要求，在特定时间和空间范围内展开资源配置和具体教育教学活动的过程。运行系统是否合理有序、是否高效，一定程度上影响着教育教学活动质量。在人财物资源相对均等的条件下，两所高校质量如果出现高低不同，那么，多是过程运行效果影响所致。因此，高校提高教育教学质量，建立健全内部质量保障体系，重点应放在过程运行环节上。运行系统科学合理高效，就能够充分发挥各方面的积极性和能动性，甚至可以起到规避硬件资源条件不足所带来的风险和问题的作用。要对教育教学运行系统进行深入研究，加强运行系统建设，使每一个活动、每一个人员、每一个要素都能够按照计划有序运行。④评价系统。主要是对目标、标准、资源配置、运行效率效果进行及时评价，包括学校内部开展的整体评价、管理绩效评价、院系教学工作评价、专业评价、课程评价、教师教学质量评价、学生学习效果评价、毕业生满意度调查、毕业生追踪调查、教学评优奖励等环节。⑤反馈改进系统。在评价系统基础上，将评价结果及时反馈给相应的部门、单位和人员，以获得目标、标准、资源配置、活动运行成效的信息，用以改进工作。评价与反馈改进系统是整修内部质量保障体系的调节系统，它是质量管理和质量提高不可或缺的环节。正是因为有了评价系统、反馈系统和改进系统，整个保障体系才得以顺利推进并不断向着更高层次的目标前进。

以上五大系统构成高等教育质量保障的整体。这五大系统是不可分割的，其间相互制约、相互支持和相互促进。建立健全内部质量保障体系，应该在上述五大系统上整体着力。

三、提升教育教学管理信息化水平

职业院校应强化人才培养工作中状态数据及相关信息在诊改工作中的基础作用，促进高职院校进一步加强人才培养工作状态数据相关信息管理系统的建设与应用，完善预警功能，提升学校教学运行管理信息化水平，并为学校和教育行政部门的决策提供参考。但是目前，部分院校对于人才培养工作状态数据及相关信息的应用很不重视也不充分，有的只是为了应付教育行政主管部门的要求而统计。

人才培养工作状态数据采集与管理平台中的数据涵盖了职业院校人才培养工作的关键指标，能够比较客观地反映职业院校的办学情况，使学校能够全面、实时掌握各专业人才培养过程信息，是学校教学工作诊断与改进制度的运行基础。职业院校要加强人才培养工作状态数据管理系统的建设与应用，完善预警功能，提升学校教学运行管理信息化水平，为教育行政部门的决策提供参考①。一是要建立一种大数据价值观，在面对数据指标缺陷时，从疲于应付、迎评达标的填报动机转向主动采集、诊断改进的价值取向；二是要建立一套科学有效的数据应用制度，尊重投入与产出效能的数据分析，客观评价学院、专业的办学状态和人才培养水平；三是要建设一支技术过硬的数据管理队伍，在满足人才培养工作状态数据采集与管理平台要求的基础上，结合本校信息化建设实际，优化数据结构和完善平台功能，实现源头采集，做好数据的整理、分析、挖掘，构建完善的质量预警机制，尽早消除影响人才培养质量的各种不利因素。

职业院校应建立基于质量过程数据实时采集分析的信息化平台，开展"五纵五横"常态化自主诊改工作。信息化平台在学校质量保证自主诊改工作中发挥重要的基础作用。诊改工作能够顺利开展并取得成效，质量过程数据的采集、应用、分析至关重要。职业院校应立足学校智慧校园发展实际，建立统

---

① 任占营. 职业院校教学工作诊断与改进制度建设的思考 [J]. 国家教育行政学院学报，2017（3）：41-46.

一的信息数据中心，对真正的人才培养工作状态数据进行统一的规划管理，集成共享，实现质量管理和数据分析的信息化，让信息化的自我诊改平台充分发挥其强大的预警功能、监督控制功能与考核评价功能。

四、标准、制度和规范是教学工作诊断与改进的基础和保障

质量保障体系能否发挥应有作用，取决于是否得到严格执行。质量保障体系，归根到底是为确保和提高教育质量而制定的一整套制度化、技术化和操作化系统，只有彻底执行，教育质量才能得到保证。着眼于刚性，要求不折不扣地执行质量标准系统规定。标准体系建设将直接影响学校对人才培养质量的掌控与把握。因此，只有建设各个层面质量保证工作的基本标准、建设标准、考核标准，明晰质量管理各环节的考核管理流程，依据 PDCA 循环理论建立高效的反馈机制，并辅以绩效评价考核制度保障，才能充分保证诊改机制常态化有效运行。

与许多西方国家一样，近些年来，我国非常重视高等教育质量标准。目前，我国基本上形成了多层次、多侧面的高等教育质量标准体系，包括高校设置标准、资源配置标准、专业标准、课程标准、教学质量标准、人才培养质量评价标准等。高校在执行和落实这些标准上，仍然存在着较大差距，面临不少问题。突出表现在：一是有些高校还没有完全达到国家最低标准规定，尤其是随着近年来高等教育规模的不断扩大，相当多的高校教育资源（资金设备和师资）落后于国家标准要求，教育质量受到社会质疑，这在那些新建院校中有特别明显的表现。二是学校层面质量标准缺少系统性、细致性和深入性，质量标准表述比较笼统和陈旧。所谓笼统，就是培养目标和专业培养规格表达模糊不清，学校对培养什么人，培养的人才应该具备怎样的知识、技能、能力、品德、价值观、心理等素质以及通过何种有效途径实现这些素养，缺乏可操作性的具体描述和规定，因此给教育教学内容选择、课程结构安排以及课程组织实施带来相当大的困难；所谓陈旧，就是高校对质量标准的认识还缺乏先进理念、先进理论和先进技术支持，仍然局限于传统的教育教学观支配之下，局限于实现知识掌握、记忆、理解和应用等较低级的目标，而对表达、分析、推理、合作、批判思维、创新等高阶素质标准，缺乏应有的认识、研究和实践。三是课程实施和具体教学环节的质量标准，没有得到严格有力的执行。

我国的高校教学中占统治地位的仍然是传统的课堂、教师和书本知识三方面，以教师课堂讲授书本知识或教材为主，学生学习积极性低、主动性差、创新性弱。教师对现代教育教学理解不清、目标不明，缺乏教学设计和教学研

究，特别是高校管理者、教师和学生对教学的时间投入、精力投入与情感投入严重不足，多凭借经验做简单重复性工作，使本来就十分薄弱的质量标准功能受到进一步限制。

着眼于刚性制度保障，即必须严格执行学校质量规章制度。为了提高教育教学活动效率，进而提高教育教学质量，学校必须建立相应的制度和规范。当代各国高校，基本建立了现代教育质量管理制度。管理就是生产力，管理就是质量，要善于向管理要质量。管理越是严格、精细、全面，质量就越能够得到保证。我国高校很重视教育质量管理，相关的规章制度基本涵盖了学校教育教学、科学研究、社会服务、国际交流、党团活动的方方面面。单就人才培养活动或教学工作来看，相关政策、规章、制度文件平均每所高校可能不少于 100 项，其中涉及学籍、教务、教学、师资、学生、考务、实验实习、图书、评价等，其规定不可谓不全面细致。然而，针对这些规章制度的执行却不严格、不彻底。高校本科和高职院校教学评估中，专家对学校教学工作提出最多的问题，就是制度执行不严，政策规章得不到有效落实。许多政策还只是印在纸上、挂在墙上，没能落到行动上。

五、树立现代质量文化是职业院校教学工作诊断与改进制度建设的根本方向

质量文化是由物质层面、行为层面、制度层面及道德层面组成的金字塔，是在学校长期办学实践中，由学校全体教职员工普遍认同，逐步形成并相对固化的群体质量意识、质量方针、质量目标、质量标准、质量评价方法、质量奖惩制度等。也就是说，学校全体成员都要树立质量意识，认同学校的质量价值观，"时时、处处、事事"都为质量负责。"上下同欲者胜，同舟共济者赢。"只有全体教职员工立足本职岗位，建立自己的质量标准，才能构建全面质量管理体系，形成内部的质量管理机制，树立现代质量文化。作为校长，要常问自己"我们的办学定位是否准确，方向是否明确，我们是否科学设置了专业，专业结构是否已经优化"；作为二级学院（系部）负责人，要常问自己"专业建设计划或方案是否科学，专业定位和目标是否明确，条件保障是否到位，产教融合、校企合作、工学结合培养人才是否落实到位"；作为专业带头人，要常问自己"我们是否科学制定了人才培养方案，是否正确设置了课程或课程体系"；作为教师，要常问自己"我们是否在有效地进行课堂教学，每节课是否都达到了预定教学目标"。我们要积极引导高职院校借鉴国内外先进教育理念及质量标准，确立全面质量管理理念，构建内部质量保证体系和自主发展创新机制，加强综合素质考核、专业技能考核、毕业设计考核等质量监测制度建设

和实施，建立完善以学习者职业素养和技术技能水平为核心的人才培养质量标准体系，不断提升质量文化内涵。

第三节　高职院校内部质量保证体系诊改工作案例

一、诊改工作推进情况

（一）总体设计

学院党委和行政高度重视内部质量保证体系诊断与改进工作，根据教育部、省教育厅关于诊改工作系列文件的精神和要求，健全内部质量保证机构，成立以书记、院长为组长，其他党委委员为成员的内部质量保证委员会，单独设立质量管理办公室，统筹五个层面的诊改工作；聘请时任全国职业院校教学诊断与改进专家委员会主任委员杨应崧、原湖南省教科院职成所所长刘显泽等担任顾问，指导学院诊改工作；制定学院《内部质量保证体系建设与运行实施方案》并报教育厅备案。方案明确了学院诊改的指导思想，确定了"需求导向、自我保证，多元诊断、重在改进"的诊改工作方针，确立了"整体设计、分步实施；坚持标准、注重特色；问题导向、标本兼治，持续改进、追求卓越"的诊改原则；明确了诊改工作目标和工作进度安排，于 2019 年完成专业、课程、教师层面诊改工作，2020 年完成五个层面诊改工作。通过建立全员、全过程、全方位的内部质量保证体系，形成常态化的质量保证与诊改工作机制，以螺旋渐进的方式，持续提升内部治理能力和人才培养质量。

（二）具体实施

1. 打造目标链与标准链

建设"纵向贯通，横向衔接"的目标链。以学院"十三五"事业发展规划为指引，以建设"省内一流、国内引领、国际知名"高职院校作为长远发展目标，以培养"环保大国工匠"为人才规格定位，推进各条战线发展目标建设，结合学院"十三五"总体规划，各部门先后制定了专业建设规划、课程建设规划、人才队伍建设规划、学生成长规划等 12 个配套规划，并对各规划达成目标进行年度分解，学院根据事业发展规划年度任务分解和各专项规划年度建设任务，确定学院年度工作要点，确保学院各专项规划与事业发展规划有机衔接、上下贯通。

打造"对接国标省标，突出生态环境保护特色"的标准链。对接生态环境部、湖南省相关标准，依据全国优质校、省卓越校、培养院校等建设基本要求，制定学院事业发展规划。对接全国示范专业点、省一流特色专业群、示范性特色专业等，建立健全学院《专业标准建设规范》《专业标准》等专业层面的质量标准；按照国家和省级在线精品课程、国家资源库课程等建设要求，完善学院《课程标准建设规范》《特色课程标准》和每门课程的《课程标准》；按照教师成长路径，建立健全新进教师、"双师型"教师、骨干教师、专业带头人、教学名师、大师等教师标准；根据教育部《普通高等学校学生管理规定》，健全《学生毕业标准》《优秀大学生标准》等学生发展质量标准。按照现代大学内部治理要求，优化学院内部机构设置，明确各部门各岗位的工作职责、工作标准及工作流程，为学院开展五个层面的诊改工作提供标准依据。

2. 建立诊断与改进工作"螺旋"

围绕学院办学目标，以数据监测平台为支撑，在学院、专业、课程、师资、学生五个横向层面，对应决策指挥、质量生成、资源建设、支持服务、监督控制五个纵向系统，建立以"55821"为基本框架的网络化、全覆盖，具有较强预警和激励作用的内部质量保证体系。按照"规划（目标）→标准→计划→组织→实施→诊断→学习→创新→改进→规划（目标）"的诊断路径，构建"8"字大螺旋。对学院、专业、课程、师资、学生五个层面，依据相应规划，明确质量目标链，结合学院实际，进行目标任务年度分解并组织实施，按建设周期开展自我诊断工作，形成周期性诊断报告，促进学院各项事业发展水平螺旋上升。依据阶段纠偏原则，按照"计划（阶段目标）→实施→监控→分析→预警→改进→计划（阶段目标）"的诊断路径，构建"8"字小螺旋。在年度建设计划组织实施过程中，对学院、专业、课程、师资、学生五个层面预设的质量控制点进行动态监测和数据分析，查找问题、分析原因，形成阶段性诊改报告，确保各层面年度目标高度达成，促进各层面年度建设质量螺旋提升。

3. 完善制度与文化双引擎

完善内部质量保证运行制度体系。启动诊改工作以来，学院把制度建设作为学院教学质量诊断与改进工作的重要内容加速推进，围绕建立现代大学制度体系，建立涵盖"酝酿、制定、执行、反馈、完善"等环节的制度建设常态机制；以章程为统领，从学院、专业、课程、教师、学生五个层面，对党建思政、行政管理、教学科研、学生管理、人事管理、基建资产等领域原有的295项制度进行梳理，先后废止《人才培养方案制定办法》等制度35项，修订《学生实习管理规定》等制度26项，新建双语教学课程认定和实施办法（暂行）制度28项，现形成制度225项（学院123个，专业15个，课程23个，教师 27 个，学生 37 个），形成事前有标准、事中有监督、事后有考核的系统化制度体系。

完善工作管理流程，按照"质量计划（计划目标）、质量控制（实时监测）和质量提升（诊断改进）"的工作流程，构建"制度管人、流程管事"的运行机制。以制度和标准建设为基础，构建学院内部质量保证体系，形成质量保证长效机制，为全面提高人才培养质量保驾护航，建设全面质量文化。

打造生态环境文化体系。坚持将生态文化、自然文化、湖湘文化、精益企业文化与工匠文化有机融合，构建生态绿色、精益文化体系，从理念、制度、行为、环境等方面加强质量文化建设。

坚持质量立校，培育质量文化。树立全员、全程、全方位育人的质量管理理念和质量价值观，培育质量意识、质量道德和质量习惯；树立"人人能成才、个个有本领"的人才培养质量观，"人才质量是学院生命"的人才培养价值观，质量形成贯穿于教育教学全过程的过程观，"人人都是质量生成者"的质量主体观。

完善以学习者职业素养和技术技能水平为核心的人才培养质量标准体系和制度体系，全面推行基于"6S"的实践教学现场星级评价建设，把"爱岗敬业、严谨专注、精益求精"的工匠精神融入教育教学全过程，强化事前质量建标、事中实时监控、事后诊断改进，构建持续、闭环的"8"字螺旋自我诊断与改进工作模式，形成了"人人讲质量、人人要质量、人人抓质量"的全员质量文化意识，使质量诊改成为师生员工的自觉行动。

4. 推进智慧校园建设

以建设"智慧校园"为目标，制定了学院《"十三五"教育信息化建设规划》，明确了校园网及中心机房建设、数据中心及基础服务平台建设、校园一卡通系统升级改造、管理信息系统软件建设与集成、网络教学平台与专业教学资源库建设、大数据服务平台建设六大板块 33 项具体建设任务，分步推进基础网络、数据与应用终端、业务层应用系统、一站式办事大厅、统一数据中心、大数据决策支持中心等项目建设。目前，已完成校园网及中心机房建设任务，建成了综合教务管理系统，搭建了数据中心和大数据服务平台，打通了教务管理、资产、图书等 9 个业务系统，基本实现了专业、课程及师资方面数据的实时采集、源头采集，以及基于大数据中心的数据监测、分析及预警功能，实现全业务流程的信息化，采集全量数据，为学院科学决策提供实时数据。

（三）目标达成情况

经过 3 年诊改实施，基本形成了"纵向贯通，横向衔接"的目标链和

"对接国标省标，突出航院特色"的标准链，构建了"五纵五横"诊改工作运行机制，依据"8"字螺旋诊改路径，建立了"55821"内部质量保证体系，构建了较完备的诊改制度体系，形成了全员保证质量的文化氛围，办学水平和人才培养质量持续提升，学生、家长、社会和企业的满意度持续提高。

二、诊改工作成效

三年来，学校坚持自主诊断改进、推行自励监督考核、培育自觉质量文化，全院上下充分认识理解了内部质量诊断改进工作的必要性和重要性，形成了"诊断改进是我责任"的自主意识，推进了诊改工作自主化、规范化、常规化运行，取得了良好的效果。

一是治理能力不断增强。进一步健全党委领导下的校长负责主管分工制，健全了以学术委员会为核心的学术管理体系与组织架构。围绕内部质量诊断与改进，优化机构设置，践行"以群建院"。坚持引企入校，校企共建专业二级学院企业参与办学全过程；以服务教学为中心，调整学院二级机构设置和职能，为专业群建设保驾护航；建立健全专业群高效运行机制，专业群建设主体与专业二级学院合二为一，专业群带头人与专业二级学院行政主管合二为一，充分发挥专业群带头人在专业建设、管理与评价中的主体作用，增强二级学院办学自主权，构建主管部门、学院、行业企业多方参与的治理结构。坚持文化引领，以文育人，以文化人，建设了一支好队伍、打造了一个好团队、营造了一个好氛围。多年来，学院平安校园建设成效显著，目前已通过湖南省第一轮平安高校建设验收并入围第二轮建设单位，连续两年通过湖南省综治工作考评，十多年来没有发生政治事件、群体性事件以及其他安全责任事故。

二是人才培养质量不断提高。近年来，学院在省教育厅组织的专业技能与毕业设计抽查中，合格率保持100%，优秀率90%以上，排名全省高职院校前列。近三年来，学院师生参加各级各类技能大赛，先后获奖300余人次，其中获国家级一等奖26人次，省部级一等奖90余人次，有3名教师获"全国技术能手"称号，14名教师获"湖南省技术能手"称号，7名教师获湖南省"五一劳动奖章"。2018年毕业生初次就业率达到92.53%，就业质量稳步提升，毕业生就业起薪点达到4 000元以上，用人单位满意度、毕业生满意度超过95%。

三是办学水平持续提升。近几年来，学院通过加强内部质量诊改，办学水平不断提升，办学品牌不断凸显。先后获得"全国第五届黄炎培职业教育优秀学校奖""全国毕业生就业典型经验高校"等国家省部级荣誉18项。专业建设进一步彰显学院生态环保特色。环境监测与控制技术等2个专业群立项为湖南省一流专业群，立项1个省级专业教学资源库，3门课程被遴选为省精品在线开放课程。立项国家职业教育产教融合发展工程规划项目1个、国家现代学徒制试点项目1个、国家级教育科研课题1项。

三、存在的问题与改进措施

诊改是一个螺旋式上升的过程，永无止境，永远在路上。学院虽然取得了阶段性成果，但也还存在以下问题：目标链和标准链还需进一步优化；数据实时采集及预警信息个性化推送还需进一步加强；质量文化内涵还需进一步丰富。下一步，我们将加强质量保证制度建设，进一步建立健全各项制度；加强数据平台建设，以大数据中心为抓手，加快智慧校园建设，推进教育教学与信息化有机融合；加强师资队伍建设，提高人才培养质量；加强校园文化建设，进一步营造全员质量文化。

四、专业、课程、学生层面的制度建设（见表5-4）

表5-4 专业、课程、学生层面的制度建设

序号	制度名称	文号	类别
1	学生专业技能测试工作管理办法（试行）	院教〔2013〕15号	专业层面
2	专业教学改革与建设指导委员会章程	院教〔2013〕140号	专业层面
3	专业技能抽查工作问责暂行规定	院教〔2015〕89号	专业层面
4	专业群建设指导委员会管理办法	院教〔2016〕28号	专业层面
5	专业教学标准制定及管理办法	院教〔2016〕33号	专业层面
6	实践教学管理制度（修订）	院教〔2016〕60号	专业层面
7	专业群评价机制	院教〔2017〕21号	专业层面
8	专业动态调整实施办法	院教〔2017〕24号	专业层面
9	关于制订2017级专业教学标准的意见	院教〔2017〕37号	专业层面
10	校外实习基地管理办法（暂行）	院教〔2017〕48号	专业层面

表5-4（续）

序号	制度名称	文号	类别
11	创新创业实验实训室（车间、中心）开放管理办法	院教〔2017〕125号	专业层面
12	学分制教学管理办法	院教〔2017〕174号	专业层面
13	关于制订（修订）2018级专业人才培养方案的意见	院教〔2018〕77号	专业层面
14	教学仪器设备管理制度	院教〔2018〕83号	专业层面
15	学生实习管理规定（修订）	院教〔2018〕170号	专业层面
16	关于下发二级学院、系、部教学及其管理工作考核方案（2013修订）的通知	院教〔2013〕35号	课程层面
17	教师个人空间建设标准与考核办法	院教〔2014〕56号	课程层面
18	毕业设计工作管理办法（2014年修订）	院教〔2014〕121号	课程层面
19	教学院（部）教学及管理工作考核方案考核方法说明	院教〔2015〕85号	课程层面
20	毕业设计工作问责暂行规定	院教〔2015〕88号	课程层面
21	课程重修教学管理办法（2015年修订）	院教〔2015〕113号	课程层面
22	选修课管理办法	院教〔2016〕23号	课程层面
23	课程表管理制度	院教〔2016〕32号	课程层面
24	课程标准制定及管理办法	院教〔2016〕41号	课程层面
25	课程改革奖惩办法	院教〔2016〕46号	课程层面
26	课程改革与建设项目经费管理办法	院教〔2016〕48号	课程层面
27	关于体育课免修、缓考等有关规定	院教〔2016〕58号	课程层面
28	课程考核评价制度	院教〔2016〕70号	课程层面
29	课程改革与建设团队管理办法	院教〔2016〕75号	课程层面
30	课程改革与建设实施管理办法	院教〔2016〕82号	课程层面

表5-4(续)

序号	制度名称	文号	类别
31	优秀毕业设计评选办法（修订）	院教〔2016〕86 号	课程层面
32	教学工作量制度（2016 年修订）	院教〔2016〕169 号	课程层面
33	教学工作量制度（2016 修订）有关条款的说明	院教〔2017〕18 号	课程层面
34	网络课程教学建设与管理办法	院教〔2017〕72 号	课程层面
35	双语教学课程认定和实施办法（暂行）	院教〔2018〕44 号	课程层面
36	教师教学工作考核与评价办法（修订）	院教〔2018〕93 号	课程层面
37	关于调整学院课堂教学作息时间的通知	院教〔2018〕115 号	课程层面
38	在线开放课程管理办法	院教〔2019〕33 号	课程层面
39	企业兼职教师聘任管理暂行办法	院〔2012〕55 号	教师层面
40	院级教学名师奖评选表彰暂行办法	院人〔2013〕180 号	教师层面
41	辅导员考核办法（修订）	院学〔2013〕204 号	教师层面
42	人才引进工作办法	院人〔2014〕11 号	教师层面
43	"三高"人才引进管理办法（暂行）	院人〔2014〕51 号	教师层面
44	教师任课资格认定办法（暂行）	院教〔2014〕63 号	教师层面
45	教研室主任工作考核办法（2015 年修订）	院教〔2015〕82 号	教师层面
46	教职工行为规范	院人〔2016〕30 号	教师层面
47	辅导员职业等级认定与考核办法（试行）	院学〔2016〕37 号	教师层面
48	大师名师工作室管理暂行办法	院人〔2016〕40 号	教师层面
49	人事代理制人员聘用及管理办法（修订）	院人〔2016〕85 号	教师层面
50	优秀教师、教育工作者、师德标兵评选标准	院人〔2016〕101 号	教师层面

表5-4（续）

序号	制度名称	文号	类别
51	专业群带头人聘任管理办法	院人〔2016〕142号	教师层面
52	专业带头人、课程带头人、青年骨干教师选拔与管理办法	院人〔2016〕143号	教师层面
53	技能大师教学名师培养对象选拔、培养与管理办法	院人〔2016〕154号	教师层面
54	专业技术岗位职责及考核与管理办法（试行）	院人〔2017〕91号	教师层面
55	各类人员绩效考核办法（修订）	院人〔2017〕138号	教师层面
56	士官学院教导员聘用及管理暂行办法	院人〔2017〕99号	教师层面
57	教师企业顶岗培训管理办法（修订）	院人〔2017〕164号	教师层面
58	思想政治理论课教师兼任政治辅导员工作实施办法（试行）	院党〔2018〕16号	教师层面
59	思想政治理论课教师任职资格准入制度（暂行）	院人〔2018〕47号	教师层面
60	高校教师系列中级专业技术职务任职资格评审细则	院人〔2018〕74号	教师层面
61	教师教学工作考核与评价办法（修订）	院教〔2018〕93号	教师层面
62	"双师素质"教师认定与考核管理办法（修订）	院人〔2018〕144号	教师层面
63	学业导师聘任及管理办法（试行）	院人〔2018〕178号	教师层面
64	目标管理绩效考核办法（修订）	院人〔2018〕186号	教师层面
65	高校教师系列高级职称评审实施细则（试行）	院人〔2019〕25号	教师层面
66	毕业生党员管理暂行规定	院政〔2003〕11号	学生层面
67	国家助学贷款管理办法	院学〔2005〕35号	学生层面
68	晚点名管理规定	院学〔2007〕38号	学生层面
69	国家助学金评定办法（试行）	院学〔2009〕31号	学生层面
70	国家励志奖学金评定办法（试行）	院学〔2009〕32号	学生层面

表5-4（续）

序号	制度名称	文号	类别
71	国家奖学金评定办法（试行）	院学〔2009〕34号	学生层面
72	家庭经济困难学生认定办法（暂行）	院学〔2009〕37号	学生层面
73	关于在学生中发展党员的规定（修订）	院党〔2010〕30号	学生层面
74	学生心理危机干预实施办法	院学〔2011〕1号	学生层面
75	助学基金会章程	院学〔2011〕19号	学生层面
76	助学基金资助标准（试行）	院学〔2011〕21号	学生层面
77	大学生德智体综合测评实施办法	院学〔2011〕22号	学生层面
78	学生就寝纪律检查实施办法	院学〔2012〕15号	学生层面
79	节假日学生管理暂行办法	院学〔2012〕55号	学生层面
80	升留级管理规定	院学〔2012〕89号	学生层面
81	教学院系学生教育管理考核办法	院学〔2013〕205号	学生层面
82	在校生应征入伍及退伍复学后成绩处理办法	院教〔2014〕100号	学生层面
83	学业预警制度	院教〔2015〕56号	学生层面
84	大学生职业素养提升工程实施办法（试行）	院学〔2016〕15号	学生层面
85	学生表彰奖励管理办法	院学〔2016〕159号	学生层面
86	学生管理规定（暂行）	院党〔2017〕60号	学生层面
87	学生专业技能考核办法	院教〔2017〕67号	学生层面
88	学生全面发展诊断与改进工作实施办法	院学〔2017〕110号	学生层面
89	学生体质健康测试实施办法（修订）	院教〔2017〕134号	学生层面
90	全国大学英语四六级考试奖励办法	院教〔2018〕54号	学生层面
91	大学生创新创业奖学金评定办法（暂行）	院学〔2018〕60号	学生层面
92	学生社团管理办法	院学〔2018〕79号	学生层面

表5-4（续）

序号	制度名称	文号	类别
93	学生干部管理条例	院学〔2018〕80号	学生层面
94	先进团支部、优秀团员、优秀团干部评定办法	院学〔2018〕81号	学生层面
95	学生班级代码编制办法	院教〔2018〕179号	学生层面
96	军事化管理制度	院学〔2018〕211号	学生层面
97	学生先进集体和个人评比办法	院学〔2018〕212号	学生层面
98	学生违纪处分条例	院学〔2018〕213号	学生层面
99	学生请假考勤制度	院学〔2018〕214号	学生层面
100	学生证件管理办法	院学〔2018〕215号	学生层面
101	十佳百优大学生评选办法	院学〔2018〕216号	学生层面

五、专业相关制度建设实例

专业教学标准是学院进行教学基本建设和专业建设的规范性文件、基本依据，为保证人才培养质量，规范专业教学标准的制定、修订和管理工作，特制定本办法。

1. 专业教学标准的界定

专业教学标准是开展专业教学的基本文件，是明确培养目标和规格、组织实施教学、规范教学管理、加强专业建设、开发教材和学习资源的基本依据，是评估教育教学质量的主要标尺，同时也是社会用人单位选用学院毕业生的重要参考，具体规定专业名称、专业代码、招生对象、学制与学历、就业面向、培养目标与规格、职业证书、课程体系与核心课程、专业办学基本条件和教学建议、继续专业学习深造建议十个方面内容。

2. 专业教学标准制定的基本原则

（1）科学性。标准要对接产业发展中高端水平，遵循技术技能型人才成长规律和职业教育教学规律，本着科学、务实的态度，边开发、边探索、边完善。

（2）发展性。标准要把培育和践行社会主义核心价值观融入教育教学全过程，合理确定公共基础课和专业课的结构比例，着力培养学生的职业道德、职业精神和创新创业能力；及时将新知识、新技术、新工艺、新标准、新方法、新设备和新材料纳入专业教学标准；充分考虑专业发展和学生的可持续发展。

（3）职业性。标准要反映产业转型升级和行业（企业）发展要求，参照职业岗位序列和技术等级，科学合理确定专业培养目标与规格；对接最新职业标准、岗位规范，以职业能力为主线构建课程体系；以工作过程为导向创新教学模式，注重"做中学、做中教"，重视理论实践一体化教学，强调实训实习等教学环节，促进学以致用。积极吸收行业企业专家参与标准修（制）订工作。

（4）规范性。标准体例要符合相关要求，条理清楚，逻辑严密；文字表述准确、无歧义；教学要求、技术标准要符合国家和行业有关规定；开发流程符合规定要求。

3. 专业教学标准制定的基本理念

专业教学标准制定要以主动适应国家产业发展战略的新要求为目标，以服务发展为前提，以立德树人为根本，以促进就业为导向；在培养目标和规格上定位在为生产、管理、服务一线培养具有良好职业道德、专业知识素养和职业能力的高素质技能型人才；在教学模式上倡导"以学生为中心"，根据学生特点，实行任务驱动、项目导向等多种形式的"工学结合"教学模式；在教学内容和课程体系安排上体现与职业岗位对接，理论知识够用，职业能力适应岗位要求和个人发展的要求；在教学条件要求上，规定了开办本专业应具备的师资、教学设施等基本条件。

4. 专业教学标准制定的技术路线

标准制定应当遵循的基本操作程序和规范，包括专业调研（明确专业定位、就业岗位和人才培养规格）、岗位分析、工作任务与职业能力分析、教学分析、课程框架分析、课程内容分析、编写课程标准和考核标准、需配备的教学实训设施设备、教学方法设计等主要环节。

5. 专业教学标准体例要求

专业教学标准应包括专业名称（代码）、教育类型、入学要求、学制及学历、培养目标与规格、职业面向及职业能力要求、职业证书、课程体系及核心课程、教学进程安排、教学基本条件和教学建议、毕业标准等方面。示例见附录1。

6. 专业教学标准的质量保障

（1）基于深度调研。开展行业企业调研，厘清相应行业的人才结构现状、技术技能人才需求状况，了解企业职业岗位设置情况和有关典型工作任务，反映出对技术技能人才在知识、能力、素质等方面的要求。分析本专业教学情况、学生就业现状和毕业后跟踪反映出的教学方面问题，为专业教学标准研制工作提供比较全面、客观的依据。

（2）严格制定审批流程。专业教学标准由二级学院（部）通过充分审核确定初稿，再由企业专家组成的专业群建设委员会进行深入论证，教务处组织开展标准复审，各院部根据复审意见再次对标准进行修订，最后经主管教学副院长审核、院长批准同意由教务处统一印发。专业教学标准的修订原则和程序与制定要求相同。

（3）须严肃认真执行。强化专业教学标准具有法规性质基本教学指导文件的地位，将专业教学标准作为专业建设、人才培养、教学实施的根本遵循。教务处应对标准的执行情况组织定期检查，发现问题及时解决、及时修订。

具体示例详见附录1至附录3。

第六章　我国现代职业教育评价的现状与问题研究

第一节　我国高等职业院校人才培养工作评估的相关政策及评估实践

一、人才培养工作评估阶段

《国家中长期教育改革和发展规划纲要（2010—2020 年）》提出要把提高教育质量作为教育改革发展的核心任务，而教育评估是对质量进行评判和构建教育质量保障体系的重要组成部分和强有力的手段。2012 年，《教育部关于全面提高高等教育质量的若干意见》（教高〔2012〕4 号）进一步提出：要健全教育质量评估制度，建立以高校自我评估为基础，以教学基本状态数据常态监测、院校评估、专业认证及评估、国际评估为主要内容，政府、学校、专门机构和社会多元评价相结合的教学评估制度①。2004 年 4 月，教育部正式全面启动"高职高专院校人才培养工作水平评估"工作，该评估是以教学工作为中心，对高等职业院校教育教学活动进行全面性和综合性的评价实践。

我国"高职高专院校人才培养工作水平评估"主要经历了以下几个关键的政策时间节点：一是试评估阶段。2003 年 2 月，教育部发布《关于开展高职高专院校人才培养工作水平评估试点工作的通知》（教高司函〔2003〕16

---

① 教育部. 教育部关于全面提高高等教育质量的若干意见[EB/OL].（2012-04-20）[2019-11-09].http://www.gov.cn/zwgk/2012-04/20/content_2118168.htm.

号）①。拟选择 30 所左右的高职高专院校进行首批人才培养工作评估试点；同时，该通知还公布了《高职高专院校人才培养工作水平评估方案（试行）》，并于同年 8 月和 9 月先后对 26 所高职高专院校进行了试点评估。二是全面正式启动评估工作。2004 年 4 月 19 日，教育部下发《教育部办公厅关于全面开展高职高专院校人才培养工作水平评估的通知》（教高厅〔2004〕16 号）（已废止），开始全面正式启动高职高专院校人才培养水平评估工作②。2005 年 2 月 24 日，《教育部关于进一步推进高职高专院校人才培养工作水平评估的若干意见》（已废止）（教高〔2005〕4 号）出台，对评估范围、评估标准、评估专家队伍、评估实施、评估结论和评估纪律等问题做了进一步说明和规范③。

2008 年 4 月 3 日，教育部发布《教育部关于印发〈高等职业院校人才培养工作评估方案〉的通知》（教高〔2008〕5 号），该评估方案对评估的目的和意义、评估的指导思想、评估工作的基本任务、评估原则、申请评估的基本条件、评估指标体系、评估结论以及评估实施办法八项内容均做出了比较全面和系统的阐释，标志着第一轮评估基本结束，正式启动第二轮高等职业院校人才培养工作的评估。

二、以重点项目建设为导向的高职教育质量提升计划

2006 年，教育部办公厅、财政部办公厅颁布《教育部、财政部关于实施国家示范性高等职业院校建设计划加快高等职业教育改革和发展的意见》（教高〔2006〕14 号），教育部颁布《教育部关于全面提高高等职业教育教学质量的若干意见》（教高〔2006〕16 号），预计在三年内遴选出 100 所国家示范性高职院校④，这开启了我国高职教育精品教育评估工作⑤，同时还有各种配套

---

① 教育部. 关于开展高职高专院校人才培养工作水平评估试点工作的通知［EB/OL］.（2003-02-12）［2019-11-09］. http://www.moe.gov.cn/publicfiles/business/htmlfiles/moe/A08_sjhj/201109/xxgk_124423. ht-ml.

② 教育部. 教育部办公厅关于全面开展高职高专院校人才培养工作水平评估的通知［EB/OL］.（2004-04-19）［2019-11-09］. http://www.moe.gov.cn/publicfiles/business/htmlfiles/moe/moe_42/201010/xxgk_110099. html.

③ 教育部. 教育部关于进一步推进高职高专院校人才培养工作水平评估的若干意见［EB/OL］.（2005-02-24）［2019-11-09］. http://www.moe.gov.cn/publicfiles/business/htmlfiles/moe/moe_991/201010/xxgk_110100. html.

④ 姚云. 国家示范性高职院校建设的政策解读与评审过程：访教育部高等教育司高职与高专教育处范唯处长 ［J］. 大学（研究与评价），2007（4）：59-64.

⑤ 唐小艳. 经济新常态背景下现代职业教育评价的现状与问题 ［J］. 中国商贸，2008（32）：172-173.

的精品课程、精品专业、精品教学资源的示范性建设项目评估，各省市也积极响应，制定本省市的职业教育重点建设项目评估方案和标准。"十一五"和"十二五"时期，大部分高职院校以国家和本省的精品教育评估指标为努力方向，不断争取精品教育评估所带来的经费、荣誉等政策红利。

2010 年 7 月，《国家中长期教育改革和发展规划纲要（2010—2020 年）》第十三章第四十条提出了"建立高等学校质量年度报告发布制度"。2011 年 9 月，《教育部关于推进高等职业教育改革创新引领职业教育科学发展的若干意见》（教职成〔2011〕12 号）提出，将毕业生就业率、就业质量、企业满意度、创业成效等作为衡量人才培养质量的重要指标。各地和各高等职业学校都要建立人才培养质量年度报告发布制度，不断完善人才培养质量监测体系。2012 年 3 月，《教育部关于全面提高高等教育质量的若干意见》（教高〔2012〕4 号）进一步要求：建立以高校自我评估为基础，以教学基本状态数据常态监测、院校评估、专业认证及评估、国际评估为主要内容，政府、学校、专门机构和社会多元评价相结合的教学评估制度。2012 年 3 月，《教育部关于印发〈高等教育专题规划〉的通知》（教高〔2012〕5 号）再次强调：建立高等学校统一信息平台，实现教学状态数据信息共享。建立高等学校质量年度报告发布制度。2012 年 6 月，《国家教育事业发展第十二个五年规划》提出：中、高等学校要充分发挥教师、学生在教育质量评估中的重要作用。探索学校评估、专业评估、国际评估等多种形式结合的教育教学质量评价办法。鼓励高等学校和职业院校参加国际质量管理认证。建立教育质量年度报告发布制度。

2014 年，《国务院关于加快发展现代职业教育的决定》（国发〔2014〕19 号）、《现代职业教育体系建设规划（2014—2020 年）》等系列政策，做出了加快发展现代职业教育的战略部署。高等职业教育具有职业教育和高等教育的双重属性，在建设现代职业教育体系、优化高等教育结构与布局中有举足轻重的作用。2015 年，继"国家示范性高等职业院校建设计划"后，为进一步集聚优质职业教育资源，激发高等职业教育办学活力，推动高等职业院校特色化创新发展，教育部发布了《高等职业教育创新发展行动计划（2015—2018 年）》，明确提出：到 2018 年，支持地方建设 200 所左右的优质院校。至此，优质院校建设作为推动高等职业教育创新发展的"头雁"项目，已经成为高等职业教育领域落实国家重大战略部署的重要举措，也成为各地、各院校落地最快、分量最重的重点项目。

2019 年 3 月 29 日，教育部、财政部发布了《教育部 财政部关于实施中国特色高水平高职学校和专业建设计划的意见》（教职成〔2019〕5 号），其宗旨是深入贯彻落实全国教育大会精神，落实《国家职业教育改革实施方案》，集中力量建设一批引领改革、支撑发展、具有中国特色、达到世界水平的高职学校和专业群，带动职业教育持续深化改革，强化内涵建设，实现高质量发展。

"双高计划"出台，借鉴了高校"双一流"建设，在职业教育领域统一质量标准，在国家层面重点支持一批高水平院校和高水平专业群建设，中央财政给予支持，引导地方加强投入，以点带面，引领新一轮改革建设，将会进一步带动中国高职教育的整体水平提高。

三、职业院校内部诊断与改进阶段

2015 年 6 月，教育部颁布了《教育部办公厅关于建立职业院校教学工作诊断与改进制度的通知》（教职成厅〔2015〕2 号），并配套颁布了《高等职业院校内部质量保证体系诊断与改进指导方案》，文件指出，按照"需求导向、自我保证，多元诊断、重在改进"的工作方针，引导高职院校切实履行人才培养工作质量保证主体的责任。文件引导高职院校通过强化人才培养工作数据采集管理、报送质量年度报告等方式，建立常态化的内部质量保证体系以及可持续的诊断与改进工作机制。这标志着职业教育评价由政府评估向内部诊断的转变。体系包括总体框架、专业质量保证、师资质量保证、学生全面发展保证、体系运行效果 5 个诊断项目，下设 15 个诊断要素、37 个诊断点。各高职院校根据诊断点，可进行自我诊断，发现问题，及时改进。同时，省级教育行政部门每 3 年对高职院校进行抽样复核，抽样复核的学校数应不少于总数的 1/4。

第二节　"诊改"和"评估"[①]

在新的教育质量保障体系下，教育部明确要求职业院校的管理方、办学方（院校及其举办方）不再组织教育教学评估。这一方面意味着对教育教学评估的重新界定，即今后专指不包括管理方和办学方的其他利益相关方或第三方所组织的、来自院校外部的评估；另一方面意味着管理方和办学方要对传统的院

[①] 杨应崧. 开展教学诊断和改进，推动职业院校建立完善内部质量保证体系　教学质量要"医院体检"，更要"自我保健"中国教育报 [N]. 2015-10-29 (9).

校质量管理模式进行改革。

建立职业院校教学工作"诊改"制度的初衷正是为了让职业院校能够在不依靠外部评估的情况下，把教学质量管理得更加规范、精细、到位，将社会赋予院校的质量保证责任落到实处，也是为了使教育行政部门进一步加强对职业院校教学质量的事中事后监管，更好地履行质量管理的职责。"诊改"并非"管办评分离"中的"评"，建立"诊改"制度是一项事关职业院校内部管理体制改革的大胆探索，而不是"管办评分离"之下的评估。

"诊改"工作的内涵是"学校根据自身办学理念、办学定位、人才培养目标，聚焦专业设置与条件、教师队伍与建设、课程体系与改革、课堂教学与实践、学校管理与制度、校企合作与创新、质量监控与成效等人才培养工作要素，查找不足与完善提高的工作过程"。由此，不难理解"诊改"工作的主要任务，一是理顺工作机制，二是落实主体责任，三是分类指导推进，四是建立数据管理系统，五是试行专业"诊改"。

全国职业院校教学工作"诊改"专家委员会主任杨应崧教授曾从8个方面阐述了"诊改"与传统"评估"的区别，其不同主要体现在：

一是愿景目标不同。"评估"是为了督促院校按照既定目标、标准的要求，增强质量意识、端正办学方向、改善办学条件、规范教学管理，建立以自上而下、周期性、层级式管理为基本架构的人才培养质量管理系统。而"诊改"是为了引导和帮助职业院校发挥教育质量保证主体作用，自主开展多层面、多维度的诊断与改进工作，逐步建成覆盖全员、贯穿全程、纵横衔接、网络互动的常态化教学工作诊断与改进制度体系，形成富有内生活力和创新激情的良性机制。

二是运作动力不同。"评估"作用下形成的质量管理系统，其运作动力主要来自外部和行政指令。虽然质量管理系统建成难度较小、效果易见，但院校容易产生被动应付心理，质量管理容易出现时紧时松、上紧下松现象，持续改进动力不足。而"诊改"的运作动力主要来自社会需求和提升核心竞争力的内在需要，以及学校内部大大小小"质量改进螺旋"相互激励、牵制的潜在机制。虽然质量管理系统建设难度较大、过程较长，但能够形成常态，持续改进。

三是标准设置不同。"评估"的标准由评估的组织者设定，因此，不同组织主体的同类评估会有不同的标准，而同一主体组织的同类评估的标准则基本统一，称为"既定标准"。而"诊改"的标准由质量生成主体，也就是学校制定，因此，在不突破教育部设定底线的前提下，各院校都可以补充设定适合自身实际的标准，并可以随需求的变化和达成的状态不断修正，甚至提出"跳一跳够得着"的新标准，始终保持改进提升的激情与张力，故称其为"需求标准"。

四是组织主体不同。"评估"的组织主体可以是利益相关方，也可以是没有直接利害关系的第三方机构，在实施"管办评分离"之后，则不包括职业教育的管理方和办学方。"诊改"的组织主体是质量的直接生成者——院校及其举办者，是质量保证的第一责任人。

五是教育行政部门的角色不同。在"评估"中，教育行政部门是组织主体，扮演的是指挥员、裁判员的角色。在"诊改"制度中，教育行政部门则起着规划、设计、引导和支持的作用，扮演指导员和教练员的角色。他们在质量保证中的作用主要通过引导和帮助院校建立教学工作"诊改"制度体系、复核院校"诊改"工作实际效果、督促院校有效改进来体现，而不是代替院校的第一责任人地位，直接组织"诊改"。

六是指标体系不同。"评估"的指标体系为的是对评估对象做出价值判断，依据的标准是既定的、静态的，一般是按照"逐层分解"的模式设计。"诊改"的指标体系是质量生成主体用于诊断、定位、导航的，依据的标准是开放的、动态的，所以按"态（现实状态）—里（影响因素）—表（表现指标）"的逻辑展开，更像罗盘和坐标。

七是运行形态不同。"评估"是为了对教育机构的办学方向、办学条件和办学水平等做出评议和估价，需要事先选定评估节点，并在规定的时间内完成规定工作，给出评判结论，因此具有项目的性质，注重的是结论。"诊改"是质量生成主体为了找准定位、调整纠偏、持续改进而设计的运行模式，所以是融入工作全程的，没有起讫时间的限制，注重的是过程。

八是操作方法不同。虽然高职院校第二轮评估试图突破"管理主义"框桎，在操作方法上有许多创新，比如深度访谈、专业剖析、数据说话等，预期能够取得很好的效果，但由于缺少法规、体系、制度、机制等的支持，并没有完全达成预期。而"诊改"的操作方法体现出以下特点：重视质量计划和质量标准的制定及诊断与改进；广泛采用深度访谈方法，即重视体会、经验、创意等的共同化、组合化、显性化；强调从源头（尽量不从管理部门）采集数据；强调"过程性"数据的开发、采集、利用；强调数据的实时采集、分析、展现。"诊改"为"共同建构"创造了良好的制度环境，效果会更加理想。

至于"评估"与"诊改"的关系，在实施"管办评分离"之后，由政府组织的以督导和第三方评估为主要形式的外部质量保障体系，和在教育行政部门指导下建立的以诊断与改进为主要特征的职业院校内部质量保证体系，共同组成中国特色、职教特点，以完善现代的职业教育质量保障体系。外部的第三方评估，院校的自我诊改以及教育行政部门的诊改复核，形成的"图像"虽然各有特定聚焦，但也都会出现盲点，叠合三方图像才能获得最接近真实的形象。因此，"评估"与"诊改"不是相互对立、相互排斥、有我无你的关系，而是相辅相成、互为补充、相互制约的关系。

第三节　我国高等职业院校人才培养工作评估中的问题

从国家层面及各省高职院校人才培养工作评估实践来看，以政府主导的评估实施在很大程度上促进了高职院校由野蛮生长向规范化管理的转变，使高职院校人才培养工作质量不断提升。但目前高职院校人才培养工作评估主要存在如下几个问题：

一、"政府主导型"高职院校评估的"行政化"倾向

"政府主导型"高职院校评估是指评估的组织实施者，主要是政府及教育行政部门[1]。国家层面的评估主要由教育部组织实施，省级层面的评估主要由各省政府及教育行政部门组织实施。由教育部组织实施的第一轮高职（高专）人才培养工作评估，"评估专家"在实际评估工作中履行评估主体的职责，"评估专家"一般由教育部召集，例如，2003 年首批 247 名专家均为政府机构、本科院校、高等教育研究机构、高职高专院校的行政管理者或校领导，没有专业评估机构或企业及行业的评估专家[2]。"评估专家"实际上代表了政府教育行政部门[3]。"教育行政部门垄断高职专业评估权，通过行政手段领导、组织和实施专业评估"。尽管高职院校评估专家杨应崧教授在对 2008 年修订后的新的《高等职业院校人才培养评估方案》解读时指出：主要的评估主体应该是校内三个，校外三个。校内有学生、教师和学校（领导）；校外有用人单

---

① 孙翠香，庞学光. 我国高等职业教育评估：现状、问题及改进策略 [J]. 河北师范大学学报（教育科学版），2014（5）：57-63.

② 教育部高等教育司. 关于成立高职高专院校人才培养工作评估专家库及举办 2003 年高职高专院校评估工作培训班的通知 [EB/OL].（2003-07-07）[2019-11-09]. http://www.moe.gov.cn/publicfiles/busi-ness/htmlfiles/moe/A08_sjhj/201109/xxgk_124758.html.

③ 王碗，张继英，张晋. 意义、标准与主体：关于高职专业评估若干问题的思考 [J]. 职教论坛，2010（7）：51-54.

位、家长和社会。专家组也算是评估主体之一，但不是主要的评估主体①。但从 2008 年《高等职业院校人才培养评估方案》的整个组织实施过程和评估原则来看，评估工作由省级教育行政部门按照教育部的要求负责组织，高职高专院校人才培养工作水平评估的主要评估主体依然是省级教育行政部门和评估专家。高职院校人才培养工作评估，实质上为各级政府及教育行政部门依据一定的评估指标体系对高等职业院校的人才培养工作进行检查、评判的一种具体行政行为，政府及各级教育行政部门集办学者、管理者与评估者等多重角色于一身，在这一评估运行机制下，高职院校人才培养工作评估成为政府行使职权的一条途径，而教育评估也未被看作一种独立的、专业性的实践活动，因此由其组织实施评估的合理性、合法性和有效性必然招致挑战和质疑。另外，从评估结果的使用来看，所有的评估结果都是针对高职院校的，评估成为约束和规范高等职业院校发展的力量和手段，而相对应的，评估结果对教育主管部门并没有太多实质性的影响，由此造成高职院校评估的功能局限于"监督"与"管理"，在很大程度上致使评估功能的单一化和狭隘化。

二、高职教育评估价值取向的偏差和异化

就评估的"社会价值"取向而言，高等职业院校作为一种社会公共组织、社会的一个构成部分，评估要关注高等职业院校对社会和国家有多大贡献，比如评估要关注高等职业院校为社会培养技术技能型人才的数量和质量，更要关注公众对高等职业院校的满意度等②。当然，高等职业院校作为一种具有"自组织"特征的社会组织，还是知识和技术技能创新的承载者，这也是高等职业院校存在的前提和基础。因此，评估还要关注高等职业院校自身对知识和技术技能的创新，这是保障高等职业院校健康、持续发展的内动力。

除上述"社会"和"高职院校"两种价值取向之外，还有更为关键的一点，即高等职业院校还要对身处职业教育场域中的"人"负责，正是职业院校场域中每个个体的存在，才使高等职业院校具有了生命的价值。因此，高等职业教育评估的一个"不可或缺"的价值选择，就在于要关注高等职业教育对每个个体潜能的激发和促进作用，要关注高等职业教育对每一个生活在职业教育情境中的个体的生命价值和生命意义的尊重和爱护。当前的高等职业教育评估出现了一定程度的价值取向偏差或异化，典型的表现是过度关注国家和社

---

① 杨应崧. 高等职业院校人才培养工作评估方案解析 [J]. 中国高等教育评估，2008 (4)：5.
② 孙翠香，庞学光. 我国高等职业教育评估：现状、问题及改进策略 [J]. 河北师范大学学报（教育科学版），2014 (5)：57-63.

会以及高职院校自身两维价值选择，而在很大程度上忽视了评估价值取向的第三维——职教中的"人"的价值维度。而这种高等职业教育评估对社会和国家以及对院校自身发展功能过度关注的现象，在国家和省市颁布的高等职业教育评估政策中较为多见。如 2008 年教育部颁布的《高等职业院校人才培养工作评估方案》中明确指出，评估的目的和意义在于：促进高等职业院校加强内涵建设，深化校企合作、产学结合的人才培养模式；推动教育行政部门完善对高等职业院校的宏观管理，逐步形成以学校为核心、教育行政部门为引导、社会参与的教学质量保障体系，促进我国高等职业教育持续、稳定、健康发展。同样，在对评估的指导思想进行说明时该方案也提出：坚持"以评促建、以评促改、以评促管、评建结合、重在建设"的方针，切实落实《教育部关于全面提高高等职业教育教学质量的若干意见》，保证高等职业教育基本教学质量，促进院校形成自我约束、自我发展的机制。显然，高等职业院校人才培养工作评估的重心放在了促进院校自身的发展及社会价值这两个维度上，尽管这种价值取向无可厚非，但我国高等职业教育评估对职业教育中的"人"的维度重视程度不够，对"人"这一价值取向维度的忽视，极易导致评估中的本末倒置，也就是说，评估的最终落脚点还要以最终促进职教中的"人"的发展为最终旨归，否则评估就失去了存在的理由和基础。

另外，在当前的高职教育评估中，即使是在国家和社会以及高职院校自身维度的价值选择中，也存在由于过度关注某一类评估主体的价值选择和判断，而在很大程度上忽视其他评估主体的价值取向和利益的现象。"评估专家"作为我国高职院校评估的直接实施者，其价值选择往往在很大程度上代替或遮蔽了其他评估主体的价值选择，"在专家模式中，评估者是至高无上的，他的价值观、关注点和目标意识驱动着评估的进行"[①]。特别是在高职教育评估中，行业、企业、其他用人单位或公众的价值选择并未在评估中得到足够的重视，直接导致评估中的价值异化现象。如前所述，高等职业教育评估专家绝大部分来自各个高等职业院校，这些评估专家之间往往存在着复杂的利益关系，因此，评估中的暗箱操作、人情评估等现象在所难免。与《高职高专院校人才培养工作水平评估方案》配套出台的《高职高专院校人才培养工作水平评估专家组工作细则（试行）》可以从侧面佐证这种价值异化存在的可能性。

---

① 斯科尔尼克. 关于专业评估和知识遵从的批判研究 [J]. 查强，译. 北京大学教育评论，2004（2）：23-32.

三、评估模式的单一、固化

从教育部或各省市推动的高职院校人才培养工作评估实践来看，不同程度地存在着评估模式的单一与固化问题。主要表现在三个方面：

（1）评估主体的单一。我国高等职业教育评估一般由政府组织开展，政府直接控制着评估的整个过程和评估结果报告。在我国不仅缺乏真正意义上的"第三方"评估机构，即使是有类似"第三方"性质的专业评估机构，也很难有机会接受政府的委托，即使有，评估中也可能会受到政府的干预和控制，难以独立发挥专业评估机构的作用。例如，在我国自誉为"专业的，唯一得到政府、学术界、商业机构和社会公众共同认可的，有良好公信力的第三方教育数据咨询和评估机构"麦可思公司，其在评估活动中的"独立性"问题也一直为学术界所关注，甚至还有个别质疑其"第三方"性质的声音。除此之外，由政府主导成立的高等教育评估中介机构，例如，各省教育厅所属的教育科学研究院，即使被委托进行政府组织的评估工作，但评估的直接主体仍为政府和教育行政部门。因此，评估的结果是否能够完全反映社会和公众对高等职业教育的期望和需求仍存在疑问。可见，我国高等职业教育评估的主体单一是一个不可回避的事实。

（2）评估程序和评估方式的固化。从当前各省高职院校人才培养工作评估的实践来看，大多数省份在实施评估时基本遵循"学校自评→提交材料→确定专家组成员→现场考察→确定结论"这一程序来实施，评估也基本上采用"院校自评"和"现场考察"相结合的方式。评估程序、评估方式以及整个评估运行机制的"雷同"或"相似"，在面对千差万别、各具特色、需求不同的高职院校时，其评估的科学性、针对性和公信力仍有待商榷。

（3）强调静态的评估结果，忽视动态的评估过程。尽管 2008 年教育部发布的《高等职业院校人才培养工作评估方案》中明确提出：要坚持"静态与动态相结合"的原则，既要考察人才培养效果，又要注重人才培养工作过程，还要关注学校发展潜力。但从实际的评估实践来看，似乎更强调静态的结果，远远超过对评估过程的关注。

四、高职院校"内生评估动力"缺失，引致各种功利化行为和评估"失范"行为

（1）为了达到各种外在功利性目的，部分高职院校不惜在评估中弄虚作假和暗箱操作。"目前政府评估产生的弊端是人治大于法治。评估者来自各高

校，有情感的倾向性，有的甚至还没有评，就认定了结果。因为评不上，将影响到种种利益关系，所以千方百计要找出与结果相关的条件，于是出现评估过程中的暗箱操作，上报成绩时的虚假炒作，这样的评估导致了腐败的滋生。"①在与一些高职院校管理者和教师访谈时，他们坦言，因为评估直接关系着学校的未来发展，甚至是直接影响着政府对学校的资金投入和政策导向，因此，有些院校不惜在一些数据上弄虚作假。

（2）评估过程的形式化。"被评高校全校上下动员，名曰迎评，实则有些工作是在作假，包括学校的一些教学文档也有造假。浏览一下那一本本装订成册的崭新试卷及其他资料，就可以想象，有多少教职员工与学生在跟着做表面文章；有多少评估专家所分析的数据已不是想看的原始数据。而极少数参与评估的人员，也往往将评估当检查对待，对虚假行为睁只眼闭只眼，大有送人情之嫌。"②

（3）一些评估机构本身也存在各种寻租行为。依附于政府机构建立起来的评估机构，由于其与政府之间的"关系"，为了从政府那里获取更多的私利，往往在评估与政府利益相关的教育机构或由政府实施的评估项目时，很难严格恪守评估规范，保持评估的公益性与公正性。尽管导致上述种种功利化行为和"失范"行为的原因是多方面的，但笔者认为，最根本的原因在于评估往往都是在"外在力量"的强制下而进行的，被评估对象缺乏"内生动力"参与学校评估。

综上所述，当前我国高职教育评估还存在中院校消极被动、企业行业参与的社会评估机制缺失、院校自评意识薄弱、元评估理论研究欠缺；高职教育评估中政府评估的权威性、合理性和有效性受到动摇，专家组评估机制不规范、评估体系不完善；政府主导下的评估工作"行政化"色彩浓厚、价值取向异化、模式单一、院校自评引致功利化行为突出等问题。

第四节　以重点项目带动高等职业教育发展中的问题

高水平示范性高职院校建设目标的基本定位是重点建设 200 所办学实力雄厚、社会认可度高、明显具有辐射能力和国际影响的高职院校。在建设中，应

---

① 张慧洁. 监督、问责：评估与现代大学制度 [J]. 清华大学教育研究，2005（5）：42-47.
② 叶国珍，杨晓江. 如何看待我国高等教育评估质量 [J]. 高教发展评估，2005，21（1）：4.

以专业建设和基础能力建设为重点，强化服务功能、提高培养质量、发挥辐射作用，引领高职教育的健康发展和整体水平的提升，在培养高技能人才中发挥重大作用。但在实施中，其带动辐射作用发挥不够，建设成果的推广示范几乎为空白。在内涵建设的目标实现中尚有若干需要探索的领域、制度和体制机制。另外，国家示范性高职院校建设沿用重点高校财政投入的做法，以项目投资手段进行专项资金安排，以期引领我国高职教育整体水平的提高，从长远看是促进高职教育公平发展的重大战略举措，但在当前高职教育资源严重短缺的情况下，尤其是遴选标准、建设目标、机制和过程等诸多问题的存在，客观上加剧了高职教育资源配置公平与效率的冲突，且存在着公共财政投入的风险①。主要体现在以下几个方面：

一、遴选标准过于模糊，定性条件欠科学

教育部规定入选的示范院校"应具备领导能力领先、综合水平领先、教育教学改革领先、专业建设领先和社会服务领先"等，但这些都属描述性用语，具有不确定性。而社会公认的客观性指标，如招生录取分数线、第一志愿上线率、新生报到率、毕业生首次就业率、毕业生的薪酬水平等衡量社会认可度的刚性指标，却没有直接成为确定示范性高职院校的主要依据，这就导致遴选标准过于模糊，缺少定性指标。

二、对"特色"理解的偏差

特色是在竞争和发展中相对于参照物而存在的，是比较优势，也是竞争优势。"大学的特色是指一所大学在发展历程中形成的比较持久稳定的、被社会公认的、独特的、优良的办学特征"，是在长期的办学过程中积累而成的。因而，办学特色是范性高职院校遴选的重要标准②。然而，第一、第二批70所学校申报国家示范性建设院校推荐书上的数据显示：2000年左右成立的高职院校有59所，占84.28%，其中1所从办学（2005年）到成为国家示范性高职院校立项建设不足3年③。示范性院校的"特色"是办学特色，不应单纯地

① 管德明. 公平与效率视阈下的示范性高职院校遴选与建设 [J]. 中国职业技术教育, 2011 (30)：12-15.

② 郭勇义, 何云景, 韩如成. 特色和培养能力是地方高校持续发展的核心逻辑 [J]. 中国高教研究, 2009 (3)：64-67.

③ 查吉德. 国家示范性建设高等职业院校办学状态统计分析 [J]. 职教论坛, 2007 (11)：21-24.

理解为学校名称的行业特色，"特色"的形成应该是在高职院校领域里长期的文化积淀，主要体现于教育思想与育人方式等。这些都不可能一蹴而就，也可以说特色与行业、地区关联度并不高。

三、从政策出台到实施较为仓促

1995 年，原国家教委发布的《国家教委关于开展建设示范性职业院校工作的通知》（教职〔1995〕15 号）中就提出了"建设一批示范性学校"的设想，具体实施分两轮。第一轮是根据 1999 年颁布实施的《面向 21 世纪教育振兴行动计划》中"挑选 30 所现有学校建设示范性职业技术学院"的要求，教育部于 2000 年和 2001 年分两批确定了 31 所高职院校进行示范建设。第二轮是根据 2006 年《中华人民共和国国民经济和社会发展第十一个五年规划纲要》提出的"重点支持建设 100 所示范性高等职业院校"的要求，教育部于 2006—2008 年分三批组织实施。从时间上看，第二轮从国家决定进行高职院校示范建设到教育部、财政部出台示范建设文件和申报通知，时间不到一年；从申报通知下发到各省市组织申报，时间不到一个月，显得较为仓促，导致政策的制定缺乏科学性和延续性。如：有 12 所院校得到两次示范建设投入；2006 年申报的第一批 405 个重点建设专业近 60% 与第二产业相关，这与"培养面向先进制造业、现代农业和现代服务业高技能人才"目标不协调；从 2006 年到 2020 年，鲜见文件或报告等对示范性高职院校建设中存在的问题进行纠偏、规范和指导，致使不少高职院校将示范建设作为政策资源获取的主要目的，形成"示范院校"即为"重点院校"的局面，以致出现示范院校招生不足、建设效率明显不高的现象。

四、财政分权下高职院校间的不公平竞争

1994 年以来的分税制改革，形成了地方政府财权与事权不对等的局面，地方事务所需支出与财政能力有很大缺口，这直接造成了地方政府提供公共服务和产品的严重不足。而我国高职院校的办学主体基本上是地方政府，分别为省和省辖市两级政府举办（个别的由县级政府举办），外加少量国有大型企业和民间机构，各地高职教育普遍供"血"不足。示范性院校建设的初衷是"中央资金要起到'四两拨千斤'的作用，让更多的资金投向高等职业教育"，但由于受地方政府财力的制约及政绩观的影响，一些地方连基本的配套资金都不到位，"以地方为主，积极吸纳社会、企业资金"的方式难以实现，甚至从企业

引进人才、学生顶岗实习企业税收优惠等配套政策也迟迟不能落实①。此外，公共财政教育资源在省属院校之间、省属院校与市属院校之间、公办院校与民办院校之间的分配差别很大，极不合理，院校属性也成为遴选的重要因素。在前两批 70 所国家示范性建设院校中，中央国家机关举办的 1 所、省级政府举办的 46 所、副省级或地级市政府举办的 18 所、国有大型企业举办的 5 所，民办院校为 0②。这不仅与高职教育的公共属性特征相悖，而且加剧了省属与市属院校、公办与民办院校之间的不公平竞争。

五、专项投入占比过高，示范性院校难以示范

数据显示，国家示范院校的建设经费在政府投入方面，专项投入大多达 50% 左右，最高达 86%③。在前两批 70 所国家示范性高职院校中，学费收入占学院总收入 50% 以上的近 1/3，政府拨款占总收入 50% 以上的 29 所，其他收入占总收入总数 30% 以上的 4 所，29 所学校其他收入不及 5%④。政府专项投入占比大而经常性拨款少，会带来财政投入风险：建设期满后，一旦财政专项投入终止，那些主要依赖专项投入的示范性院校极有可能被淘汰。而学费收入依赖度过高，会导致学校热衷于外延式扩张，进而影响内涵质量的提升；自创收入过低，则表明学校办学理念、办学思路和办学成果不够贴近市场，长此以往，终将被市场淘汰，示范效应将荡然无存。之所以造成这一局面，一个重要原因是我国"目前的财政监督制度侧重于合规性监督，对财政资金使用绩效的规范几乎处于空白状态"⑤。虽然"中央财政对入选示范性院校实行经费一次确定、三年到位，项目逐年考核，适时调整"⑥，"对年度绩效考核不合格的院校，终止立项和支持"，并于 2008 年、2009 年和 2010 年分别完成三批示范院校的项目建设验收，"对因考核不合格而淘汰院校的空缺数额进行滚动补充"，但几乎未见有"考核不合格的"，即使有，也未见问责。

---

① 姚云. 国家示范性高职院校建设的政策解读与评审过程：访教育部高等教育司高职与高专教育处范唯处长 [J]. 大学·研究与评价，2007 (4)：63.

② 查吉德. 国家示范性建设高等职业院校办学状态统计分析 [J]. 职教论坛，2007 (11)：21-24.

③ 陈宝华. 国家示范性高职院校经费筹措问题研究 [J]. 中国职业技术教育，2010 (36)：58.

④ 查吉德. 国家示范性建设高等职业院校办学状态统计分析 [J]. 职教论坛，2007 (11)：21-24.

⑤ 李袁婕. 论我国公共财政监督制度的完善 [J]. 审计研究，2011 (2)：60.

⑥ 姚云. 国家示范性高职院校建设的政策解读与评审过程：访教育部高等教育司高职与高专教育处范唯处长 [J]. 大学·研究与评价，2007 (4)：63.

六、建设和验收的重点不够明确

从示范院校的建设实践和最后的验收结果材料看，大多注重了具体"物"的"项目建设"，而忽视了"示范"二字，似乎只要按照批复的《项目建设方案》和《项目建设任务书》完成了项目建设任务，自然就是"国家示范"项目了①。"国家示范性高职院校建设三周年成果展"上，从媒体报道的"国家示范性高职院校的建设实现了 4 个翻番（和示范院校有合作协议的企业数翻番、来自行业企业的兼职老师数及其任课数翻番、为企业的研发科技服务翻番、对口支援的地区数和院校数翻番）"看②，其实只体现了"量"的增加，而"值""质"的效果究竟如何根本无法考量。再看示范建设验收的材料依据：①已批复的《项目建设方案》；②已批复的《项目建设任务书》；③高等职业院校人才培养工作状态数据采集平台；④示范验收材料。在这些内容中，有关"示范"的定性、定量成分体现较少，比如某校对口支援了多少院校，受援院校究竟发生了哪些质的变化等都应该有充分的证明。

七、建设目标不够清晰，示范效应和成果推广不够

建设目标不够清晰，示范效应和成果推广不够主要体现在：①产教融合、工学结合的专业建设模式还有不少深层次的问题未得到有效解决，如专业实体的管理体制、产业发展的有效运作方式、专业发展与产业发展的关系等，需要进一步探索和完善。"订单培养"虽然形成了一定的特色，但其深度和广度有待进一步拓展。②基于工作过程导向的课程体系尚未完全建立起来。以职业（岗位）能力为基础，实施与开展基于工作过程导向的课程体系改革与建设，开发了一批工学结合的教材，大力推行项目教学、案例教学。但还缺乏与企业合作开发课程的长效机制，基于工作过程导向的课程开发理念尚未深入人心，一部分课程尤其是一些文化基础课还有较浓的学科痕迹。③师资结构有待优化，教师的职业教育能力有待提升。高水平的专业带头人、中青年骨干教师较少，教师的培训力度不够，教师到企业锻炼还未制度化。来自企业一线的高水平兼职教师较少。④学院管理还不能完全适应工学结合人才培养模式。对学生校外实训实习特别是顶岗实习还缺乏完整的监管机制。对提升"双师"素质和优化"双师"结构的人事分配制度改革尚未到位。

① 朱方鸣，陈华. 国家示范性高职院校建设问题与思考 [J]. 金华职业技术学院学报，2011 (6)：9-11.

② 谢洋. 国家高职示范校建设 3 年取得 4 个翻番 [N]. 中国青年报，2009-11-03 (9).

八、高职院校长期且普遍的问题没有通过示范建设得到有效解决①

高职院校发展所面临的一些常见而广泛存在的问题，在国家示范院校和骨干院校以及一些省级重点项目的建设中并没有得到有效解决。

1. 校企合作不够深入，难以建立长效合作机制

（1）政府缺乏有力的政策法规支持。政府作为"官校企行"四方联动的关键协调方，在形成校企合作良好机制的过程中起着极其重要的作用。国家相关部门曾制定了一系列的优惠与奖励政策，鼓励企业参与职业教育的办学。但这些文件基本上是以"通知""意见""决定"的形式，没有形成法规来强制约束企业参与职业教育办学，而具有强制作用的《中华人民共和国职业教育法》也只是概括性地规定了企业、学校开展职业教育的义务，缺乏可操作性，对企业参与职业教育办学没有强制规定及相关的惩罚措施，所以企业对规定的义务没有引起重视。

（2）学校和企业的运作体制不同，造成管理困难

企业大多数都按照自己的经营和管理模式对员工进行调度和安排，而学校是按学期或者集中某个时段安排学生到企业实习，学生到企业后，企业需要安排实习岗位及指导人员，还要兼顾自身的生产和经营，而学校也不能采取"放羊"的方式，必须安排老师定期管理。两种运行体制的不同，造成管理上的诸多困难，处理不好就可能出现混乱甚至造成事故的发生。

（3）企业积极性不高

按照常理来推断，企业在校企合作中既能得到人力，又能获得技术服务，还能产生经济效益，一并享受国家的优惠与奖励政策，可谓一举几得，但为什么企业的积极性会不高呢？从企业的角度来看，主要因为：①观念落后，意识不够。人们普遍认为人才培养是学校的事情，而不是企业的事情，所以大部分企业不愿出钱出力参与职业教育的人才培养。②利益问题。企业认为在校企合作中得不到什么实惠。虽然国家有税收优惠等，但没有完全落实，加上效益好的企业根本不在乎这点优惠，而效益不好的企业又无力接收实习生。③企业不愿承担责任。学生到企业实习，企业需要配备相关人员进行指导，而学生不熟悉实际的生产操作，难以保证产品质量，可能会影响企业声誉和效益。

---

① 罗荣丰. 湖南省国家示范性高职院校建设的成就、问题与对策 [D]. 长沙：湖南师范大学，2010.

2. 师资队伍整体素质参差不齐

从调查的数据及访谈了解到，示范院校的大多数教师都得到了学生较高的评价，并涌现了一批优秀的专业学科带头人和骨干教师，但就教师队伍的整体素质来说，仍然参差不齐，质量有待进一步提高。其主要问题表现在以下三个方面：

（1）高水平专业带头人、骨干教师队伍建设存在一定的困难。

这类教师可以通过自己培养和引进两种方式组建。如果自己培养，不是短时间的培训就可以，需要一线工作经验的长期积累，这就需要较长的过渡时间。通过"引进"来吸纳高水平专业带头人亦存在一些困难。高职院校所需的高水平专业带头人比企事业单位所需的纯科研或纯技术型人才要求更高，而高职院校作为非营利性机构，所能提供的资金与条件往往难以与财力雄厚的企业相匹敌。因此，各示范院校如何创造条件吸引、吸纳人才，如何构建高水平专业带头人发挥能力的平台以留住人才等客观问题，都是制约高水平专业带头人、骨干教师队伍生成的瓶颈。

（2）专任教师的教学、科研及社会服务能力有待提高。

主要表现在基于"工学结合"理念的专业改革能力、课程开发能力和实践动手能力不高，专任教师"下企业实践"还不够深入，就算有也是少数，很难普及这项工作。

（3）兼职教师队伍的质量问题。

首先表现在从企业聘请合适又能投入一定精力在教学中的兼职教师非常困难。一般来讲，技术熟练、经验丰富的专家或企业人员都处在企业较高的层次，有较高的收入和地位，不太愿意到学校来兼职，更不在乎兼职所得的利益，而愿意来兼职的又缺乏过硬的技术和丰富的经验，而且兼职教师一边要工作一边要授课，精力不够，很难集中精神投入教学中。其次，兼职教师的教学能力也是一大问题。这主要是因为兼职教师的教育学、心理学知识不全面，难以自如掌控课堂教学，无法巧妙地将丰富的实践知识和技能传授给学生。

3. 实践教学质量不高

调查显示，绝大部分的学生认为对自己帮助最大的实践性环节是校内实训、校外实习和社会实践，都离不开一个"实"字，但调查又发现，绝大多数的学生包括大一、大二学生没有到企业顶岗实习过。这就表明学生实习、实训、实践的机会较少，且实践教学的质量不高。主要表现在：一是校内实践教学的问题。首先是实践教学比例不够，教学内容的岗位特色和职业特色不够明显；其次是实践教学教师的实践教学能力不齐；最后是实验实训条件未能跟上需求，实际作用的发挥不完全。部分专业由于这些原因，能开展实践教学的时间相对较少，未能满足学生需求。二是学生在校外企业顶岗实习中存在诸多问题。首先是顶岗实习的时间安排不够，企业提供的岗位不能完全满足需求。其次，顶岗实习实施过程中运行成本高，管理难度大。大部分专业实习单位分散，存在人少、点多、面广的问题，给学校的统一管理带来很大困难。再次，调查中多数学生反映，在顶岗实习过程中遇到最大的问题是专业不对口。造成这个问题的原因主要是实习单位的岗位不够以及学生因对所学专业不感兴趣而选择其他专业的岗位。最后，就是在实习过程中存在落实教学任务和保证企业生产质量之间的矛盾。因为学生不熟悉实际操作，可能导致生产的产品质量不过关，项目进展速度慢，从而影响企业的效益和声誉。

第五节　我国教学诊断和改进中的问题

我国的教育教学评估在保证办学方向、规范院校管理、加大教育投入等方面发挥了重要作用，取得了显著成效，但"管办评"不分影响信度、主体单一影响效度、过滥过密干扰正常教学、责任错位侵犯办学自主权等批评声也不绝于耳。有专家研究指出，我国教育教学评估存在三个主要问题：主体不规范，连续性缺乏，数据欠准确。

2012 年，国务院教育督导委员会办公室成立，标志着我国教育质量保障体系的顶层设计做出重大调整，教育教学评估进入一个以"管办评"分离为主要特征的新的发展阶段。实施"管办评"分离是为了完善教育质量保障体系、促进政府职能转变、加快依法治校步伐、促进人才培养质量提高，办出真正让人民放心满意教育。"管办评"分离的直接目标是在实现评估主体多元化、规范化的同时，提高评估结论的公正性和科学性，而不是要从此免除教育行政部门对院校进行日常规范管理与监督指导的责任，不是要从此弱化举办方和院校质量保证第一人的地位和作用。

在新的教育质量保障体系下，教育部明确要求职业院校的管理方、办学方（院校及其举办方）不再组织教育教学评估。这一方面意味着对教育教学评估的重新界定，即今后专指不包括管理方和办学方的其他利益相关方或第三方所组织的、来自院校外部的评估；另一方面意味着管理方和办学方要对传统的院校质量管理模式进行改革。

建立职业院校教学工作"诊改"制度的初衷正是为了让职业院校能够在

不依靠外部评估的情况下，把教学质量管理得更加规范、精细、到位，将社会赋予院校的质量保证责任落到实处，也是为了使教育行政部门进一步加强对职业院校教学质量的事中事后监管，更好地履行质量管理的职责。"诊改"并非"管办评"分离中的"评"，建立"诊改"制度是一项事关职业院校内部管理体制改革的大胆探索，而不是"管办评"分离之下的评估。

高职教育十余年的评估实践，以及质量管理的发展历程和经验表明，高职教育要保证其质量离不开外部定期或不定期的检查、检验、评估，但归根到底要依靠内外结合、以内为主，分工合作、协调平衡，既相互印证也相互制约的质量保障体系。因为评估带来的一些副作用而要求取消评估的主张，以及把质量保证的"宝"全部押到评估身上，把评估视为质量管理"不二法门"的想法都是片面的，是落后于时代的，甚至是有害的。

2016年，教育部在各高职院校自主申报的基础上，研究确定了陕西交通职业技术学院等27所高职院校为全国教学诊断与改进工作试点院校，标志着该制度正式走向试点实施层面。试点时间为3年，到2018年下半年基本结束。但是，根据全国诊改专委会公布的数据，到2019年11月，完成诊改复核并公布复核结果的全国试点院校仅有10所，出现了试点复核工作总体延期的情况①。主要原因在于这一制度试点实施过程中，在落实"管办评"分离的要求时出现了一些偏差，导致出现了"地方教育行政部门犹疑、试点院校困惑、高职院校师生不解、专家解读缺乏说服力"的现象。

一、与教育督导制度缺少衔接，难以形成事中事后监管合力

深化教育领域"放管服"改革，构建政府、学校、社会之间的新型关系，是推进教育"管办评"分离的重要载体与目标，其中，坚持放管结合是推进"管办评"分离的基本原则之一，切实做好事中事后监管是"管办评"分离后教育行政部门行使监管职责的主要方式。在这里，事中监管是对正在发生的办学行为进行监督，事后监管是对已经发生的办学行为进行监督，两者相辅相成，缺一不可。如果只有事中监管而缺少事后监管，教育行政部门就难以对高职院校办学行为的规范性和有效性实施监督；如果只有事后监管而缺少事中监管，则又会带来难以及时发现问题和纠正偏差的问题。因此，推动教育"管办评"分离，必须确保教育行政部门事中、事后两个阶段的监管责任得到全

① 李孟瑞，易晶怡. 管办评分离视域下高职院校教学诊断与改进制度的问题及对策 [J]. 教育与职业，2020（2）：36-43.

面落实。

从教育行政部门的角度来看，建立教学诊断与改进制度的重要目标之一，是在高职院校构建一种周期性、常态化和可持续的诊断与改进工作机制，一方面解决"管办评"分离后教育行政部门不再组织评估而出现的质量监管"空窗"问题，另一方面借此提高高职院校的质量自我保证意识与能力。在这里，诊改制度的"周期性"主要体现在"高职院校每三年至少完成一次质量保证体系诊改工作"，省级教育行政部门则通过"每三年抽样复核"对高职院校办学质量实施监管。从时间来看，三年一个轮次的抽样复核应该属于一种事后监管行为，而教育行政部门事中监管责任的落实在现有制度中没有得到体现，存在全面落实监管责任的衔接缝隙。当然，教育行政部门还可以通过教育督导制度来实现事中监管，从而形成教育督导制度落实事中监管责任、诊断与改进制度落实事后监管责任的监管新机制。但是，形成这种监管新机制需要一个重要前提：诊断与改进制度、教育督导制度要有大致相同的政策取向、指标体系和监测对象等。只有具备了这个条件，事中、事后监管才能形成合力，进而实现监管责任的有序衔接、高效精准、全面覆盖。但就目前情况来看，高职院校诊断与改进制度、教育督导制度在政策取向、指标体系、监测对象等方面是相互独立和自成体系的。由教育行政部门主导建立的诊断与改进制度中，并没有与教育督导制度协调配合的制度与机制安排；现有教育督导制度也没有将教学诊断与改进制度实施工作列入高职教育质量监测督导制度范围内。这就造成了诊断与改进制度所指向的事后监管与教育督导所指向的事中监管的"脱节"和"两张皮"，事中监管、事后监管难以形成合力，教育行政部门难以实现对高职院校办学质量的全面、有效、及时、到位的监管。

二、因地因校制宜考虑不足，减损高职院校的办学自主权

我国幅员辽阔，不同地区经济社会发展水平差异较大，不同地区高职院校的基础条件、发展现状甚至发展阶段差别明显。以"中国高职发展智库"发布的 2019 年高职院校预算收入统计数据为例，从院校间差距来看，2019 年深圳职业技术学院的预算收入为 17 亿元，而同期西部某高职院校预算收入仅 406万元，前者是后者的 400 余倍；从区域来看，2019 年北京市高职院校平均预算收入为 34 024 万元，而西部某省高职院校的同期平均预算收入为 8 363 万元，相差也达 4 倍多。因此，出台或推行包括"管办评"分离在内的高职教育改革发展宏观政策，必须综合考虑我国不同地区高职院校的实际情况，因地制宜、因校制宜，而不能"一把尺子量到底"，更不能搞"一刀切"。这既是

稳妥推进"管办评"分离的逻辑前提，也是维护高职院校办学自主权和尊重高职教育发展规律的必然要求。

教育"管办评"分离改革作为高职教育领域重要制度创新成果的诊断与改进制度，其在实施方案和试点实施过程中较为强调步伐的一致性，没有完全做到因地制宜、因校制宜。例如，在全国诊改专委会制定的《高等职业院校内部质量保证体系诊断与改进指导方案（试行）》和《高等职业院校内部质量保证体系诊断与改进复核工作指引（试行）》中，均强调把"五纵五横"体系建设作为诊断与改进及其复核工作的重点，但对教育部门管理的高职院校、行业企业办学高职院校以及公办院校、民办院校在决策指挥、质量生成、资源建设、支持服务和监督控制等方面的显著差异考虑不足，不利于引导高职院校结合实际自主发展、特色发展。再如，在推进诊断与改进制度试点工作中，全国诊改专委会以建设"校本数据平台"取代了制度建立之初所强调的发挥"高等职业院校人才培养工作状态数据采集平台"的作用，甚至把"校本数据平台"建设与否、先进性如何等作为复核高职院校诊断与改进有效与否的主要观测点，忽视了不同高职院校间信息化建设的基础差异等实际情况，违背了信息化建设必须循序渐进的客观规律，对本属于高职院校自主决策实施信息化建设的自主权造成了实际上的减损，甚至使教学诊断与改进工作部分沦为信息化建设项目。

此外，根据《高等职业院校内部质量保证体系诊断与改进复核工作指引（试行）》，复核工作还把教师是否有个人发展计划、学生是否有个人成长规划等本属于高职院校内部微观自主管理的事项作为观测指标。这也在一定程度上干涉了高职院校的办学自主权，不利于高职院校结合实际形成可持续发展的良性机制。

三、复核评价主体单一，多元参与存在结构缺位

解决"谁来开展教育评价"的问题，是推进教育"管办评"分离的重点任务之一。能否较好地破解这个问题，不仅直接关系到教育评价结果的独立性、科学性、准确性、规范性和公信力，更成为衡量"管办评"分离改革成败的重要观测点。为有效破解"谁来评"的问题，《中共中央关于全面深化改革若干重大问题的决定》和《国务院关于印发国家职业教育改革实施方案的通知》（国发〔2019〕4号）中指出了改革方向——建立社会多元参与教育评价机制，推动形成政府依法管理、学校依法自主办学、社会各界依法参与和监督的教育公共治理新格局。教学诊断与改进制度作为对高职院校开展教育评价的重要制度安排之一，根据《高等职业院校内部质量保证体系诊断与改进复核工作指引（试行）》的要求，组织开展诊断与改进复核的主体是全国诊改专委会（负责全国试点院校复核）和各省诊改专委会（负责本省职业院校复核）。但是，目前各级诊改专委会从其人员结构和人员组成上看，并不符合"实现社会多元参与教育评价"的要求。以全国诊改专委会为例，78名成员中，职业院校在职和退休领导干部49人、教育研究机构人员14人、教育行政部门人员11人、学会代表3人、企业代表1人。仅从人员结构上看，不仅缺少科技、文化、新闻媒体等方面的专业人士，而且作为评价高职院校办学质量最有话语权的企业代表仅有1人，评价主体存在结构性缺陷，代表的广泛性、评价的独立性、结论的权威性均存在不足。从公开渠道获得的西部某省诊改专委会人员组成来看，均是职业院校现任和退休领导干部，不仅没有科技、文化、新闻媒体领域的专业人士，连相关学会、企业代表都没有，代表性更显不足。在这种人员结构和组成条件下，诊断与改进复核工作基本上属于职业院校的自我评价，评价结果的公信力先天不足，评价质量难以保障。这与《高等职业院校内部质量保证体系诊断与改进指导方案（试行）》提出的"利益相关方是开展教育评价工作主要力量"的初衷相悖，也同"管办评"分离所强调的形成"多元参与的教育评价体系"的要求不符，更与《国务院关于印发国家职业教育改革实施方案的通知》提出的"完善政府、行业、企业、职业院校等共同参与的质量评价机制"的要求相矛盾。

四、诊改专委会角色冲突，权责职能亟待规范

实现教育"管办评"分离，必须对原有的教育参与权、决策权、评价权和监督权做出结构性调整，让政府回归"教练员"角色，使学校成为真正的"运动员"，促进社会及专业组织承担"裁判员"任务。按此逻辑，大力培育社会专业组织，提升社会及专业组织的独立性和专业性，是推进"管办评"分离的应有之义和关键一环。

目前，在高职院校诊断与改进制度中，全国诊改专委会负责全国试点院校诊改制度的实施、指导和复核工作，各省诊改专委会负责本省高职院校诊改制度的实施、指导和复核工作。在这种分工下，各级诊改专委会既要负责本层面高职院校诊改制度的建立完善、诊断与改进专家和工作人员的培训、高职院校实施方案审核等工作，也要具体负责组织开展复核工作。诊改专委会实际上扮演了"标准建设者、方案核准者、培训组织者、结果确定者"的角色，集"教练员"和"裁判员"双重身份于一身，独立性缺乏现实基础，评价结果的公信力难以保证。同时，由于各级诊改专委会均不是具有独立法人资格的社会组织，从法律角度而言，谁为该组织的行为及后果承担法律责任也很难明确。加之目前各级诊改专委会仅建有自律承诺制度，缺乏与其职权相应的外部监督机制，在这种情况下，利益交换与输送的风险是客观存在的，难以达到教育"管办评"分离所强调的"建立科学、规范、公正的教育评价制度"的要求，各级诊改专委会的权责与职能亟待规范，诊改专委会履职尽责的外部监督制约机制亟须建立。

五、高职院校对质量的自我改进能力不强

由于我国高职教育发展只有不到 20 年的时间，现代大学治理的经验不足，在高职院校管理日趋走向现代化、科学化和专业化的时代背景下，大多数高职院校对质量的自我诊断、自我改进能力不足。一是在办学过程中没有建立专门的质量管理与协调机构和专业化质量诊断队伍对质量保证活动进行严密组织。二是高职院校更多是从"教"的角度理解和衡量人才培养质量，质量建设还处在强调教学资源与条件建设、教师素质与能力的提高以及教学方法的改进等内容的阶段，对学生的学习过程投入和学习成效关注不够。三是人才培养基本状态数据平台建设与管理还没有实现常态化，对数据分析所反映出的问题及有效信息挖掘不够充分，对倾向性的质量问题和发展趋势缺乏及时、科学、有效的跟踪改进。四是缺乏常态化的质量信息管理平台，存在质量信息和数据的孤岛现象，未能够实现质量信息的及时整合共享和公开透明。

第六节　我国现代职业教育第三方评价存在的问题

随着各项政策的积极推动，我国的现代职业教育第三方评价有了较大发展。当前，我国比较有影响力的职业教育第三方评价是由全国高职高专校长联席会议委托上海市教育科学研究院和麦可思研究院共同编制的《中国高等职业教育质量年度报告》，以及中国科学评价研究中心、武汉大学中国教育质量评价中心联合中国科教评价网发布的《中国专科（高职高专）院校竞争力排行榜》。此外，一些省市教育评估院以及作为独立法人的评价机构，对职业教育给出的综合或者专项评估在该地区的职业教育中也有较大的影响力。还有一些高职院校通过国际评价机构对院校建设和专业进行评价。与普通高校的第三方评价相比，职业教育第三方评价有其自身特点：一是职业教育第三方评价不

像普通高校第三方评价那么令人关注，职业教育第三方评价往往是普通高校第三方评价的衍生品，二者在指标设置和评价方式上存在较大的相似性。二是在职业教育改革相关政策的推动下，相对于普通高校第三方评价，职业教育第三方评价更加重视"校企合作""社会满意度""职业技能竞赛"和"满足企（行）业需求"等指标。三是职业教育第三方评价尚未出现像普通高校第三方评价的某些形式，如"大学排行榜"。如果直接照搬类似的做法对职业教育进行第三方评价，可能会引发诸多质疑。当前，我国职业教育第三方评价存在以下问题：

一、评价指标问题

评价指标问题主要表现在三个方面。一是片面强调可计量性。例如，把学生毕业率作为评价指标，毕业率越高，则高职院校的排名也越靠前。事实上，不结合具体实际，仅仅根据毕业率的高低，我们也很难判断高职院校的教育质量。有的高职院校毕业率低，恰恰可能是因为对教育质量足够重视；有的高职院校毕业率高，反而可能是因为对教育质量的监管不力。再比如，为社会服务的数量统计以技术服务的项目数量和经费数额为指标。把社会服务窄化为技术服务交易，忽视了难以计量的大量职业教育教学服务和公益服务。还比如，科研和教学水平以项目层次的高低和数量的多少为指标，忽视了科研和教学项目的实际质量，导致很多职业院校为了提高数量，不停变换名目申报研究项目，无条件压缩研究时间，使研究质量得不到保障。二是有利于农工类院校，不利于商贸类院校。以专业对口率为例，畜牧、食用菌培植、数控和建筑等农工类专业相对容易实现专业对口，而市场营销、企业管理等商贸类专业，要实现对口较难。校企合作方面，农工类专业，特别是强调熟练程度和公开技能标准的专业，较容易实现校企合作；相反，那些涉及客户资源、商业秘密的商贸类专业与企业合作的难度较大。三是重产出，轻投入。目前我国的职业教育第三方评价指标注重的是教学科研、校企合作和技能竞赛等方面的业绩，但是对于为此进行的大量投入以及投入和产出的效率，则没有顾及，这在一定程度上造成了职业教育重视业绩、不问投入的价值取向。

二、评价程序问题

评价程序问题主要表现在六个方面。一是评价主体的利益冲突。从我国当前的职业教育第三方评价看，不同的评价主体（评价机构）有不同的利益诉求。有的评价机构本身就是职业教育质量评价方面的商业咨询和培训机构，这些机构给出的第三方评价，是从一种形式的"教练员、运动员和裁判员一体"走向另一种形式的"教练员、运动员和裁判员一体"。二是评价客体（高职院校）存在数据造假问题。在评价过程中，一些高职院校为了提高自己的影响力，虚报生师比等数据，鼓动学生在评价调查回馈中表达较高的就业满意度，诱导学生快速就业，影响了评价的公正性。三是评价指标制定的随意性。指标制定没有明确公开的程序，一些指标是否因相关院校的特殊利益需要而设定，缺乏科学的论证。四是个别第三方评价机构规范缺失。有的第三方评价专家，没有令人信服的教育评价理论基础，却频频出现在各类培训会议上，开办各类讲座，走穴捞金，难免使人对第三方评价的公正性产生怀疑。五是有的第三方采用网络投票结果进行评价，导致一些高职院校教师在网络上拉票、抹黑竞争对手等情况，严重影响了评价的客观性和真实性。六是有的教育管理机构和高职院校，在对第三方评价指标的科学性、适切性和公平性没有任何分析的情况下，把第三方评价的结果直接作为考核和拨款依据，使职业教育成为第三方评价的附庸，加剧了高职院校的同质化。

三、评价监督问题

评价监督问题主要表现在两个方面。2016年9月，山东省教育厅出台了《山东省第三方教育评价办法（试行）》，是国内较早对职业教育第三方评价机构进行监管的文件。尽管如此，从总体上来说，目前我国对第三方职业教育评价的监管力度是不足的[①]。一是对第三方评价的元评价不足。元评价在美国和欧洲的高等教育中早有实施，美国教育部和高等教育质量认证委员会负责对全美所有第三方认证机构进行评价，欧洲高等教育质量保障委员会也制定了系统的标准，由其对会员国的第三方认证机构开展评价。完善的体系与成熟的机制为第三方评价的健康发展做出了重大贡献。二是对第三方评价的舆论监督不足。在学术研究上，我国对于职业教育第三方评价的合理性和必要性的论述有很多，但对于第三方评价的问题和不足的论述较少。一些本科院校对大学排行榜持有异议，而针对高职院校的排行榜，公开的批评还不多见。

---

① 宁业勤，楼世洲. 职业教育第三方评价的优势及挑战 [J]. 职业教育研究，2016（2）：42-44.

第七章　以数据平台为基础的高等职业教育质量年报制度研究

第一节　质量年报制度建设的背景

2010 年 7 月，《国家中长期教育改革和发展规划纲要（2010—2020 年）》第十三章第四十条提出了"建立高等学校质量年度报告发布制度"。2011 年 9 月，《教育部关于推进高等职业教育改革创新引领职业教育科学发展的若干意见》（教职成〔2011〕12 号）将毕业生就业率、就业质量、企业满意度、创业成效等作为衡量人才培养质量的重要指标，指出各地和各高等职业学校都要建立人才培养质量年度报告发布制度，不断完善人才培养质量监测体系。2012 年 3 月，《教育部关于全面提高高等教育质量的若干意见》（教高〔2012〕4 号）进一步要求，要建立以高校自我评估为基础，以教学基本状态数据常态监测、院校评估、专业认证及评估、国际评估为主要内容，政府、学校、专门机构和社会多元评价相结合的教学评估制度。2012 年 3 月，《教育部关于印发〈高等教育专题规划〉的通知》（教高〔2012〕5 号）再次强调，要建立高等学校统一信息平台，实现教学状态数据信息共享；建立高等学校质量年度报告发布制度。2012 年 6 月，《国家教育事业发展第十二个五年规划》提出：中、高等学校要充分发挥教师、学生在教育质量评估中的重要作用；探索学校评估、专业评估、国际评估等多种形式结合的教育教学质量评价办法；鼓励高等学校和职业院校参加国际质量管理认证；建立教育质量年度报告发布制度。2015 年 10 月，《高等职业教育创新发展行动计划（2015—2018 年）》要求高职院校要完善质量年报制度，巩固学校、省和国家三级高等职业教育质量年度报告制度，进一步提高年度质量报告的量化程度、可比性和可读性。专科高等职业院校和省级教育行政部门每年发布质量报告；支持第三方撰写发布国家高等职业教育质量年度报告；强化对报告发布情况和撰写质量的监督管理。稳步推进高等职业院校人才培养工作状态数据管理系统的建设、部署与应用，逐步加强状态数据在宏观管理、行政决策、院校治理、教学改革、年度报告中的基础性作用。2017 年 1 月，《国务院关于印发国家教育事业发展"十三五"规划的通知》（国发〔2017〕4 号）再次强调，要完善职业教育质量年度报告制度，高校本科教学评估报告、专业评估报告、教学质量年度报告、就业质量年度报告、教学质量常态监测数据、学业质量监测结果向社会公开。2019 年 2 月，《国务院关于印发国家职业教育改革实施方案的通知》（国发〔2019〕4 号）明确提出，要实施职业教育质量年度报告制度，报告向社会公开；完善政府、行业、企业、职业院校等共同参与的质量评价机制，积极支持第三方机构开展评估。

2012 年以来，《高等职业教育质量年度报告》（以下简称"质量年报"）至今已经连续发布 9 年。质量年报的第一个特点是政府部门为主导力量①。该年报所采用的模式均为试点再推广、由线向面铺开，最终实现全覆盖，将编写发布质量年报变成院校办学环节中的一个自觉动作。以高职教育质量年报为例，2011 年首次要求编制质量年报，2012 年明确要求"国家示范（骨干）高职建设学校、省级示范高职建设学校"编报发布并在网上公开供公众查阅。2013 年要求"各独立设置公办高等职业院校必须按规定报送。独立设置民办高职院校可以报送"。2014 年要求"各独立设置的高等职业院校（含民办高职院校）必须按规定要求报送"。第二个特点是三类教育质量年报进展不一，侧重点不同。截至 2016 年年底，高等职业教育已经实现全覆盖：国家、省、校三级报告齐备，所有高职院校全员报送。本科就业质量年报以"985"高校为主，本科教学质量年报基本实现全员报送。中等职业教育质量年度报告刚刚起步，"已验收通过的国家中等职业教育改革发展示范学校、国家级重点中等职业学校自 2016 年起，其他中等职业学校自 2017 年起发布质量年度报告"。2017 年年底发布省级中等职业教育质量报告，全国中等职业教育质量报告发布时间未确定。高等职业教育质量年度报告实行国家、省、校三级报告制度。

自 2012 年首次发布，《高等职业教育质量年度报告》不断完善指标体系，影响力不断扩大。2017 年，李克强总理对《高等职业教育质量年度报告》的相关报道作出批示，指出高职院校对促进就业创业提供了有力支撑，并要求教

---

① 刘任熊，李畅，吉国庆. 从履职到履责：关于高职教育质量年报科学规范发展的十点思考：写在高职质量年报制度实施五周年之际［J］. 中国职业技术教育，2016（24）：22-26.

育部会同有关部门进一步完善政策措施，积极支持高职院校提升办学质量，培养更多符合社会需要和产业升级方向的技术技能人才，这也利于推动脱贫和社会公平。

《高等职业教育质量年度报告》逐步形成了由学生成长成才、学校办学实力、政策发展环境、国际影响力和服务贡献力五方面构成的"五维质量观"，建立了不同维度质量评价的指标体系，成为社会了解高职教育的重要窗口。同时，《高等职业教育质量年度报告》指标优化、程序规范，不断自我完善指标体系。

我国中职、高职、本科教育质量年报主要内容比较见表 7-1。

表 7-1　我国中职、高职、本科教育质量年报主要内容比较

高等职业教育质量年度报告	普通高等教育（本科）		中等职业教育质量年度报告
	教学质量年度报告	就业质量年度报告	
1. 学生发展	1. 本科教育基本情况	1. 就业基本数据与统计分析	1. 基本情况
2. 教学改革	2. 师资与教学条件	2. 毕业三个月后就业情况调查	2. 学生发展
3. 政策保障	3. 教学建设与改革	3. 五年情况对比分析与发展趋势	3. 质量保障措施
4. 服务贡献	4. 质量保障体系	4. 就业创业工作的特色举措	4. 校企合作
5. 面临挑战	5. 学生学习效果		5. 社会贡献
附件：计分卡	6. 特色发展		6. 政府履职
资源表	7. 需要解决的问题		7. 特色创新
服务贡献表	附件：报告支撑数据		8. 学校党建工作情况
落实政策表			9. 主要问题和改进措施

注：中等职业教育年度质量报告框架来自教育部发布的《教育行政部门中等职业教育质量年度报告编制参考提纲》，见《教育部办公厅关于开展中等职业教育质量年度报告工作的通知》（教职成厅函〔2016〕2 号）附件；高等职业教育年度质量报告框架来自《关于报送高等职业教育质量年度报告（2016）的通知》（教职成司函〔2015〕138 号）；本科教学质量年度报告框架来自《教育部办公厅关于普通高等学校编制发布 2012 年本科教学质量报告的通知》（教高厅函〔2013〕33 号）；本科就业质量年度报告框架来自《教育部办公厅关于编制发布高校毕业生就业质量年度报告的通知》（教学厅函〔2013〕25 号）。

质量年报的数据来源依然是高职院校人才培养状态数据，报告用翔实数据和典型案例梳理研判一年来高等职业教育的发展情况，同时发布"服务贡献50强""国际影响力50强""教学资源50强"名单，进一步引导高等职业院校强化内涵建设。

《高等职业教育质量年度报告》是国家推进高等职业院校履行责任担当、确立质量发展观、宣传发展成绩、接受社会监督的制度安排。2018年质量年度报告显示，共有1 338所高职院校发布质量年报，2019年有1 344所职业院校发布质量年报，逐步实现应报尽报全覆盖。

第二节　质量年报主要指标

我国高职（高专）质量年报评价指标年际变化见表7-2。

表7-2　我国高职（高专）质量年报评价指标年际变化

年份	发布质量年报的院校数/所（企业数/家）	在校生数/人	毕业生数/人	招生数/人	在校生数占高校在校生总人数比例/%	教职工数/人	专任教师数/人
2011	1 280	9 588 501	3 285 336	3 248 598	41.54	614 717	412 624
2012	1 297	9 642 267	3 208 865	3 147 762	40.32	622 425	423 381
2013	1 321（1 139）	9 736 373	3 187 494	3 183 999	39.45	630 044	436 561
2014	1 327	10 066 346	3 179 884	3 379 835	39.51	625 017	438 300
2015	1 341（1 284）（262）	10 486 120	3 222 926	3 484 311	39.94	639 281	454 576
2016	1 359（1 298）（428）	10 828 898	3 298 120	3 432 103	40.17	652 580	466 934
2017	1 388（1 338）（806）	11 049 549	3 516 448	3 507 359	40.13	669 521	482 070
2018	1 418（1 344）（1 155）	11 337 005	3 664 729	3 688 341	40.05	685 266	497 682

表7-2(续)

年份	高级职称专任教师数/人	博士学位专任教师数/人	毕业半年后就业率/%	毕业半年后月收入/元	毕业三年后月收入/元	毕业半年后就业满意度/%	毕业半年内自主创业比/%
2011	—	—	89.6	2 703.9	—	80	2.2
2012	89 139	4 253	90.4	2 731	—	83	2.9
2013	—	—	90.9	2 940	—	54	3.3
2014	—	—	91.5	3 200	—	59	3.8
2015	—	—	—	3 409	6 005	61	3.9
2016	118 452	7 294	91.5	3 599	5 192	63	3.9
2017	—	—	92.1	3 862	5 552	66	—
2018				4 112	5 550	65	

质量标准框架体系从 2012 年的不明确到 2015 年的 4 个维度为主的框架体系，逐年明晰固定。2012 年的质量年报，对内容没有明确要求。2013 年的质量年报，对内容要求为描述性语句，如"反映《国家教育规划纲要》的贯彻落实情况，突出'地域性'特征。凸显地方政府与高等职业教育（院校）之间的'依存度'……以及对当地经济社会发展的贡献。地方政府促进高等职业教育（院校）发展的举措。聚焦落实办学自主权。在学生就业、为经济社会转型和产业结构调整升级提供支撑和服务，以及文化传承等方面的成效与问题、高职带动中职改革发展、助力学习型社会建设的做法、成效与建议"。从这些要求中可以找到学生、院校、政府、成效 4 个维度的影子。文件要求报告内容清晰，采用高度概括性词语界定 4 个维度以及 2 个管理评价工具，内容至少包括"学生发展、教育教学改革与成效、政府（主办方）履责、服务地方、问题与展望等部分（标题不限），以及'计分卡''资源表'等"。

第三节　质量年报政策解析

一、质量年报的作用

学校质量年报的作用为：①检验学校办学符合教育主管部门管理规范的水平程度；②有助于在同一标尺下对各高职院校办学水平尤其是人才培养水平进行定性和定量化比较；③可用于"管办评分离"治理体系中的"管"的质量

评价；④检验学校落实"依法办学、依法治校、依法治教"的情况。

二、质量年报的指导思想

以教育部文件精神为指导思想，系统研究学习当前文件精神。如编制 2016 年质量年报时，首先要研究教育部关于职业教育的文件精神，其中主要有《国务院关于加快发展现代职业教育的决定》（国发〔2014〕19 号）、《教育部关于深化职业教育教学改革全面提高人才培养质量的若干意见》（教职成〔2015〕6 号）、《全国人民代表大会常务委员会执法检查组关于检查〈中华人民共和国职业教育法〉实施情况的报告》、《教育部 人力资源社会保障部关于推进职业院校服务经济转型升级面向行业企业开展职工继续教育的意见》（教职成〔2015〕3 号）、《教育部办公厅关于建立职业院校教学工作诊断与改进制度的通知》（教职成厅〔2015〕2 号）、《教育部关于深入推进职业教育集团化办学的意见》（教职成〔2015〕4 号）、《国务院关于加快发展民族教育的决定》（国发〔2015〕46 号）。

三、质量年报的相关政策依据

（一）《国务院关于加快发展现代职业教育的决定》（国发〔2014〕19 号）

该文件重点提出四个方面的目标任务：产教深度融合、中职高职衔接、职业教育与普通教育相互沟通，体现终身教育理念。具体体现在：①中等职业学校和普通高中招生规模大体相当，高等职业教育规模占高等教育的一半以上，总体教育结构更加合理。到 2020 年，中等职业教育在校生达到 2 350 万人，专科层次职业教育在校生达到 1 480 万人，接受本科层次职业教育的学生达到一定规模。从业人员继续教育达到 3.5 亿人次。②院校布局和专业设置更加适应经济社会需求。调整完善职业院校区域布局，科学合理设置专业，健全专业随产业发展动态调整的机制，重点提升面向现代农业、先进制造业、现代服务业、战略性新兴产业和社会管理、生态文明建设等领域的人才培养能力。③各类专业的人才培养水平大幅提升，办学条件明显改善，实训设备配置水平与技术进步要求更加适应，现代信息技术广泛应用。专兼结合的"双师型"教师队伍建设进展显著。建成一批世界一流的职业院校和骨干专业，形成具有国际竞争力的人才培养高地。④现代职业教育制度基本建立，政策法规更加健全，相关标准更加科学规范，监管机制更加完善。引导和鼓励社会力量参与的政策更加健全。全社会人才观念显著改善，支持和参与职业教育的氛围更加浓厚。

（二）《教育部关于深化职业教育教学改革全面提高人才培养质量的若干意见》（教职成〔2015〕6号）

1. 坚持把德育放在首位

①坚持把德育放在首位。大力加强社会主义核心价值观教育，帮助学生树立正确的世界观、人生观和价值观。建设学生真心喜爱、终身受益的德育和思想政治理论课程。加强法治教育，帮助学生增强法治观念，树立法治意识，把德育与智育、体育、美育有机结合起来，努力构建全员、全过程、全方位育人格局。②加强文化基础教育。发挥人文学科的独特育人优势，加强公共基础课与专业课间的相互融通和配合，注重学生文化素质、科学素养、综合职业能力和可持续发展能力的培养，为学生实现更高质量就业和更好职业生涯发展奠定基础。高等职业学校要按照教育部相关教学文件要求，规范公共基础课课程设置与教学实施，面向全体学生开设创新创业教育专门课程群。③加强中华优秀传统文化教育。要把中华优秀传统文化教育系统融入课程和教材体系，在相关课程中增加中华优秀传统文化内容的比重。各地、各职业院校要充分挖掘和利用本地中华优秀传统文化教育资源，开设专题的地方课程和校本课程。有条件的职业院校要开设经典诵读、中华礼仪、传统技艺等中华优秀传统文化必修课，并拓宽选修课覆盖面。④把提高学生职业技能和培养职业精神高度融合。积极探索有效的方式和途径，形成常态化、长效化的职业精神培育机制，重视崇尚劳动、敬业守信、创新务实等精神的培养。充分利用实习实训等环节，增强学生安全意识、纪律意识，培养其良好的职业道德。引导学生牢固树立立足岗位、增强本领、服务群众、奉献社会的职业理想，增强其对职业理念、职业责任和职业使命的认识与理解。

2. 改善专业结构和布局

①科学合理设置专业。职业院校要结合自身优势，科学准确定位，紧贴市场、紧贴产业、紧贴职业设置专业，参照《产业结构调整指导目录》，重点设置区域经济社会发展急需的鼓励类产业相关专业，减少或取消设置限制类、淘汰类产业相关专业。要注重传统产业相关专业改革和建设，服务传统产业向高端化、低碳化、智能化发展。要围绕"互联网+"行动、《中国制造2025》等要求，适应新技术、新模式、新业态发展实际，既要积极发展新兴产业相关专业，也要避免盲目建设、重复建设。②优化服务产业发展的专业布局。要建立专业设置动态调整机制，及时发布专业设置预警信息。各地要统筹管理本地区专业设置，围绕区域产业转型升级，加强宏观调控，努力形成与区域产业分布形态相适应的专业布局。要紧密对接"一带一路"建设、京津冀协同发展、

长江经济带等国家战略，围绕各类经济带、产业带和产业集群，建设适应需求、特色鲜明、效益显著的专业群。要建立区域间协同发展机制，形成东、中、西部专业发展良性互动格局。支持少数民族地区发展民族特色专业。③推动国家产业发展急需的示范专业的建设。各地、各职业院校要围绕现代农业、先进制造业、现代服务业和战略性新兴产业发展需要，积极推进现代农业技术、装备制造、清洁能源、轨道交通、现代物流、电子商务、旅游、健康养老服务、文化创意产业等相关专业的建设。要深化相关专业课程改革，突出专业特色，创新人才培养模式，强化师资队伍和实训基地建设，重点打造一批能够发挥引领辐射作用的国家级、省级示范专业点，带动专业建设水平整体提升。

3. 提升系统化培养水平

①积极稳妥推进中高职人才培养衔接。要在坚持中高职各自办学定位的基础上，形成适应发展需求、产教深度融合，中高职优势互补、衔接贯通的培养体系。要适应行业产业特征和人才需求，研究行业企业技术等级、产业价值链特点和技术技能人才培养规律，科学确定适合衔接培养的专业，重点设置培养周期长、复合性教学内容多的专业。要研究确定开展衔接培养的学校资质和学生入学要求，当前开展衔接培养的学校以国家级、省级示范（骨干、重点）院校为主。②完善专业课程衔接体系。统筹安排开展中高职衔接专业的公共基础课、专业课和顶岗实习，研究制定中高职衔接专业教学标准。注重中高职院校在培养规格、课程设置、工学比例、教学内容、教学方式方法、教学资源配置上的衔接。合理确定各阶段课程内容的难度、深度、广度和能力要求，推进课程的综合化、模块化和项目化。鼓励开发中高职衔接教材和教学资源。③拓宽技术技能人才终身学习通道。建立学分积累与转换制度，推进学习成果互认，促进工作实践、在职培训和学历教育互通互转。支持职业院校毕业生在职接受继续教育，根据职业发展需要，自主选择课程，自主安排学习进度。实施"学分制、菜单式、模块化、开放型"教学。

4. 推进产教深度融合

①深化校企协同育人。创新校企合作育人的途径与方式，充分发挥企业的重要主体作用。推动校企共建校内外生产性实训基地、技术服务和产品开发中心、技能大师工作室、创业教育实践平台等，切实增强职业院校技术技能积累能力和学生就业创业能力。发挥集团化办学优势，以产业或专业（群）为纽带，推动专业人才培养与岗位需求衔接，人才培养链和产业链相融合。积极推动校企联合招生、联合培养、一体化育人的现代学徒制试点。注重培养与中国企业和产品"走出去"相配套的技术技能人才。②推进专业教学紧贴技术进

步和生产实际。对接最新职业标准、行业标准和岗位规范，紧贴岗位实际工作过程，调整课程结构，更新课程内容，深化多种模式的课程改革。职业院校要加强与职业技能鉴定机构、行业企业的合作，积极推行"双证书"制度，把职业岗位所需要的知识、技能和职业素养融入相关专业教学中，将相关课程考试考核与职业技能鉴定合并进行。要普及推广项目教学、案例教学、情景教学、工作过程导向教学，广泛运用启发式、探究式、讨论式、参与式教学，充分激发学生的学习兴趣和积极性。③有效开展实践性教学。公共基础课和专业课都要加强实践性教学，实践性教学课时原则上要占总课时数一半以上。要积极推行认识实习、跟岗实习、顶岗实习等多种实习形式，强化以育人为目标的实习实训考核评价。顶岗实习累计时间原则上为半年，可根据实际需要集中或分阶段安排实习时间。要切实规范并加强实习教学、管理和服务，保证学生实习岗位与其所学专业面向的岗位群基本一致。推进学生实习责任保险制度建设。要加大对学生创新创业实践活动的支持和保障力度。

5. 强化教学规范管理

①完善教学标准体系。教育部根据经济社会发展实际，定期修订发布中、高职专业目录，组织制定公共基础必修课和部分选修课的课程标准、专业教学标准、顶岗实习标准、专业仪器设备装备规范等。省级教育行政部门要根据国家发布的相关标准，组织开发具有地方特色的专业教学指导方案和课程标准，积极开发与国际先进标准对接的专业教学标准和课程标准。鼓励职业院校结合办学定位、服务面向和创新创业教育目标要求，借鉴、引入企业岗位规范，制定人才培养方案。②加强教学常规管理。各地、各职业院校要严格执行国家制定的教学文件，建立行业企业深度参与的教学指导机构。要坚持和完善巡课和听课制度，严格管理教学纪律和课堂纪律。要加强教学管理信息化建设和对管理人员的培训，不断提高管理和服务水平。③提高教学质量管理水平。各地、各职业院校要加强教育教学质量管理，把学生的职业道德、职业素养、技术技能水平、就业质量和创业能力作为衡量学校教学质量的重要指标。要适应技术技能人才多样化成长需要，针对不同地区、学校实际，创新方式方法，积极推行技能抽查、学业水平测试、综合素质评价和毕业生质量跟踪调查等。要按照教育部关于建立职业院校教学工作诊断与改进制度的有关要求，全面开展教学诊断与改进工作，切实发挥学校的教育质量保证主体作用，不断完善内部质量保证制度体系和运行机制。④健全教材建设管理制度。加快完善教材开发、遴选、更新和评价机制，加强教材编写、审定和出版队伍建设。要把教材选用纳入重点专业建设、教学质量管理等指标体系。应严格在教育部公布的《职业

教育国家规划教材书目》中选用公共基础必修课教材，并优先在该书目中选用专业课教材。

6. 完善教学保障机制

①加强教师培养培训。建设一批职教师资培养培训基地和教师企业实践基地，积极探索高层次"双师型"教师培养模式。加强教师专业技能、实践教学、信息技术应用和教学研究能力的培训，落实五年一周期的教师全员培训制度，实行新任教师先实践、后上岗和教师定期实践制度，培养造就一批"教练型"教学名师和专业带头人。制定职教师资培养规划，根据实际需要实施职业院校师资培养培训项目。②提升信息化教学能力。各地、各职业院校要组织开发一批优质的专业教学资源库、网络课程、模拟仿真实训软件和生产实际教学案例等。广泛开展教师信息化教学能力提升培训，不断提高教师的信息素养。③提高实习实训装备水平。建立与行业企业技术要求、工艺流程、管理规范、设备水平同步的实习实训装备标准体系。贯彻落实好教育部发布的专业仪器设备装备规范，制定本地区、本院校的实施方案。分专业（群）建设公共实训中心，推进资源共建共享。要按照技能掌握等级序列和复杂程度要求，在中高职院校差别化配置不同技术标准的仪器设备。④加强教科研及服务体系建设。省、市两级要尽快建立健全职业教育教科研机构，国家示范（骨干）职业院校要建立专门的教科研机构，强化教科研对教学改革的指导与服务功能。要针对教育教学改革与人才培养的热点、难点问题，设立一批专项课题，鼓励支持职业院校与行业、企业合作开展教学研究。完善职业教育教学成果奖推广应用机制。

以服务经济转型升级、服务企业技术技能积累、服务职工职业生涯发展，推动产业结构加快由中低端向中高端迈进为宗旨，坚持政府推动、行业指导、需求导向，深化产教融合、校企合作，加大职工继续教育工作力度，增强职工继续教育的针对性、灵活性、开放性，把提高职业能力和培养职业精神高度融合，为企业职工提供继续教育服务支持。

（三）《教育部 人力资源社会保障部关于推进职业院校服务经济转型升级面向行业企业开展职工继续教育的意见》（教职成〔2015〕3号）

目标任务中明确提出把开展职工继续教育作为职业院校的重要职责。职业院校普遍面向行业企业持续开展职工继续教育，市场意识明显增强，职工继续教育课程资源建设、师资队伍建设和信息化建设水平显著提升。重点提高职工的职业理想和职业道德、技术技能、管理水平以及学历层次。通过开展职工继续教育，全面促进学校管理创新，全面提高教育教学质量，全面提升服务经济社会发展的能力。

到 2020 年，全国职业院校开展职工继续教育人次绝对数达全日制在校生数的 1.2 倍以上，承担职工继续教育总规模不低于 1.5 亿人次，职业院校成为行业企业职工继续教育的重要阵地，在全国建成 1 000 个职工继续教育品牌职业院校。稳步发展学历继续教育，注重不同层次、不同类型学历继续教育的衔接，构建技术技能人才成长"立交桥"。与行业企业共同开发培训项目，送教进企、引训入校。高度重视为小微企业提供培训服务。

（四）《教育部办公厅关于建立职业院校教学工作诊断与改进制度的通知》（教职成厅〔2015〕2 号）

1. 背景与意义

（1）背景

党的十八届三中全会明确提出"深入推进管办评分离""委托社会组织开展教育评估监测。健全政府补贴、政府购买服务"，党的十八届四中全会对深入推进依法行政、加快建设法治政府做出了一系列制度安排，为深入推进教育管办评分离、促进政府职能转变指明了方向。《教育部关于深入推进教育管办评分离促进政府职能转变的若干意见》（教政法〔2015〕5 号）明确提出：推动学校积极开展自我评价。引导和支持学校切实发挥教育质量保障主体作用，不断完善内部质量保障体系和机制，认真开展自评，形成和强化办学特色。支持专业机构和社会组织规范开展教育评价。大力培育专业教育服务机构，整合教育质量监测评估机构，完善监测评估体系，定期发布监测评估报告。扩大行业协会、专业学会、基金会等各类社会组织参与教育评价。制定专业机构和社会组织参与教育评价的资质认证标准。引入市场机制，将委托专业机构和社会组织开展教育评价纳入政府购买服务范围。2015 年 6 月 24 日，为贯彻《国务院关于加快发展现代职业教育的决定》（国发〔2014〕19 号），建立常态化的职业院校自主保证人才培养质量的机制，教育部决定从 2015 年秋季学期开始，逐步在全国职业院校推进建立教学工作诊断与改进制度，全面开展教学诊断与改进工作，并下发了《教育部办公厅关于建立职业院校教学工作诊断与改进制度的通知》（教职成厅〔2015〕2 号）。

（2）意义

建立职业院校教学工作诊断与改进制度，引导和支持学校全面开展教学诊断与改进工作，切实发挥学校的教育质量保证主体作用，不断完善内部质量保证制度体系和运行机制，是持续提高技术技能人才培养质量的重要举措和制度安排，也是教育行政部门加强事中事后监管、履行管理职责的重要形式，对加快发展现代职业教育具有重要意义。

2. 内涵与任务

（1）内涵

职业院校教学工作诊断与改进，指学校根据自身办学理念、办学定位、人才培养目标，聚焦专业设置与条件、教师队伍与建设、课程体系与改革、课堂教学与实践、学校管理与制度、校企合作与创新、质量监控与成效等人才培养工作要素，查找自身不足与完善提高的工作过程。

（2）主要任务

①理顺工作机制。坚持"需求导向、自我保证，多元诊断、重在改进"的工作方针，形成基于职业院校人才培养工作状态数据、学校自主诊断与改进、教育行政部门根据需要抽样复核的工作机制，保证职业院校人才培养质量持续提高。

②落实主体责任。各职业院校要切实履行人才培养工作质量保证主体的责任，建立常态化周期性的教学工作诊断与改进制度，开展多层面多维度的诊断与改进工作，构建校内全员、全过程、全方位的质量保证制度体系，并将自我诊断与改进工作情况纳入年度质量报告。

③分类指导推进。各地须根据职业院校不同发展阶段的特点和需要，推动学校分别开展以"保证学校的基本办学方向、基本办学条件、基本管理规范""保证院校履行办学主体责任，建立和完善学校内部质量保证制度体系""集聚优势、凝练方向，提高发展能力"等为重点的诊断与改进工作，切实提高工作的针对性和实施效果。

④数据系统支撑。职业院校要充分利用信息技术，建立校本人才培养工作状态数据管理系统，及时掌握和分析人才培养工作状况，依法依规发布社会关注的人才培养核心数据。加快推进相关信息化建设项目，为公共信息服务、培养工作动态分析、教育行政决策和社会舆论监督提供支撑。

⑤试行专业诊改。支持对企业有较大影响力的部分行业牵头，以行业企业用人标准为依据，设计诊断项目，以院校自愿为原则，通过反馈诊断报告和改进建议等方式，反映专业机构和社会组织对职业院校专业教学质量的认可程度，倒逼专业改革与建设。

（五）《高等职业院校内部质量保证体系诊断与改进指导方案（试行）》（教职成司函〔2015〕168号）

1. 指导思想

以完善质量标准和制度、提高利益相关方对人才培养工作的满意度为目标，按照"需求导向、自我保证，多元诊断、重在改进"的工作方针，引导高职院校切实履行人才培养工作质量保证主体的责任，建立常态化的内部质量保证体系和可持续的诊断与改进工作机制，不断提高人才培养质量。

2. 目标任务

建立基于高职院校人才培养工作状态数据、学校自主诊改、省级教育行政部门根据需要抽样复核的工作机制，促进高职院校在建立教学工作诊断与改进制度的基础上，构建网络化、全覆盖、具有较强预警功能和激励作用的内部质量保证体系，实现教学管理水平和人才培养质量的持续提升。

3. 具体任务

①完善高职院校内部质量保证体系。以诊断与改进为手段，促使高职院校在学校、专业、课程、教师、学生不同层面建立起完整且相对独立的自我质量保证机制，强化学校各层级管理系统间的质量依存关系，形成全要素网络化的内部质量保证体系。②提升教育教学管理信息化水平。强化人才培养工作状态数据在诊改工作中的基础作用，促进高职院校进一步加强人才培养工作状态数据管理系统的建设与应用，完善预警功能，提升学校教学运行管理信息化水平，为教育行政部门的决策提供参考。③树立现代质量文化。通过开展高等职业院校内部质量保证体系诊改，引导高职院校增强质量意识，建立完善质量标准体系，不断提升标准内涵，促进全员、全过程、全方位育人。

4. 基本原则

①数据分析与实际调研相结合。诊改工作主要基于对学校人才培养工作状态数据的分析，辅以灵活有效的实际调查研究。②坚持标准与注重特色相结合。省级教育行政部门可在本方案基础上，依据实际情况调整补充形成省级执行方案。学校可在省级方案基础上，补充有利于个性化发展的诊改内容。③自主诊改与抽样复核相结合。以高职院校自主诊改为基础，教育行政部门根据需要对学校进行抽样复核。

5. 结论与使用

复核结论反映院校自主诊断结果、改进措施与专家复核结果的符合程度。高等职业院校内部质量保证体系诊断项目参考表中，诊断要素共15项。复核结论分为"有效""异常""待改进"3种。①有效：15项诊断要素中，自主诊断结果与复核结果相符≥12项；改进措施针对性强、切实可行、成效明显。②异常：15项诊断要素中，自主诊断结果与复核结果相符<10项；改进措施针对性不强、力度不够。③待改进：上述标准以外的其他情况。

如执行方案对诊断要素有调整，可根据实际诊断要素数量，按上述比例，确定相应标准。"待改进"和"异常"的学校改进期为 1 年，改进期满后须重新提出复核申请，再次复核结论为"有效"的，同一周期内可不再接受复核。复核结论为"异常"和连续 2 次"待改进"的学校，省级教育行政部门须对其采取削减招生计划、暂停备案新专业、限制项目审报等限制措施。

（六）《高等职业院校内部质量保证体系诊断与改进复核工作指引（试行）》

1. 背景

2018 年 12 月 19 日，为全面推进职业院校教学工作诊断与改进工作，完成诊改试点任务，指导各地在学校自主完成诊断和改进阶段工作的基础上把握工作方向，进一步做好诊改复核工作，根据《教育部办公厅关于建立职业院校教学工作诊断与改进制度的通知》（教职成厅〔2015〕2 号）、《关于印发〈高等职业院校内部质量保证体系诊断与改进指导方案（试行）〉启动相关工作的通知》（教职成司函〔2015〕168 号）、《关于确定职业院校教学诊断与改进工作试点省份及试点院校的通知》（教职成司函〔2016〕72 号）、《关于全面推进职业院校教学工作诊断与改进制度建设的通知》（教职成司函〔2017〕56 号）等文件要求，结合试点院校实践探索经验，全国职业院校教学工作诊断与改进专家委员会（以下简称"全国诊改专委会"）研究制定了《高等职业院校内部质量保证体系诊断与改进复核工作指引（试行）》（以下简称《复核工作指引》）。《复核工作指引》对教育部诊改工作通知中复核环节相关内容做了优化调整，是全国诊改专委会面向全国诊改高职试点院校开展复核工作的依据。

2. 复核目的

加强事中事后监管，把握诊改制度建设方向，突出高职院校质量保证主体的地位和责任，督促高职院校有效落实内部质量保证体系建设与运行实施方案（以下简称"学校实施方案"），以教育教学管理信息化平台（以下简称"平台"）建设为支撑，以诊改为手段，加快内部质量保证体系建设，建立常态化的自主保证人才培养质量机制，营造现代质量文化，不断提高师生员工的满意度和获得感，进一步提升办学水平和人才培养质量。

3. 基本原则

复核工作以教育部诊改工作通知为指导，以学校实施方案为依据，以内部质量保证体系建设与运行为重点。①聚焦核心要素。坚持以学校诊改工作为基础，聚焦学校、专业、课程、教师、学生不同层面（以下简称"五个层面"）的目标与标准、监测与预警、诊断与改进的机制建设和运行情况。②关注诊改轨迹。坚持数据分析与实际调研相结合，基于学校平台数据展开分析，以轨迹变化为关注点，辅以实际调查研究，做出与事实相符的判断。③尊重校本特色。坚持一校一策，尊重学校的历史文化和办学自主权，针对学校当前发展阶段和发展目标，引导学校科学定位、服务发展、促进就业，进一步完善有效可行的诊改工作实施方案。

4. 复核内容

（1）内部质量保证体系建设与运行复核目标链与标准链（"两链"）的科学性、系统性、可行性、实施情况及成效。复核五个层面"8字形质量改进螺旋"（"螺旋"）建设的科学性、覆盖面、可行性、实施情况及成效。复核学校质量文化与机制引擎（"引擎"）驱动与运行情况及成效。①"两链"打造与实施。学校发展规划是否成体系，学校发展目标是否传递至专业、课程、教师层面，目标是否上下衔接成链。学校机构职责是否明确，是否建立岗位工作标准，标准和制度执行是否有有效机制；专业建设规划目标、标准是否与学校规划契合，是否与自身基础适切；目标与标准是否明确、具体、可检测。课程建设规划目标、标准是否与专业建设规划契合，是否与自身基础适切；目标与标准是否明确、具体、可检测。教师个人发展目标确定是否与学校师资队伍建设规划及专业建设规划等相关要求相适切，教师是否制订个人发展计划及与之相应的目标与标准，目标与标准是否明确、具体、可检测，与自身基础适切。学生是否制订个人发展计划，个人发展目标是否与学校人才培养方案及素质教育相关要求相适切。学校是否建立指导学生制定个人发展计划的制度。②"螺旋"建立与运行。学校是否建有规划和年度目标任务分解、实施、诊断、改进的运行机制。实施过程是否有监测预警和改进机制，方法与手段是否便捷可操作。是否建立学校各组织机构履行职责的诊改制度，方法与手段是否可操作，是否有效运行。是否建立专业、课程建设与课程教学质量的诊改运行制度，诊改内容是否有助于目标达成，诊改周期是否合理，诊改方法与手段是否便捷可操作。是否建立教师个人发展自我诊改制度，周期是否合理，方法是否便捷可操作。学校是否引导学生进行自我诊改，周期是否合理，方法是否便捷可操作。五个层面的诊断结论是否依据数据和事实获得，自我诊断报告的陈述是否明确具体，改进措施是否有效。③"引擎"驱动与成效。学校领导是否重视诊改，扎实推进。师生员工是否普遍接受诊改理念，并落实于自觉行动中。学校是否建立与内部质量保证体系相适应的考核激励制度，将考核与自我诊改相结合，体现以外部监管为主向以自我诊改为主转变的走向；各个主体的自我诊改是否逐渐趋于常态化。师生员工对学校诊改工作是否满意和有获得感。

（2）平台建设与应用。复核学校平台对内部质量保证体系运行的支撑情况，重点复核平台的顶层设计、建设、应用及成效。①学校是否按智能化要求对平台建设进行顶层设计，平台架构是否具有实时、常态化支撑学校诊改工作的功能：能够实现数据的源头、即时采集；能够消除信息孤岛，实现数据的实时开放共享；能够进行数据分析，并实时展现分析结果。②学校是否按照顶层设计蓝图，扎实推进平台建设。③学校在数据分析、应用方面开展了哪些工作，取得了哪些成效。

第四节　质量年报的作用、原则、目标

中国高等职业教育质量年度报告从第三方的视角，以大量的数据分析为支撑，全景展现我国高等职业教育一年来的发展质量。报告共分六个部分：学生发展——对学生培养和学生就业状况的数据进行分析；教育教学——从高职院校专业建设入手对学校的教学状况进行分析；政府责任——介绍各地方政府对高职教育的支持和履行责任等方面的内容；国际合作——重点介绍我国高职院校对接"一带一路"倡议、服务"走出去"的进展；服务贡献——介绍我国高职院校服务地方产业发展和乡村振兴等方面的内容；面临挑战——主要阐述制约我国高职教育高质量发展的内外部因素。

在报告发布的同时，"教学资源50强""国际影响力50强""服务贡献50强"榜单出台，"育人成效50强"在大数据分析的基础上也将公布，凸显对高等职业教育立德树人的重视，引领高职院校切实提高育人质量。

高职院校质量年报制度，作为职业教育质量保障体系的重要组成环节，在引导院校自觉担当社会责任、引入社会监督、体现各利益相关方意志、激发自身潜能、营造良性发展机制等方面都起着十分关键的作用[①]。

一、高职院校质量年报制度的作用

1. 高职院校质量年报制度有利于提升院校社会责任感

受计划经济体制影响，我国各类院校的办学理念形成了只向上级负责的思维定式。随着社会主义市场经济体制的逐步确立与完善，这种情况虽有较大改

---

① 杨应崧，苏志刚，齐小萍，等."高职院校人才培养工作质量年度报告制度"的实践探索[J]. 中国高教研究，2012（3）：94-96.

善，但关门办教育、管教育、评教育的观念仍在一定程度上左右着教育的改革发展。然而，在市场经济条件下办学，政府的投入是纳税人的钱，学生的学费是家长的劳动所得，毕业的学生服务于社会建设。所以，任何一所学校，无论是公办还是民办，承载的都是全社会的希望。学校首先应当对社会负责，应当尽最大的努力用好财政的投入、学生的学费，培养出适需对路、有社会责任感、有实践能力、有发展潜力的人才，给全社会一个负责任的交代。因而定期向社会公布质量报告应当成为学校应尽的义务和自觉的行动。这对提升高职院校的社会责任感、促进院校加快开放办学的步伐有着积极的作用。

2. 高职院校质量年报制度是引入社会监督的基础

"办人民满意的教育"已经成为各级各类院校的愿景目标，这是一种教育理念的升华。职业教育是面向人人的教育，服务于每个人终身发展的教育，让人民满意更是责无旁贷。办人民满意的教育，首先要还人民以教育主人翁的地位，让人民充分享有知情权、监督权、参与权、决策权，可以对学校的办学理念、办学行为和办学绩效进行全过程、全方位的监督，实施及时、有效的影响与调控。通过高职院校质量年报，社会各方可以清楚地了解到，在过去的一年中学校的办学绩效和存在的问题；在新的一年中又将采取哪些改进措施、重点解决哪些问题、预期能够取得怎样的效果。以此作为前提，监督才有渠道、评价才有依据、参与才有理由、影响才有可能。

3. 高职院校质量年报制度是深化院校体制机制改革的前提

经过 10 余年的快速发展，我国高职教育已经跨入以内涵建设、质量提升为核心任务，以体制机制创新为主要标志的新的发展阶段。高职教育"职业性、实践性、开放性"的本质特点，决定了高职院校必定要走政校行企多方合作、产学研相结合的办学之路。多方合作不仅需要一个让参与合作的各方参事议事的平台，同时，更要有共同的愿景、合作的基础，要有操控能力，能随时把握合作的现状、效果，合作各方要有现实贡献，还要有合作各方的诉求、忧虑和愿望以及得到满足的程度，并且随时据此做出"响应"、形成共识。而要实现上述愿景，起关键作用的一个环节就是随时为参与各方构建一个形成共识的"真实图像"，高职院校质量年度报告的编制就是为了提供这样一个"真实图像"。高职院校质量年度报告不仅要以网络化的数据采集平台为重要支撑，以保证其实时性与真实性，而且要使年报的编制过程成为深入了解合作各方诉求、协调响应各方诉求、高度聚焦各方诉求的过程。

二、高职院校质量年报制度的基本原则

1. 导向性原则

以人为本，以服务为宗旨，以就业为导向，走产学研结合的发展道路。即"服务于需求"要从社会与学生的发展需求出发建立高职院校质量年报制度，明确用人单位、学生、家长、教师、政府等是年度报告的主要服务对象，是质量管理的真正主体。

2. 真实性原则

建立高职院校质量年报制度的目的是向社会做出质量承诺、引进社会监督机制、体现教育举办者的诚信，因此，真实性是最基本的保证。

3. 开放性原则

在探索建立高职院校质量年报制度时，既要及时吸收国内外的先进理念和成功经验，也要从国情、高职教育实情出发，同时还要为不同地区和不同行业、企业的个性需求留下足够的弹性空间，以及与时俱进、调整改进的余地。

4. 关键性原则

由于每一所学校都处在动态的环境之中，都在适应需求变化的过程中变化和发展着，抓住关键也就抓住了建设发展的重点；每所院校在每一阶段都有每一阶段的重点，每一年有每一年的重点，这正是年度报告的重要意义所在。

5. 简易性原则

在设计和建立高职院校质量年报制度时，要尽可能地精简组织、简化流程、节省成本、采用信息技术，以提高可操作性和可行性，并在追求简易性的同时，充分体现质量保障"三全"（全方位保障、全员参与、全过程覆盖）的基本原则。

6. 持续改进原则

随着社会的进步和各类事业的发展，教育质量的评价标准会不断丰富和变化，因此，高职院校质量年报制度必须有利于教育质量的持续改进，必须具有引导院校主动适应社会需求、提高人才培养质量和办学效益的机制与活力。

三、高职院校质量年报制度的目标

自 2012 年首次发布，质量年报不断完善指标体系，影响力不断扩大。质量年报从学生成长成才、学校办学实力、发展环境质量和社会服务贡献构成的四维度质量观，展现了我国高等职业教育人才培养的质量。五年的探索，高职院校质量年度报告基本形成高职院校质量的量化指标体系。高职院校质量年报

在 2013 年推出"记分卡"这一量化工具，2014 年增加学校办学资源表，2015 年提出学校社会服务贡献表和合规性评价，2016 年增加政策落实表和企业参与报告。量化指标体系逐年完善。2017 年全国 31 个省份发布了省级年报，1 338 所高职院校发布校级质量年报，首次实现了全覆盖；806 家企业面向社会发布了"企业参与高等职业教育人才培养年度报告"，企业参与数比上一年度增加了 88%。质量年报不断完善"三级复核制度"，完善"计分卡""资源表""服务贡献表""落实政策表""国际影响表"的各项指标，努力为量化分析提供客观依据。

高职院校人才培养质量年报主要目标是：

（1）健全高等职业教育质量保障体系。形成由定期评估制度，省、校两级年度质量报告制度，平台数据采集上报制度，以及教育部年度高等职业教育质量公报制度等组成的外部质量保障体系。

（2）加快高职院校信息化建设进程，提升教学管理的水平与效益。

（3）促进高职院校人才培养工作评估长效机制的建立与运行。

（4）提高教育行政部门和高职院校决策的科学性、针对性和及时性。

（5）提升高职教育研究的科学性和有效性。

第五节　我国高等职业教育质量年报存在的问题

一、教学过程与保障体系评价体现不够

教学的本质是培养人才，教学质量也就是人才培养的质量。而与人才培养有关的所有环节都应该是质量年报的内容，既应该有培养的结果（结果质量），也应有培养的过程（过程质量或服务质量）。狭义上的教学质量，主要指通过学校教学活动使学生身心发生的积极的变化，即学生身心素质的生成；广义上的教学质量，主要指高校对学生身心素质产生重要影响的一切要素与活动的总和的品质[1]。要素包括与学校教学活动相关的人、财、物、时间、空间、信息等资源；活动包括目标设定、资源配置与管理、过程运行、过程控制与反馈调节等[2]。

---

① 赵居礼，秦伟艳. 高职院校人才培养质量年度报告之浅析 [J]. 河南科技学院学报，2013（4）：18-21.

② 刘振天.《高等学校教学质量报告》应该报告什么 [J]. 中国高等教育，2012（Z1）：48-50.

二、院校管理和管理绩效没有纳入高校质量年报内容

（1）我国大学管理制度改革主要是由政府主导的、自上而下的改革，政府的改革理念及政策在改革过程中起着主导作用。

（2）目前我国大学尤其是高职院校内部实行"科层式"的管理，校、院（系）间是自上而下的权力体系构架，从 2000 年起我国高职院校就已进入高速发展阶段，根据全国教育事业发展统计公报的相关数据，我国高职院校校均规模①从 2013 年的 5 876 人发展到②2018 年的 6 837 人，万人规模的高职院校不在少数，从学生规模和教师规模上都和中专不可同日而语，但在管理模式上至今未走出原有的中等职业学校在管理与运行方面的一些惯性思维。这体现出高等教育管理权过于集中，院系的人事决定权、创收的经费使用权都必须由学校把握，校、院（系）权责不等，院（系）有责无权的问题，导致各院、系有问题、有矛盾，且矛盾集中在校级，而直接管理者在院系，在体制上产生了较大的矛盾，同时，也极大地抑制了各院、系发挥主观能动性和有效配置资源的积极性。

（3）大学管理的目的是要合理调配和使用有限的教育资源，以达到为国家培养更多更好的人才和创造更多更好的科研成果的目的。但从我国多年高校管理实践看，在管理上比较突出的问题是不重视效率和效益，管理理念陈旧，行政化倾向严重，缺乏现代管理制度和管理技术应用，机构臃肿，该减的人减不下来，该进的人又难进入，办学目标模糊，办学过程中的投入产出和成本效益无考核，造成大学有限资源的严重浪费，管理成本居高不下。

（4）以产教融合的促进办学模式创新的导向体现不够。高职院校培养的是服务一线的高素质技术技能人才，这是高职院校的社会使命，也是高职院校生存与发展的前提，而产教融合是高职院校人才培养的最有效途径，但从我国高职院校办学模式看，不论是产教融合办学的体制机制，还是理实一体化和工作过程导向化等人才培养模式，以及相应的院校层面的管理体制机制、配套教学管理和学生管理制度都还没有建立。同时，产教融合的外部办学环境也存在若干问题，在法律、制度方面缺失较大。

针对我国高职院校管理存在的问题，不论从问题导向还是评估导向，都应

---

① 教育部.2013 年全国教育事业发展统计公报［EB/OL］.（2014-07-04）［2019-11-09］. http://www.moe.gov.cn/srcsite/A03/s180/moe_633/201407/t20140704_171144.html.
② 教育部.2018 年全国教育事业发展统计公报［EB/OL］.（2019-07-24）［2019-11-09］. http://www.moe.gov.cn/jyb_sjzl/sjzl_fztjgb/201907/t20190724_392041.html.

将院校管理指标纳入质量年报内容，从管理要人才培养质量，从管理要效益，充分挖掘管理红利，从而引导我国高职教育走向现代管理新阶段。

第六节　我国高等职业教育质量存在的问题——基于质量年报视角

在学生发展方面，一是在调研中学生认为"与辅导员或班主任接触时间太少"的比例高达46%，反映出教书育人中的问题，指出高职院校要进一步提高学生工作队伍的数量与质量；二是创新创业教育的学生参与度不足，创业教学课程、辅导活动、实践活动和竞赛活动中学生的参与度分别为44%、41%、34%和14%，还有扩大覆盖范围的空间①。

在专业建设上，普遍存在专业教学资源短缺的问题，校企合而不深、合而不融的问题突出。

在办学主办方责任方面，部分主办方尤其是行业办学的主管部门，一是没有将高职院校的发展纳入其行业发展的规划中；二是行业主管对学院班子建设没有站在学院发展的角度而仅仅是为了解决其干部安排，导致班子不论是学术结构还是能力结构以及教育管理经验方面都存在很大问题；三是该减的人减不下来，该进的人又难进入，不符合高校发展的人因为关系而进入的现象比较突出。

在服务贡献方面，从研发服务到款额看，2018年研发款额大于500万元/年的院校中江苏省35所排第一，广东省22所排第二，山东省19所排第三，浙江省18所排第四，湖南省16所排第五。"50强"院校中，研发服务到款额指标排位靠前院校和排位靠后院校之间的差距也比较明显，反映出我国高职院校服务贡献的能力和总体水平上存在较大的区域差异和个体差异。

---

① 刘红.2017年我国高等职业教育发展成绩、问题与挑战［J］.中国职业技术教育，2018（22）：22-27.

第八章 "一带一路"建设背景下高等职业教育第三方评价国际化研究

随着经济全球化的不断发展，各国政府都积极着手推进教育、文化等领域的国际交流与合作，国际化也就成了各国高等教育改革和发展的共同方向。我国积极推进的"一带一路"倡议等国家战略，为我国高等教育国际化提供了良好的契机，各类高等院校都在重新审视本土需要与全球发展之间的关系，力争培养具有全球竞争力的学生。高等职业院校作为高等教育的重要组成部分，也积极参与到教育国际化的浪潮之中。为推动高等职业教育国际化，我国政府出台了各种政策和文件，以期提高高等职业教育在国际教育竞争中的优势和地位，提升其培养国际化人才的能力、质量和水平。而人才培养是否达到了预期目标，最终需要通过合理和有效的评价才能得出相应的结论，其中第三方评价是国际上通行的做法和主要趋势。但是目前的第三方评价，绝大部分以本土化的评价为主，国际化评价相对较少，难以适应高等职业教育国际化发展需要。因此，有必要对高等职业教育领域第三方评价的国际化开展研究，这样不仅可以丰富评价理论的研究成果，也可以为教育国际化评价工作的开展提供参考。

第一节　高等职业教育第三方评价国际化的必要性

一、有效推动高等职业教育国际化的需要

在经济全球化以及国家"一带一路"倡议等重要战略推动下，高等职业教育加快了国际化的进程，在整体上形成了教育国际化的理念，积累了对外交流的初步经验，专业师资也开始具备国际视野，但整体成效并不明显，如教育国际化战略，深入的学习和交流，课程教学与国际接轨以及国际化的管理制度

等方面还存在诸多问题①。这些问题的存在会在很大程度上影响高等职业教育国际化的推进，需要采取有针对性的方法对其进行深入剖析和合理评价，区分对国际化发展的有利和不利因素，引导高等职业教育国际化进程朝既定的目标发展②。而第三方评价有必要承担起这一重任，履行教育国际化评价职责，发挥其有效的导向和推动功能。

二、高等职业教育国际竞争力形成的需要

经济全球化以及国家"一带一路"倡议等重要战略的实施，推动了劳动力市场的国际化，继而对人才培养提出了要求，即要培养具有国际视野和全球化素养的人才。中外高等教育界都在为国际化人才的培养而努力，高等职业教育作为高等教育的重要组成部分，也加入了为国际劳动力市场培养人才的大潮。要想在中外高等教育机构同台竞争的大舞台上拥有一席之地，必须拥有竞争的实力。而中外高等教育国际化的竞争结果表明，高等职业教育无论在国内还是国外，都是弱势群体，国际化办学水平都相对较低，竞争实力较弱。截至2016 年年底，我国高等职业院校接受的外国留学生人数只占我国留学生总人数的 1.58%。美国的社区学院在招收国际学生的数量上，占有比例也很低，据2016 年《门户开放》数据显示，2014—2015 年，社区学院招收的国际学生只占美国国际学生人数的 9.4%③。这些数据从侧面反映了职业院校在国际竞争中的劣势，若要扭转这一局面，职业院校必须在国际社会凸显自己的特色④。而突出特色的建设中，不可缺少的环节就在于做好国际特色的定位及其评价工作，真正体现出院校之间的差异及特色。国际化的第三方评价针对职业院校特色开展相关的诊断和鉴定工作，并将结果向国际社会公示，为民众和其他国家的选择提供决策参考，这无疑有助于职业院校注重自身的特色建设，以提升其国际竞争力。

三、高等职业教育区域化服务功能拓展的需要

高等职业教育的功能主要为服务区域经济和社会发展的需要，随着经济全

---

① 戴小红. 高职院校教育国际化动因、内涵与路径选择 [J]. 黑龙江高教研究，2012 (6)：81-84.

② 柯婧秋，王亚南. 高等职业教育国际化：现状、问题及对策：基于全国 231 所高职院校的调查 [J]. 职业技术教育，2017 (36)：44-47.

③ 李子云. "一带一路"背景下高职教育供给侧改革研究 [J]. 职业技术教育，2018 (1)：12-16.

④ 袁李兰，杨梅. 美国社区学院国际化及其困境 [J]. 高教探索，2018 (1)：76-82..

球化的不断发展，原有的区域范围也不断扩大，地球村将成为未来的区域常态，高等职业教育也将承担起服务地球村的重任。第三方评价作为比较重要的质量保障措施，从服务地球村的视角吸纳各国专业的人力资源，研制全球化服务质量标准，实行无歧视的教育评价工作，必将为高等职业教育区域服务功能的拓展提供有效的指导，为确定从本国小区域拓展到全国，从全国拓展到国际，继而覆盖全球的服务战略提供参考依据。以此为依据开展高等职业教育的服务工作，将极大推动其全球化话语体系、质量标准体系以及相关制度体系的建立，逐渐在国际上获得认可，从而实现教育服务于国际社会的功能①。

四、契合高等职业教育国际化持续发展的需要

确保"优质教育"是联合国 17 个改变我们世界的可持续发展目标中的一个，其中明确提到确保优质技术、职业和高等教育，增加掌握创业、就业所需的相关技能（技术性和职业性技能）青年和成人数。这说明，一旦我们的高等职业教育走出国门，在国际化的进程中，就必须将这一可持续发展目标纳入战略发展目标之中，才能符合国际职业教育发展的需要，也才能为职业教育的国际化发展提供可持续的动力②。而这一战略目标的实现将是长期的过程，需要多方协助和配合，第三方评价在其中可以充分发挥调节功能和教育功能，督促职业院校根据国际社会需要及时调整目标和进程，为国际社会提供其所需要的职业教育，因而，它的国际化非常契合高等职业教育国际化可持续发展的需要。

五、完善现代高等职业教育治理体系的需要

随着国家治理体系和治理能力现代化理念的提出，教育治理能力现代化也必然成了国家现代化的重要组成部分，因而，治理能力现代化也成了高等职业教育面临的重大问题。在高等职业教育国际化的进程中，这一问题显得尤为重要。依完善的现代治理理论来看，当前高等职业教育领域的治理体系还存在诸多问题，学校的自我约束机制不健全，社会参与教育治理和评价还不充分，单一政府主导的评价格局还没有被打破。构建完善的现代治理体系，提高治理能

---

① 王荣辉."一带一路"背景下我国职业教育国际化发展战略与路径［J］. 职业技术教育，2018（1）：6-11.
② 联合国. 可持续发展目标：17 个可持续发展目标［EB/OL］.（2015-09-25）［2019-11-09］. https://www.un.org/sustainabledevelopment/zh/sustainable-development-goals/.

力，加强第三方评价的建设是重要突破口①。其中第三方评价的国际化，也是高等职业教育现代化的集中体现，因为，真正现代的教育是具有开放性和包容性的教育，它不仅面向其所在区域，更要面向全国，甚至在国际社会也要接受来自多方的监督②。从这一层面来看，第三方评价的国际化能提高高等职业教育治理的现代化水平，对于完善治理体系具有非常重要的作用。

六、契合评价工作与国际接轨的需要

随着全球化时代的到来，教育国际化也成为国际社会关注的话题，并预测构建区域或全球范围内统一的质量保证体系会成为高等教育国际化发展的最新趋势，一些世界性的组织也在为此努力，欧盟各国进展相对比较快。我国也在积极应对国际化对教育提出的新要求，并在《国家中长期教育改革和发展规划纲要（2010—2020 年）》中对教育国际化做出了明确的规定，推动中国教育国际化进入了一个新的阶段③。在职业教育领域，国际化的关注重点已转向合作计划质量的提高和增强学生职业技术技能在国际劳动力市场的适切性和竞争力。这一转向表明，我国迫切需要适应教育国际化的评价，才能为我国教育国际化重点和目标的实现提供质量保障④。因此，第三方教育评价的国际化不仅适应了时代发展和国家国际战略发展的需要，也会加快教育评价工作与国际接轨的步伐。

第二节　高等职业教育第三方评价国际化的属性及其影响因素

高等职业教育第三方评价国际化就是将国际上业已达成共识的理念、标准、规则和范式等融入第三方评价的管理制度、活动准则、评价体系建设、价值取向定位中。它指的不仅是外化融入国际社会，更重要的是要将外来的东西与本国国情相结合，在本土化的基础上实现国际化，这样的国际化才有厚实的

① 唐智彬. 论现代治理视域下的高职教育质量第三方评价体系建设 [J]. 中国高教研究，2016（5）：63-67.
② 关晶. 现代职业教育体系的"现代性"辨析 [J]. 中国高教研究，2014（11）：25-28.
③ 黄福涛. "全球化"时代的高等教育国际化：历史与比较的视角 [J]. 北京大学教育评论，2003，1（2）：93-98.
④ 周南照. 教育国际化的若干国家政策比较和世界态势反思 [J]. 世界教育信息，2013（4）：3-18.

基础，才能为高等职业教育第三方评价的可持续发展提供源源不断的动力。

一、高等职业教育第三方评价国际化的属性

1. 评价理念和价值取向的国际性

第三方评价国际化意味着要从国际视野来认识和理解第三方评价的本质和作用，具备一个清晰的国际化理念是第三方评价实施国际化战略的前提。由于我国第三方评价起步较晚，高等职业教育也没有明确的国际化进程，对国际化的教育质量评价也没有明确的要求。因此，第三方评价国际化没有既定的参考理念，要根据我国高等职业教育国际化发展的目标和要求，探寻适合第三方评价国际化的理念，并在实践中提高自身的品牌价值和权威性。

第三方评价的价值取向源自高等职业教育的价值目标，国外评价的主要价值取向是"以人为本"，强调个人接受教育的需要，认为教育评价的终极价值在于促进人的全面发展。我国高等职业教育第三方评价的国际化，就有必要改变政治论要求的教育目标和成果的评价，更多关注全社会乃至全球发展的需要，关注不同种族、不同国家民众生存和发展的需要①。

2. 评价政策的开放性

高等职业教育是培养技术技能型人才的教育类型，在全球化背景下，高等职业教育培养的人才需要有国际通用知识和技能，为此，第三方评价政策也应着眼于全球，做好相关政策的国际化制定和设计工作，使其具备开放性从而引领评价工作的国际化发展。政策制定者要充分考虑到相关国家的教育背景、教育需求，考虑到各国行业企业发展的状态及其对人才规格的定位，考虑到国际经济环境发展对技术技能人才的素质要求及其变化趋势，以吸引国外高职院校吸纳我国第三方评价参与其国家的教育质量评价工作，同时也不断促进我国第三方评价的发展和完善。

3. 评价依据的国际通用性

任何评价工作都是在有依据的前提下进行的，这些依据有国家的政策文件、学术组织的规章制度等。我国的教育评价活动主要以教育部及相关部门下发的通知为依据，职业教育第三方评价的依据也以教育部印发的文件为主，其中明确了开展第三方评价及相关评价制度建设的重要性，并指出了第三方评价工作在职业教育质量保障体系中的作用，说明我国第三方评价依据的权威性毋

---

① 黄岚. 国内外大学评价体系的发展比较与演进方向探析：第三方评价的视角 [J]. 评价与管理，2016，29（1）：73-79.

庸置疑①。在国际上，美国、英国、德国、澳大利亚的第三方评价比较成熟，它们的依据不仅有国家职业教育法的相关规定，也有相关认证机构、质量委员会或行业技能、培训委员会的具体规定或执行办法。鉴于其评价结果的有效性，它们都已经成了第三方评价不可规避的依据②。因而，中国高等职业教育第三方评价的国际化，必须参照国际通行法则，制定出符合高等职业教育国际化乃至与国际接轨的评价相适应的法律、政策、制度或文件等，让第三方评价活动的开展有据可依，并适应教育质量国际化评价的需要。

4. 评价标准的适应性

开展评价工作最重要的是要有科学、有效的工具，标准体系是评价工作不可缺少的工具之一，也是评价工作的重要组成部分。在高等教育国际化的过程中，各国以及一些国际组织都在致力于教育质量保障体系的全球标准化和统一化。建立具有共识的教育质量标准及测定质量水平的核心指标也成为教育国际化的重要走势。在高等教育国际化的进程中，中国必须积极加入国际质量标准及测定指标的制定工作之中，争取在规则的制定中获得话语权，发挥引领世界的作用③。这样才能在适应现行国际规则的基础上，开展规则的创新工作，制定出既与本国国情相适应，也符合国际社会发展需要，且能得到国际社会认可的评价标准④。使其不仅适应本国教育质量评价的需要，还能适应国际社会的教育质量评价，彰显我国第三方评价的优势和自信。

5. 评价主体和对象的跨界性

第三方评价是不同于第一方与第二方的评价，它主要由社会上成熟的非官方的评审机构来执行，与大学和政府都不存在隶属关系与利害冲突。但评价主体吸纳了各行各业的相关人士，有政府官员、行业人员、大学教师、专业学术组织人员等⑤。作为国际化的第三方评价，在组织上应不隶属于任何一个国家，是完全独立的民间机构；在人员构成上，成员可以来自不同国家的不同组织机构，他们共同组成具有国际思维和国际视野的评价团队，以保证评价活动

① 张艺，刘家枢. 职业教育专业化第三方评价制度的构成研究 [J]. 职教论坛，2017 (25)：11-15.

② 张宏亮，杨理连. 国外职业教育质量评价"第三方"参与状况对我国的启示：以美、英、德、澳四国为例 [J]. 职教论坛，2016，37 (18)：86-92.

③ 周南照. 教育国际化的若干国家政策比较和世界态势反思 [J]. 世界教育信息，2013 (4)：3-18.

④ 冯宝晶. "一带一路"视角下我国职业教育国际化发展的理念与路径 [J]. 中国职业技术教育，2016 (23)：67-71.

⑤ 胡雁，谢锦. 高校教育质量第三方评价模式探究 [J]. 黑龙江高教研究，2017 (6)：84-86.

的开展能适应所在国家的需要①。作为具有跨界性质的组织机构，其评价对象也不仅局限于所在国家教育质量评价，它理应具有承担国际教育质量评价的功能，即能为其他国家提供教育质量评价服务工作。这样才能在国际上获得教育评价共识，并有机会将本国先进的教育理念推出国门，让教育走向国际。

6. 评价机构的专业性和国际权威性

质量评价属于高度专业化的管理工作，评价的专业化、标准化和制度化有利于管理活动的全球化，教育作为一项专业性很强的活动，接受国际上专业化和标准化的评价是其走向国际化的有效途径。同样，从事评价工作的机构，也必须获得相关的认可才能有资格从事质量评价，因而，接受国际认可的资格认证是评价机构能否具备专业性的重要途径。第三方评价机构的国际化，通过国际资格认证是必要条件，它在一定程度上表明了机构的专业水平和能力。但这仅仅是其国际化的条件之一，要想在第三方评价机构的国际竞争中获得竞争优势，成为名副其实的国际化组织，对教育质量的持续改进还必须具有明显成效，在国际评价中形成一定的影响力，具备一定的公信力，让评价结果得到国际社会的认可，继而能在国际教育质量评价工作中获得话语权，树立威信。

二、高等职业教育第三方评价国际化的影响因素

作为专业从事高等职业教育的第三方评价机构，其国际化属性的具备受国际国内教育政策、教育国际化发展状况、国际教育竞争以及国际评价工作的发展等诸多因素的影响。

1. 国家推进教育国际化的政策

我国高等教育国际化政策主要集中在本科层次尤其是重点本科院校，涉及职业教育的政策很少，直到 2012 年《上海共识》的通过，才清楚地具有了职业教育国际化的政策导向。由澳大利亚以及欧盟先后制定的国家性资质框架成了我国职业教育国际化的要素之一。2013 年我国工程教育加入《华盛顿协议》，因其主要针对本科教育，高职教育加入了《悉尼协议》，这意味着我国高职教育的办学质量有可能得到国际权威标准的认可与肯定，从而有利于提升我国高职教育的质量与声誉，提高我国职业教育的国际化水平②。但高等职业

---

① 蒋丽君，何杨勇. 高职教育第三方评价的局限、问题和对策 [J]. 黑龙江高教研究，2017 (9)：98-102.

② 周南照. 关于教育国际化的政策思考 [C] // 中国教育国际化研讨会. 2015 (10)：3-8.

教育对外开放的时间并不长，重点也在于获得外界认证而非承担认证工作①。因而主动开展质量评价的工作内容并没有被提上日程，在一定程度上不利于第三方评价的国际化发展。

2. 高等职业教育国际化发展状况

随着《上海共识》的通过，以及加入《悉尼协议》，我国的职业教育步入了国际化发展的道路，尤其是"一带一路"倡议的实施，为职业教育走向国际化提供了发展机遇。但是，高等职业教育的国际化态势并不理想，有调查数据显示，高等职业教育领域存在国际化战略落实不到位、教师国际交流程度不深、留学生机制不完善且比例偏低、课程教学未与国际接轨、国际化管理制度缺乏、境外办学数量少、科研合作实力不高等问题。而这些问题的提出并非来自第三方评价机构，而是来源于热衷于职业教育的研究者②。这从另一个层面表明，高等职业教育的国际化发展中还有很多关键问题等待解决，教育质量保障体系还没有引起足够的重视，尤其是第三方评价适应教育国际化的要求还没有得到利益攸关方的提倡，第三方评价也就不可能在高等职业教育国际化的发展中发挥应有的质量监测和保障作用，其价值取向、理念和标准等在较短时间内难以成为国际社会的主流。

3. 国际教育竞争态势

教育国际化是适应全球化而产生的一种教育理想和教育实践活动，从教育国际化的发展历程来看，凡是经济发展走在世界前列的国家，其教育国际化的程度就比较高，对教育国际化活动也表现出极大的热忱，即从政策、资金、人员、制度等方面给予国内外人员足够的支持，在国际教育中逐渐形成了本国教育的竞争优势，从而使本民族的文化变为强势，走向世界，获得世界人民的认可，同时也为本国培养了具有国际素养和国际竞争力的人才。这种竞争优势的获得，离不开良好的质量保障体系，其中第三方评价机构做出了不可磨灭的贡献③。同样，竞争优势也促进了第三方评价机构的国际化，发达国家很多第三方评价的模式及其标准等被其他国家采纳，并形成了一些具有跨国性质的第三方评价机构，为其他国家提供有偿的评价服务。而作为发展中国家的教育，国

---

① 刘文华，徐国庆.《悉尼协议》框架下高等职业教育发展策略探析：论我国职业教育的国际化 [J]. 上海教育评估研究，2016（1）：16-19.

② 柯婧秋，王亚南. 高等职业教育国际化：现状、问题及对策：基于全国 231 所高职院校的调查 [J]. 职业技术教育，2017（36）：44-47.

③ 袁利平. 教育国际化的真实内涵及其现实检视 [J]. 西华师范大学学报（哲学社会科学版），2009（1）：82-87.

际化程度相对比较低，在教育国际化的浪潮中，暂时只能扮演参与者角色，在竞争中处于劣势地位，其国际化表现无法为质量评价机构的国际化提供有效支撑。因而，国际教育竞争力的不利地位在一定程度上决定了发展中国家第三方评价机构的地位，也表明第三方评价机构无论在组织结构、专业水平、业务能力及其范围等方面都与发达国家存在较大的差距，在提供教育评价的有偿服务中缺乏竞争力。

4. 第三方评价国际化的发展

目前，我国的第三方评价虽然在引进国外前沿评估理念的基础上有了一定的发展，但是还存在很多的不足，即缺乏完善的法律法规体系保障其专业性和权威性，缺少准入和监督机制以保障其公正性。高等教育第三方评价中，第三方评价的独立性还难以保证，大部分评价机构的专业力量、专业水准、专业体系亟待完善，评价过程的科学性也难以保证[1]。这些问题的存在严重影响了我国第三方评价的专业性和权威性，难以获得社会公信力[2]。也表明，我国第三方评价国际化的基础非常薄弱，起点也很低，国际化的路程注定比较艰难。

第三节　高等职业教育第三方评价国际化的路径

受国际国内环境和自身发展状况等影响，我国的第三方评价在高等职业教育中还没有形成常态，相关理念、法律、制度、标准体系等都还处于形成阶段，在这种基础上的第三方评价国际化进程将面临基础薄、起点低、困难多的局面，但同时也给发展留下了巨大空间，只要做好战略规划和整体设计，完善相关保障制度，提高自身专业能力和水平，在高等职业教育领域实现第三方评价的国际化也就指日可待。

一、做好第三方评价国际化的战略规划和顶层设计

高等职业教育的第三方评价国际化不是简单的社会机构问题，也不只是职业教育领域的问题，它是与我国高等职业教育国际化密切相关的问题，其国际化必须放在国家教育战略的地位来规划，即根据国家高等教育以及职业教育国

---

①　王世赟. 中国第三方教育评估机构现状分析［EB/OL］. （2018－01－10）［2019－11－09］. http://www.jyb.cn/zgjsb/201801/t20180109_929207.html.

②　郑智伟，曹辉. 高等教育第三方评估及其公信力构建［J］. 中国高等教育评估，2017（4）：104-109.

际化发展战略的要求，制定出第三方评价国际化的总体目标和总的发展框架，重点考虑好第三方评价国际化与本土化的关系，考虑其国际化的广度和深度，以及国际化推进的主要难点和可能遇到的阻碍，预测国际化进程中存在的风险，吸取发达国家成功经验和失败教训，为规避风险提前做好准备，也为国际化实施提供战略性建议。

二、完善第三方评价国际化的法律法规

我国现行的第三方评价法律法规原本就不完善，有关高等职业教育的更是如此。同样关于第三方评价国际化的法律法规严重缺失，导致第三方评价的国际化无法得到有效保障。为推进高等职业教育的国际化，从法律法规上对第三方评价的相关事项给予明确的规定，不仅是对第三方评价合法性的保障，也是对其权力和责任的明确，更是为其走向国际提供有力支撑。鉴于我国相关法律制度的欠缺，在国际化的进程中，有必要参照发达国家以及国际上相关组织制定的规章制度，站在国际视野而不拘泥于本国或本区域的情况，制定出符合第三方评价国际化发展需要的法律法规，以法的权威明确第三方评价的行业资格，严格约束第三方机构的评价行为，维护其评价工作的合法性，同时也为第三方评价机构按照国际通行管理开展自治，乃至形成符合国际化要求的行业自律提供依据。

三、引进和创新第三方评价的国际化理念

管理质量和水平的提升，先进的理念是关键，教育领域的质量评价同样如此。我国的第三方评价与国际上其他国家相比，存在较大的差距，其在坚持"平等合作""开放包容""创新共享""以人文本"等理念中取得的成功经验证明，这些理念具有引进和借鉴的价值。但作为国际化的第三方评价活动，仅有"引进"永远不可能走在国际前列，不可能引领国际职业教育发展潮流。我们需要遵循职业教育发展规律，根据全球化发展及本国职业教育发展战略的需要，不断创新第三方评价的理念，充分彰显第三方教育质量评价工作的价值。因此，高等职业教育第三方评价国际化理念的创新应站在构建人类教育命运共同体的高度，以第四代评价理论为依托，按照国际工程教育理念的要求，提出有助于重构评价者心理、协调多方价值观念、获得结果认同的评价理念，让先进的教育评价理念惠及所有需要的国家，促进国际社会职业教育"一国一特色"局面的形成。

四、构建具有国际化特色的第三方专业评价机构

第三方专业评价机构的形成是评价活动走向国际化的基础。发达国家成熟的第三方教育质量评价活动绝大部分都由具有评价资质，且能独立开展评价的第三方机构执行，这在很大程度上保证了评价结果的公正、公平。同时这些评价机构都制定了符合评价所需要且比较科学的标准体系，形成了规范化的评价流程，人员的专业素养比较高，能有效执行评价工作，评价结果能得到政府、企业等利益攸关部门或人员的认同，不仅为学校争取政府的拨款提供了依据，也为企业等用人单位的人才引进提供了参考，在社会上树立了评价权威，让评价机构获得了公信力。但是，目前发达国家第三方评价机构的国际化程度也不高，只有极少数的具有公司化性质的第三方评价机构开展了跨国评价活动。为促进国际职业教育的共同发展，构建具有国际化特色的第三方专业评价机构有着重要的意义。根据教育国际化的相关经验，可以成立国际第三方职业教育评价联盟，在各国设立分支机构，吸纳各国相关专业人员组成跨国专业评价团队，根据各国高等职业教育发展需要，研制本土化和国际化相结合质量评价标准，按照统一的规范流程开展评价工作，并执行严格的内部管理制度，形成良好的组织机构运行机制，实现为国际社会提供优质职业教育服务和促进职业教育可持续发展的目标。

第九章 现代职业教育第三方评价的研究

第一节 现代职业教育第三方评价政策、概念与现状

一、现代职业教育第三方评价的相关政策

2010 年 7 月 8 日，中共中央、国务院在《国家中长期教育改革和发展规划纲要（2010—2020 年）》中明确提出，要改进教育教学评价，根据培养目标和人才理念，建立科学、多样的评价标准，开展由政府、学校、家长及社会各方面参与的教育质量评价活动。

2011 年 6 月 23 日，《教育部关于充分发挥行业指导作用推进职业教育改革发展的意见》（教职成〔2011〕6 号）明确提出，要逐步建立以行业企业为主导的职业教育第三方评价机制。同年，《教育部关于推进中等和高等职业教育协调发展的指导意见》（教职成〔2011〕9 号）再次提出，要探索建立职业教育第三方质量评价制度。《教育部 财政部关于支持高等职业学校提升专业服务产业发展能力的通知》（教职成〔2011〕11 号）提出要求，要建立就业（用人）单位、行业协会、学生及其家长、研究机构等利益相关方共同参与的第三方人才培养质量评价制度。

2013 年 11 月 15 日，《中共中央关于全面深化改革若干重大问题的决定》提出，要深入推进管办评分离，扩大省级政府教育统筹权和学校办学自主权，完善学校内部治理结构。强化国家教育督导，委托社会组织开展教育评估监测。

2014 年 5 月，《国务院关于加快发展现代职业教育的决定》（国发〔2014〕19 号）指出：注重发挥行业、用人单位作用，积极支持第三方机构开展评估。

2015 年 5 月 8 日，《教育部关于深入推进教育管办评分离促进政府职能转变的若干意见》（教政法〔2015〕5 号）进一步强调，要支持专业机构和社会组织规范开展教育评价。大力培育专业教育服务机构，整合教育质量监测评估机构，完善监测评估体系，定期发布监测评估报告。扩大行业协会、专业学会、基金会等各类社会组织参与教育评价。

2015 年 6 月，《教育部办公厅关于建立职业院校教学工作诊断与改进制度的通知》（教职成厅〔2015〕2 号）指出，教育部将试行专业诊改，支持对企业有较大影响力的部分行业牵头，以行业企业用人标准为依据，设计诊断项目，以院校自愿为原则，通过反馈诊断报告和改进建议等方式，反映专业机构和社会组织对职业院校专业教学质量的认可程度，倒逼专业改革与建设。同时在文件中进一步明确，教育部组建职业院校教学工作诊断与改进专家委员会，负责指导方案研制、政策咨询、业务指导，这不仅是在口号层面进行支持和鼓励，同时可以看出教育部更进一步的工作方案也正在酝酿之中。从这些政策表述来看，第三方评价将是职业教育质量评价的发展方向。

2015 年 11 月 18 日，教育部《职业院校管理水平提升行动计划（2015—2018 年）》指出：经过三年努力，职业院校以人为本管理理念更加巩固，现代学校制度逐步完善，办学行为更加规范，办学活力显著增强，办学质量不断提高，依法治校、自主办学、民主管理的运行机制基本建立，多元参与的职业院校质量评价与保障体系不断完善，职业院校自身吸引力、核心竞争力和社会美誉度明显提高。

从上述一系列文件的发布可以看出，我国关于职业教育第三方评价的政策，经历了从笼统到具体，从模糊到清晰化的一个顶层设计过程[1]。2010 年，国家已经意识到教育评价改革的必要性，从评价标准的科学多样化到评价主体多元化，为教育评价指明了具体的发展方向，但当时的政策并没有具体区分高等教育和职业教育，而且在"开展由政府、学校、家长及社会各方面参与的教育质量评价活动"的政策表述中，并没有列出企业行业评价主体、第三方教育评价机构等。2011 年 6 月，教育部出台了关于在职业教育中发挥行业指导作用的文件，突出了行业的指导地位，除了行业对于专业布局、培养目标、课程建设、师资队伍、实习教学等方面的参与和指导作用外，特别将行业对评

---

① 丁建石. 职业教育第三方质量评价的相关法律政策梳理及完善策略析 [J]. 中国职业技术教育，2017（26）：42-48.

价标准的指导作用纳入其中。2011 年 8 月，教育部又出台一个专门针对"推动管办评分离"的文件，特别指出"吸收行业、企业、研究机构和其他社会组织"等多元主体，共同参与人才培养质量评价，把职业教育质量评价的工作重点放在人才培养质量标准上，并确立了毕业生就业率、就业质量、创业成效等基本的衡量指标。这一文件更明确、深入、全面地指出了评价主体的主要构架：行业、企业、研究机构和其他社会组织，行业企业和专业评价机构作为两大重要评价主体被凸显出来，并且把人才培养质量放到职业教育评价的关键位置。2013 年 11 月 15 日，中共中央出台了《教育部中共中央关于全面深化改革若干重大问题的决定》，2015 年 5 月 8 日，教育部出台了《教育部关于深入推进教育管办评分离促进政府职能改变的若干意见》，这两个文件为实施第三方评价铺平了道路。

随着国家有关职业教育评价文件的陆续出台，各地方也开始响应跟进，各地结合本地区的实际情况，颁布和实施了有关发展现代职业教育的地方性法规或规章，其内容条款更加细致、易操作，进一步推动了职业教育评估评价体系的完善。从 2014 年 6 月到 2015 年 12 月，河南省、江苏省、北京市、杭州市人民政府分别出台了关于加快职业教育发展的实施指导意见，明确肯定第三方机构开展职业教育质量评估工作，特别突出了行业、企业在评价中的作用，并对职业教育评价制度、评价质量监测、评价核心指标建构、评价保障体系等提出了更进一步的指导意见。在评价主体上，河南省政府明确提出第三方评价机构的建立应该以"行业、企业、非政府部门"为主体①；江苏省政府则提出评价主体要多方联动参与，包括"院校、行业、企业、研究机构和其他社会组织"②；杭州市政府则提出要发挥行业、用人单位在评价中的作用，还要发挥"政府、学校、学生和家长"的参与作用③。在评价制度上，江苏省政府出台实施毕业生就业质量跟踪调查和定期发布职业教育年度报告的政策；杭州市政府提出评价的基本原则：依据"贡献水平""教学效果""素质能力"分别为学校、教师和学生给出评价；北京市政府则提出职业教育质量评价主要考察

---

① 河南省人民政府. 河南省人民政府关于实施职业教育攻坚二期工程的意见 [J]. 河南省人民政府公报，2014.
② 江苏省人民政府. 江苏省人民政府关于加快推进现代职业教育体系建设的实施意见 [J]. 江苏省人民政府公报，2014.
③ 杭州市人民政府. 杭州市人民政府关于加快发展现代职业教育的意见 [J]. 杭州市人民政府公报，2015.

"职业道德""技术技能水平"和"就业质量",注重技能考核和综合素质评价①。

二、现代职业教育第三方评价的概念界定

(一)现代职业教育的第三方评价

在理论层面上,学者对第三方评价的概念还存在重大分歧②,这在一定程度上给职业教育第三方评价的实践设置了障碍,制约了第三方评价在实践中的应用。目前学术界关于职业教育第三方评价的概念界定主要有三种观点。第一种观点认为,第三方是第一方和第二方之外的一方。陆春阳认为,现代职业教育第三方评价中的第一方是教育举办者,第二方是受教育者,第三方是指与两者有联系,但独立于两者的客体,一般包括教育主管部门和行业企业等③。第二种观点认为,第三方是指与"评价对象无隶属关系,但却是有利益关系"的一方④。在职业教育领域,这一看法得到了许多学者的支持。王育仁认为,第三方是相对于第一方和第二方而言的⑤。在高等职业教育评价中,传统办学主体是第一方,教育管理部门是第二方。两者之外的其他各方——就业(用人)单位、行业协会、学生及其家长等就是第三方。王宝刚和赵岩铁指出,在高职院校人才培养质量评价中,第一方是院校内组织,第二方是教育行政部门,第三方是指独立于两者之外的第三方组织,包括企业、行业、家长和学生⑥。虽然学者们在第三方的具体构成上存在分歧,但列举出来的第三方显然都与作为评价对象的职业教育没有隶属关系,但却与职业教育有着利害关系。从这一点来看,这些学者都支持第二种观点。第三种观点认为,第三方是第一方和第二方之外的一方且与第一方和第二方都没有隶属和利益关系。杨黎明在论及职业教育毕业生的第三方评价时认为:毕业生的第三方评价就是由独立于学校的社会组织和机构对毕业生进行的评价,他同时指出,不能认为自己之外的他人就是第三方,第三方最重要的一个特点是与自己没有利害关系。按照这

---

① 北京市人民政府. 北京市人民政府关于加快发展现代职业教育的实施意见 [J]. 北京市人民政府公报,2015.
② 梁卿. 职业教育质量第三方评价的概念探析 [J]. 职业技术教育,2014,35 (13):47-50.
③ 陆春阳. 让第三方参与职业教育人才培养质量评价 [J]. 职业技术教育,2011 (30):64-65.
④ 周应中. 高职专业第三方人才培养质量评价体系的构建 [J]. 职业技术教育,2012 (5):5-9.
⑤ 王育仁. 第三方质量评价运行机制研究 [J]. 中国高校科技,2012 (6):53-54.
⑥ 王宝刚,赵岩铁. 高职院校人才培养质量第三方评价机制探析 [J]. 教育教学论坛,2013 (3):236-237.

种观点，除了家长和学生，连用人单位都不是第三方评价的评价主体，因为他们都是职业教育的利益相关者①。

从现有文献来看，较少有学者持第一种观点，虽然这种理解符合"第三方评价"的字面含义②。与此不同，后两种观点各有赞成者。如前文所述，在职业教育领域，第二种观点得到了更多人的支持。特别需要指出的是，从前文引用的政府文件来看，第二种观点明显得到政府的赞成。然而，从第三方评价本身兴起的原因来看，第三种观点更为合理。第三方评价兴起的一个很重要的原因在于，第一方和第二方作为当事的双方，与评价对象有着直接的利益关系。为了维护自身利益，第一方和第二方通常会根据自身的利益诉求实施评价活动，从而对评价结果的客观性和公正性产生负面影响。为克服第一方和第二方评价的这一弊端，第三方评价才得以提出，并受到推崇。从这个意义上看，第三方评价中的"第三方"是指第一方和第二方之外的、与评价对象没有隶属和利害关系的一方。事实上，如果跳出职业教育领域就会发现，在其他许多领域，学者们普遍支持第三种观点。如在管理学领域，政府绩效第三方评估研究者普遍认为，作为评价主体的第三方在身份和经费上应该独立于第一方和第二方③。也就是说，第三方与第一方和第二方之间应不存在隶属和利益关系。唯有如此，才能保证评价过程透明公开，评价结果公正客观。

（二）职业教育产品

职业教育产品是指职业院校向学生提供的教育服务。职业院校和学生分别是第一方和第二方，教育行政部门与职业院校之间存在隶属关系，应被排除在第三方评价的主体之外，只有职业院校和学生两方与职业院校提供的教育服务有直接的利益关系，行业企业和研究机构等虽然与之也有利益关系，但这种关系是间接的，因此行业企业和研究机构等应被视为第三方评价的主体。

本书界定的现代职业教育的第三方是指由政府委托并认证但又独立于政府和职业院校之外的中介评价机构，评价机构可招聘全职或兼职评价专家组成专家团，对职业院校进行评估。评价专家团可由行业企业专家（含行业管理专家、行业技术人才）、教育专家（含教育研究专家、教育管理专家、教学一线

---

① 杨黎明. 关于毕业生的第三方评价（一）：学校评价、企业评价和第三方评价 [J]. 职教论坛，2012（27）：1.

② 梁卿. 职业教育质量第三方评价的概念探析 [J]. 职业技术教育，2014，35（13）：47-50.

③ 徐双敏. 政府绩效管理中的"第三方评估"模式及其完善 [J]. 中国行政管理，2011（1）：28-32.

名师）按照一定的比例组成。

（三）本次第三方评价

本次第三方评价一般是指由第三方主持开展的评价活动，即第三方负责组织实施评价的全部工作，包括设计指标体系、分配指标权重、建立评价标准、组织评价活动和公布评价结果。

三、我国现代职业教育第三方评价的发展现状

我国的现代职业教育在发展过程中已形成了较为完整的"体内教育过程评价"和"体外教育管理机构评价"两个相互补充的评价体系。第一类为以评价第一方为主导的学校内部的质量运行与监控过程，即教学诊断与改进评价体系，其标准为学院自身的院校规划、专业规划和标准、课程规划和标准等。第二类为来自教育行政主管机构的第二方评价，虽出自学校之外的机构，但就参与者的身份而言，可谓"一家人不说两家话"。这类机构本着"以评促建，以评促改，以评促管"的目的进行评估，帮助院校查找质量问题的侧重点是计划与管理方面的问题，属于"围墙内"的评估。这一评价体系曾在高职院校发展过程中发挥重要作用，国家示范院校、国家骨干院校和国家优质高职院校等都是第二方评价的结果体现，这一结果在某种程度上为国内高职院校进行了排名。当前我国职业教育第三方评价模式仍处于起步阶段，尽管国家政策对培育第三方评价模式给予了政策支持①。据此，部分研究者认为，中国政府主导式的职业教育将会向社会主导式的职业教育转变，未来中国职业教育评价模式必然会从政府主导走向第三方主导。第三方评价模式发展前景如何，必须依赖深厚的理论研究及实践的推进，还有赖于职业教育体制改革的进程。目前我国职业教育第三方评价比较明显的不足体现在实践操作中，运行机制不足限制了第三方评价模式应有的优势。第一，第三方主体发育尚不成熟。在西方发达国家，第三方组织的专业化、独立性已经成为其基本特征，组织体系也比较完善。但是，我国职业教育第三方评价的主体发育还不成熟，在一定程度上限制了其优势的发挥。具体而言：首先，职业教育第三方评价主体如教科院、教研院、教育协会等通常具有"准政府"属性，这些机构还承担着一些管理职能。因此，这些机构很难在立场上做到完全客观、公正，在评价过程中同样存在权力寻租的可能。正因如此，很难分清这些机构对职业教育的评价，是第三方评价还是政府评价。其次，按照市场化、企业化组织起来的教育咨询、评估公司

---

① 邱磊. 职业教育第三方评价模式的困境与出路 [J]. 中国职业技术教育，2018（15）：61-66.

等主体,尽管在立场等方面不存在问题,但这些主体由于受到不成熟的市场环境等方面的影响,其评价专门人才储备不充足,缺乏独立的评价数据建设能力,在与第一类主体竞争上没有优势。最后,部分作为第三方主体参与职业教育评价的企业、家长或学生,因为立场、能力、资源等受限,也很难兼顾独立性与专业性。第二,评价的委托方处于错位状态。按照市场化规律及模式,任何与职业教育利益相关的机构、个体均可以委托第三方对职业教育发展过程及职业教育特定活动或模块进行评价。如此,政府部门、职业院校、企业、行业、家长等各个主体均属于委托方。但在现实中,当前第三方评价多是接受政府部门委托,对职业教育整体办学情况进行评估;职业院校委托第三方机构进行评价,主要是应对政府部门的强制性要求,基于特定立场或利益关系,职业院校几乎没有委托第三方评价的动力①。而企业、行业、家长、学生等主体在当前的第三方评价模式中处于缺位状态,几乎没有发起评价的动机。第三,第三方评价模式的制度体系不健全。职业教育第三方评价模式在我国离不开国家政策的支持和政府部门的推动。但是作为一种模式体系要想获得长足的发展,还有赖于制度规范。就制度体系的整体而言,当前至少两大层面制度体系是缺位的:首先,国家层面尚没有针对职业教育第三方评价的法律法规,仅有民政部发布的一个在中国发展第三方评估组织的指导意见,但这仅仅是行政指导,不具有强制性,甚至与职业教育关系不大。其次,职业教育第三方评价模式的市场准入、工作标准、基本准则等也同样是缺位的。第四,第三方评价的具体机制不健全。在具体工作机制方面,实践中出现的问题较多,如政府部门、职业院校对第三方机构的选择方面存在着信息、程序不透明等问题;第三方机构缺乏与委托方进行谈判的能力;第三方机构作为外来者,在进行信息、数据采集时可能会遭到职业院校师生的抵制,难以保证数据、信息的真实性。对于第三方机构而言,在得出评价结论之前一般缺乏事先的听证程序。此外,由于政府部门、职业院校、第三方机构在立场与价值观等方面的差异,协商机制难以建立,在评价指标、标准、结论等方面难以达成一致。

总之,我国现代职业教育第三方评价尚未形成体系完备、可操作性强、信息渠道畅通的运行管理机制。各方评价自成一体,没有形成闭合、互动、循环的体系,这也成为当前教育评价体系中的一个显著弱项。

近年来,"管办评"分离促进了职业教育第三方评价的发展。2015年,

---

① 王启龙. 欧盟职业教育质量同行评议模式及本土化应用 [D]. 上海:华东师范大学, 2017.

《教育部关于深入推进教育管办评分离促进政府职能转变的若干意见》指出：建立健全政府、学校、专业机构和社会组织等多元参与的教育评价体系。到2020年，基本形成政府依法管理、学校依法自主办学、社会各界依法参与和监督的教育公共治理新格局。党的十九大报告进一步指出，要转变政府职能，推进"管办评"分离。在国家政策的鼓励下，职业教育纷纷引入第三方评价机构。麦可思数据有限公司、上海市教育科学研究院、上海市教育评价协会等第三方评价机构，发布了一系列评价报告：《中国高等职业教育人才培养质量年度报告》[①]《上海市2015—2017年度职业培训机构（项目）办学质量和诚信等级评定A级单位公示》等[②]。

第三方评价在实现职业教育"裁判员"与"运动员"分离从而发现人才培养的实际问题、创新教育评价观念，继而提升人才培养水平等方面具有明显优势，这正弥补了传统的第一方评价（职业院校和教育行政部门的评价）以及第二方评价（学生评价）的不足，从而得到了社会各界的广泛关注和认可[③]。

第二节 现代职业教育第三方评价面临的问题与困境

目前，我国现代职业教育第三方评价还存在一系列问题，学术界对其运行模式等关键性问题的认识还比较模糊，有待研究和厘清。

一、评价制度不完善

首先，国家专门性职业教育评价制度尚未更新。目前，我国对中等职业教育的评价主要是依据2012年教育部出台的《中等职业教育督导评价办法》，高等职业教育评价仍然沿用1990年原国家教育委员会颁布的《普通高等学校

---

① 梁卿. 职业教育质量第三方评价的概念探析［J］. 职业技术教育，2014，35（13）：47-50.

② 上海市人力资源和社会保障局. 上海市2015—2017年度职业培训机构（项目）办学质量和诚信等级评定A级单位公示［EB/OL］.（2018-12-24）［2019-11-09］.http://vsj.sh.gov.cn/tgsgg_17341/20200617/t0035_173317.html.

③ 梁卿. 论高职教育质量第三方评价的必要性：一种教育经济学的解释［J］. 职教论坛，2014（22）：35-38.

教育评估暂行规定》①。这一方面说明高等职业教育还没有从普通高等学校的评价制度中分离出来，没有高等职业教育评价的专门性政策文件；另一方面也说明我国目前没有与时俱进地完善与改进教育评价制度，评价制度太久没有更新，难以满足职业教育不断发展的需求。

其次，国家职业教育第三方评价制度尚不完善。虽然政府出台了一系列鼓励和引导社会机构参与职业教育第三方评价的文件，但文件仅限于呼吁层面，并没有具体实施细则，配套的法律法规也没跟上，没有制定关于职业教育第三方评价的专门性政策文件，评价体系尚未建立，行业准入、实施细则和工作规范标准缺失，职业教育第三方评价合法地位尚未确立，也无有效抓手来推动第三方评价的系统化深入实施，导致职业教育第三方评价机构的合法地位难以保证，市场发展方向和前景不清晰。

二、评价机构数量少、独立性不够

首先，职业教育第三方评价市场规模小，机构数量少，且大多是半官方性质，非官方第三方评价机构极少，且第三方评价市场发展不够成熟，所以政府往往将重大的评价项目委托给官方性质和半官方性质的评价机构。独立性强的非官方性质的第三方评价机构在社会关系、项目来源、经费来源、评价市场开发、公平竞争环境等方面无法与政府支持的评价机构抗衡，大多是自负盈亏的自我发展模式，缺乏第三方评价法律制度的保障，因而难以发展壮大起来。

其次，职业教育第三方评价机构独立性不够。从总体来看，第三方评价机构自律性不够、信誉不高、独立性不够。独立性不够分为两种情况：①半官方性质的第三方评价机构本身的独立性不够，比如一些行业协会、公立高校等也在实施职业教育第三方评价，但由于其体制、机制问题，这些半官方性质的评价机构在人事、经费等方面与政府有直接的关联，其评价的独立性难以保证。②一些非官方性质的第三方评价机构由于业务范围小、经费来源少，面临着"生存"及"发展"困难，其中最为严峻的是经费来源问题。第三方评价机构主要是通过出售服务来维持生存和发展，因此为了解决经费问题，部分第三方评价机构有时不得不选择一些不利于自身发展的项目来增加收益，给机构的独立性和社会声誉带来了较大的负面影响②。这极大地阻碍了第三方评价机构的

---

① 丁建石. 职业教育第三方质量评价的相关法律政策梳理及完善策略 [J]. 中国职业技术教育，2017，(26)：42-48.

② 张曦琳. 管办评分离背景下高等教育第三方评估体系的建设研究 [D]. 济南：山东师范大学，2018.

专业性发展，进而影响其竞争力和权威性。

三、评价机构认证和监管机制缺失，评价结果认可度不高

首先，政府缺乏对职业教育第三方评价机构的引导和规范。从政府角度看，职业教育第三方评价的最大优势在于第三方与政府及院校之间不存在利益关系，能最大限度地保证评价结果的公平性。但第三方评价本身在职业教育评价中的话语权不大，难以产生影响，所以第三方评价的有效性离不开政府和市场的有效引导、监督和管理。目前，政府部门对职业教育第三方评价机构的认证和监管机制尚未建立。第三方评价机构的从业资格没有被认证，缺乏元评估程序，从业人员缺乏培训，导致评价标准不科学、评价目的不明确、评价指标设计不合理、评价形式单一，评价过程中与评价对象的沟通交流少，评价范围窄且缺乏对评价对象的整体性评价和过程性评价。同时，部分第三方评价机构的评价人员大多是新手、兼职或离职人员，容易出现专业技术及自律精神缺失、职业道德失范等问题，导致第三方评价市场不规范。

其次，从社会公众角度看，近年来社会对职业教育第三方评价结果的认可度不高，一方面是因为第三方评价本身的封闭性，导致公众在职业教育第三方评价过程监管中的缺失，公众只是被动地接受评价结果，因而难以确认评价过程的公平性；另一方面是公众长期受"官本位"思想的影响，第三方评价理念还未深入人心。目前社会对第三方评价的关注不高，但随着我国公民意识的觉醒，社会公众参与职业教育第三方评价的意识将越来越强烈①。

四、评价反馈机制不完善，评价结果应用率低

首先，职业教育第三方评价的反馈机制不完善。目前的第三方反馈实践主要有以下两种情况：第一种是政府通过购买服务的方式委托第三方对职业院校进行评价，第三方机构只需向政府反馈信息；第二种是职业院校通过购买服务的方式委托第三方对自身进行评价，例如质量年报、毕业生培养质量跟踪调查等。这种委托大多不是源于职业院校的内生需求，而主要是源于教育主管部门的要求和规定，受利益和传统观念的影响较大②。第三方评价不是职业院校、用人单位、家长、公众等的内生需求，没有形成较好的反馈机制。

---

① 佟林杰，孟卫东. 我国高等教育第三方评价体系构建研究 [J]. 当代教育论坛，2013（3）：25-28.

② 赵蒙成，徐承萍. 职业教育第三方评价的现实困境与应对策略 [J]. 教育科学，2017，33（2）：66-72.

其次，职业教育第三方评价结果的应用率低。这一方面是因为长期以来我国职业教育鉴定优劣、资源分配等的主要依据是政府主导的评价结果，在社会公众的传统观念里，第三方评价的影响力和权威性较低。另一方面是目前第三方评价结果本身的价值性缺失和单一性功能，导致职业院校、行业企业、家长、公众等利益相关者对评价结果的认可度不高，应用较少。

第三节　现代职业教育第三方评价的运行模式

现代职业教育第三方评价的运行模式是指现代职业教育第三方评价运行整体过程的动态发展的标准样式。我国在构建此运行模式时可借鉴国外职业教育第三方评价的成熟模式，但要从我国国情出发，在我国现行教育体制下，政府可通过委托管理、购买服务的形式，对第三方评价机构提供经费资助、资质认证和其他支持，政府委托第三方评价机构对职业院校的教育教学进行"全过程动态监控"，对职业院校的资源禀赋、办学模式、专业建设、课程建设、院校治理、人才培养质量及就业质量跟踪等方面提供诊断服务。

第三方评价的运行模式包括评价机构即中介组织、评价机构认证、评价流程、评价内容与指标体系及实施路径、评价结果与反馈、评价结果应用构成等多方面内容。

一、现代职业教育第三方评价机构

（一）美国教育评估中介机构

美国是世界上最早开展高等教育评估的国家，也是高等教育评估中介机构的发源地[①]。18 世纪后期，美国民间的一些团体就开始进行高等教育的评估工作，到了 20 世纪，开始出现专业性的、非官方性质的高等教育评估机构。经过不断的改革和发展，美国高等教育评估中介机构得到了公众的广泛认可，建立起了既不倾向于政府、也不倾向于高校的中介性质的高等教育评估体系，从而保证了评估过程和评估结果的科学、民主、公正[②]。美国高等教育评估主要有高等教育鉴定、大学学术排行、博士点评价以及一些学校自行组织的教学评

---

①　宋红娟. 中美高等教育评估中介机构比较研究：基于市场准入的视角 [D]. 兰州：西北师范大学，2008.

②　宋红娟. 中美高等教育评估中介机构比较研究：基于市场准入的视角 [D]. 兰州：西北师范大学，2008.

价活动等。①高等教育鉴定是由一些非政府性质的专业鉴定机构对学校或专业进行评估并予以认可的一种体制，其目的在于保证与改进教育质量。②大学学术排行是由某些私人团体或个人对学校进行社会评价。③博士点评价是由专家组成的评价委员会对各学校博士点的办学水平进行评估。④高等学校内部的教学质量评价主要是由学校按照设计好的问题表给教师或某一门课程打分。高等教育鉴定的评估运作主体是由一些非政府性质的专业鉴定机构组成的对美国高等院校或专业进行评估并予以认可的高等教育鉴定机构，也称高校认证机构。关于高等教育认证，美国著名高等教育专家伯顿·克拉克和盖伊·尼夫等在其编写的《高等教育百科全书》（1992）中这样定义：认证是指在高等教育系统内，通过检查、评估或两者兼有的方式，使院校或专业得到认可，表明达到了可接受的最低标准的质量控制和质量保证的过程①。美国高等教育认证委员会（CHEA）则把认证定义为高等教育用以检查大学、学院以及专业项目，保证和提高质量的外部质量评估过程②。由此可以看出，无论是专家还是认证机构协调委员会，都认为高等教育认证机构的基本功能是检查、评估院校或专业的水平。

美国拥有世界上最为庞大的高等教育体系。早在 19 世纪末，美国高校数量大幅增长，高校认证便应运而生。20 世纪末，美国高校已是数量繁多、层次多样，提供的课程多种多样，教学组织形式也十分灵活。要保证各高等院校在一个基本的质量水准上运作，就需要一种具有非政府性质的、同行评议性质的评估机构对院校和专业进行认证。加之越来越多的学生跨州、跨国攻读学位，美国不得不制定教育质量基本标准，为学生转学、升学、留学提供互认学分的依据，帮助学生进行校际流动和国际交流。因此，高校认证作为一种中介性质的高校评估机构逐步产生和发展起来。目前这类中介性质的高等教育评估机构已经形成了院校和专业认证、全国性和地区性认证相结合的完整体系。

美国各州政府拥有管理本州高等教育及利用拨款调动高等教育发展积极性的权力，负责学校办教育和授学位的审批工作，杜绝"文凭工厂"现象。而高校评估机构则拥有代表教育界进行自我管理的权力，评估过程中所要求的院校自评报告是一种高度有效的自检报告。联邦政府则只是通过金融杠杆（将高校的认证状态与联邦政府的教育基金挂钩）来实现对高等教育评估活动的宏观调控。如《高等教育法》规定，高校参加联邦教育部管理的"联邦学生

---

① CLARK, BURTON, NEAVE, et al. The encyclopedia of education Vol. 2：Analysical Per-spectives ［M］. Oxford：Pergamon Press，1992.

② 熊耕. 美国高等教育认证制度的功能分析 ［J］. 比较教育研究，2005（2）：75-79.

财政资助计划"的必要条件是通过具有资格的认证机构给出的教育认证。

美国高等教育质量评估制度中最重要的一点是国家不直接参与高校评估，而是与高等教育评估的中介组织密切合作，借鉴中介评估机构的结论决定对高校的拨款，支持并审查中介评估机构的工作。政府通过宏观调控手段来管理、监督、支持高等教育评估中介市场。其具体做法是：首先美国教育专员公布一个评估机构名单。同时，美国教育局确定评估与院校资格工作人员，并建立顾问委员会，公布一套评估机构的标准。随后，联邦政府规定，只有获得以上认可的评估机构所评估的院校才有资格参加联邦资金项目。20 世纪 60 年代，美国高等教育迅速发展，如何保证高等学校的质量成了评估制度面临的巨大挑战。为此，联邦政府出台《保护消费者权益的联邦政策》报告，还进行了一系列的相关研究①。自此，联邦政府对高等教育评估的控制逐渐深入评估制度内部，对评估的具体操作方式进行了规定。同时，教育总署对评估机构的认定标准也增加了一些细致的规定，如对评估委员会成员的数量进行规定等。20世纪 90 年代初，联邦学生贷款归还拖欠率过高现象使得联邦政府对评估中介机构的自我管理产生怀疑，从而进一步加强了对高等教育评估的调控。1992年《高等教育法》（修正案）规定，在各州建立各州中学后教育评估机构，并首次以法律形式对评估机构提出了有关组织、运作和标准方面的要求，以监督这些民间组织的独立性。同时，《高等教育法》（修正案）还提出了有关教育评估的其他改革，如以鉴定结果作为衡量高校能否取得联邦助学金的条件等，通过金融杠杆的方式激励高校参与认证，提高高校参评的积极性，保证评估中介机构的权威性②。美国多数州都成文或不成文地执行这样一条准则：首先，获得认证的院校即相当于具有州政府的许可。这种看似不成文的规定反映了州政府对高等教育评估中介机构的信任③。其次，联邦政府一直有向高校和高校学生提供多种社会福利性资助的传统，为此，政府需要判断哪些学校和专业的教育是完善可靠，值得拨款的。但联邦政府对教育的管辖权是受到法律限制的，而现成的非政府性手段——高校鉴定有助于政府做出这种判断，因此其在评估与审定联邦经费的合格条件之间建立了某种关系。教育部通过参考评估

---

① YOUNG K. New Pressure on Accreditation [J]. Journal of Higher Education, 1979 (50): 140.

② 毕家驹. 美国高等教育鉴定及其管理机制的变迁 [J]. 同济大学学报（人文社科版），1996 (1): 7.

③ YOUNG K E, CHAMBER H R, KELLS H R. Understanding accreditation [M]. San Francisca: Jossey-Bass Publishers, 1983.

机构为其提供的院校和专业质量信息，制定相应的联邦资助方案。为了使审查机构的专业具有可靠性，教育部制定相关准则，定期评审院校和专业鉴定机构，以确认它们确实起到了"质量指示器"的作用。

联邦政府设有管理全美高等教育评估中介机构的机构——联邦教育部的资格与机构评价办公室（它是依据国会通过的法令设立的，是美国官方的高等教育评估最高机构）。该办公室每年对全国的高等教育评估中介机构进行审查，然后公布通过审查的评估机构名单，间接地控制评估中介机构。政府在对评估机构进行认可时，将明确规定其认证有效范围，如认证活动的地理区域、涉及的学位与证书种类、覆盖的学校与项目范围等。同时，政府对评估中介机构的认可不是长期有效的，官方的认可期限一般为四年，认可期限终止前机构必须继续申请认可①。联邦政府通过对中介评估机构的这种元评估，规定了高等教育评估中介机构的功用，同时又坚持了政府与非政府的职能分离的原则。此外，各州高等教育协调管理机构与高等教育评估机构的合作十分密切。评估中介机构通常在一项评审工作开始之前通知州高等教育机构，有些州的评估中介机构还要求州的有关机构向去公立学校访问的评估小组给出简要指示。各州的高等教育官员们也会同全国性的教育评估管理组织一起工作，就全国共同关心的、有关洲际和跨地区的鉴定问题进行商讨。

美国高校对高等教育评估中介机构的工作表现出极大的热情，它们不仅积极配合评估中介机构的评估工作，而且主动参与到评估工作中去。因为美国高等教育评估中介机构本身就是源于大学的一种行业协会，对高校和专业的评估工作实质上属于高等教育自身的行业自律行为。高校作为行业成员的一分子，理应积极支持和回应高等教育评估中介机构的工作，以便提升自身办学质量。加之高校教职员工、学生也都非常希望自己的院校是通过认证的；高等教育利益相关者也是通过高校是否获得认证来评判高校的质量，如公司或个体对学生提供助学贷款和助学金、用人单位寻求人才、学生和家长选择学校时，都是首先看院校是否获得认证然后再做出选择的。因此，为了吸引人才、生源，获得社会认可与资助，高校非常乐意接受中介评估机构的认证。此外最关键的一点是，联邦政府是依靠评估机构的评估结果来了解高校或专业的质量情况，决定是否给予学校联邦政府学生资助金和其他一些资助；州政府规定许多职业都需要获得从业许可才能从事相应工作，而获得从业许可的法规都规定，申请从业许可的人员要毕业于经过认证的院校或专业。这种对职业许可的要求从某种程

---

① 夏智伦. 认证：美国高校质量的监控机制 [J]. 中国高等教育，2006（7）：2.

度上限制了高校的自由，使得高等院校和专业不得不慎重对待认证，因为失去认证就意味着其毕业生将不能获得从业许可，从而无法进入职业领域。政府的这些规定增强了评估机构的权威性，刺激着高等学校和专业参与中介评估机构的评估。为了学校的声誉和未来发展，高校在不忽视认证机构认证工作的基础上总是积极主动地参与到评估工作中去。高等教育评估中介机构在制定评估标准时往往会征求高校管理者和专家的意见，高校相关专业人员一般非常乐意参与到评估标准的研制工作中来。在评估专家组成员名单确定之前，评估机构也要先通知高校，高校会根据成员和学校具体情况，合理地向机构提出是否要求更换专家组成员，以保证评估工作的公平与科学。另外，在评估过程中，如果遇到一些技术性问题难以解决，高校会采取和评估机构积极交流的态度，协力处理问题。高校积极参与评估中介机构开展的评估活动，可以保证评估的信度、效度，保证评估目的的达成，从而发挥好评估中介机构的作用。

美国高等教育质量认证只是高等教育机构质量保证的一种手段，实际上只是最低的标准要求。然而，质量认证一直被许多高校看作它们的重要资源。之所以将其作为重要资源来看，是因为质量认证已经取得了美国社会的信任。随着高等教育普及化进程以及高校认证制度自身的不断发展和完善，美国高校认证机构的服务对象在自觉或不自觉地扩大，学生和家长逐渐成为认证服务的主要对象，从这点上来说，作为消费者的学生和家长基本已经认同了认证制度对他们的保障作用，他们都积极、自觉地支持高等教育评估中介机构活动的展开。而雇主们在雇佣员工时，需要知道未来的雇员是否毕业于经过认证的院校（这是雇员简历中的重要内容），拥有认证过的高校的文凭至少可以证明该文凭不是出自"文凭加工厂"；其他一些社会和个人团体、公益基金会等在对高校或专业进行投资捐助时，也需要考虑其是否获得院校或专业资格认证，以保证投入资金的使用效益①。以上这些高等教育相关利益群体看似不经意的做法，实质上都体现出美国社会对高等教育评估中介机构的信任。

美国联邦政府教育部对认证机构的认可标准有明确要求：认证机构的结果判定机构中至少要有一名公众代表，而且这个机构七分之一的成员由公众代表组成；高等教育中介评估机构也愿意邀请公众参与到评估过程中来，以便适时了解各方需要，保证评估的公正性，从而获得公众的支持和信任②。既然邀请消费者参与中介机构对高校进行的认证活动是为了适时反映消费者或纳税人对

---

① 熊耕. 美国高等教育认证制度的功能分析 [J]. 比较教育研究，2005（2）：75-79.
② 王绽蕊，李汉邦，雷庆. 美国高等教育评估的组织与制度特征 [J]. 北京教育（高教），2006（12）：61-63.

高等教育的要求，那么，这些高校利益相关者自然乐意参与到中介机构的评估活动中来，而且他们的表现异常活跃，他们迫切要求参与到评估制度的各个环节中去，包括认证方案的确定、认证过程的操作、认证结果的判定等。社会参与中介机构对高校的评估活动，不仅保护了消费者或纳税人自身的利益，而且完善了高校认证制度。从这里也可以看出，美国公众对高等教育评估机构的运作是在时时监督着的，他们的要求是越来越高的。正是由于美国公众要求评估中介机构的工作要精益求精，以及他们对机构的监督与支持，促进了美国高等教育评估中介机构的健康发展。

美国的高等教育评估中介机构及其工作已经得到了美国政府、社会和高校的广泛认可，这三方力量和评估中介机构一起关心着美国高等教育的质量，关注美国高等教育的质量评估工作。有了这三方力量的支持，美国高等教育评估中介机构在开展活动时如鱼得水，这种健康的生存环境有利于高等教育评估中介机构的发展。

（二）我国高职教育第三方评价机构产生背景（动力机制）

1. 政治、经济体制的改革

党的十一届三中全会召开以来，经济、政治体制发生了根本性的变革。1992年建立的社会主义市场经济体制使得高等教育发展运行的宏观背景发生了重大的变化，转变政府职能、促进高校自主办学成为高等教育变革和发展的迫切需求。在市场经济条件下，政府由过去的"全能政府""大政府"向"有限政府"和"小政府"转变，政府的管理职能正在逐步经历着由宏观与微观兼管向宏观管理的转变。高等教育活动不再是单纯的政府行为，社会和市场同样成为制约高等教育发展的重要力量，而且它们的影响力将会越来越突出。社会中介组织的出现是国家与社会各类矛盾运动的结果①。自国家出现后，政府便凭借手中掌握的政治权力及公共权威，行使着公共的社会管理的职能。恩格斯曾把政府的这种公共权力看作既从社会中产生，也日益与社会分离的一种力量，这样便使政府与社会构成了一对矛盾体②。为了尽量减少政府与社会的直接矛盾，平衡社会利益冲突，就需要在政府（管理主体）与社会客体（管理客体）之间建立一种中介机制，以便政府对社会进行有效管理。通过发挥中介组织的作用，实质上也就是把国家与社会合二为一的社会结构，分化成为国

---

① 宋红娟. 中美高等教育评估中介机构比较研究：基于市场准入的视角 [D]. 兰州：西北师范大学，2008.

② 马克思，恩格斯. 马克思恩格斯选集（第4卷）[M]. 中共中央马克思恩格斯列宁斯大林著作编译局，编译. 北京：人民出版社，1995.

家—社会中介组织—利益团体（或民众）层的社会结构。

2. 文化观念的变革

近年来，社会经济发生了深层次变革，公众的民主意识和权利意识日益增强，对公共管理事物表现出越来越高的热情，人们的维权意识也逐步增强，作为社会纳税人、高等教育的利益相关者，高等教育投资者和接受高等教育服务的消费者都对高等教育质量提出非常高的要求。政府独揽高等教育的评估权已经很难让人们信服高等教育的质量，高等教育评估的行政主导倾向已经不能适应自由、民主的社会文化氛围。这为具有独立性、专业性的高等教育评估中介机构提供了生存的文化土壤。

3. 高等教育管理体制的改革及高等教育自身发展的需求

社会主义政治、经济体制改革带动了高等教育内部管理体制的改革，给高等教育评估中介机构提供了生存与发展的平台。我国拥有庞大的高等教育体系，如果政府事必躬亲，就可能出现主观上想"为"，客观上却"为不了"和"为不好"的问题。随着教育公共事务和行政事务的庞大、复杂和专业化，政府已经没有足够的人力、物力、财力和时间去直接操作和管理教育中的各项事务，于是将一部分行政权力委托给教育中介机构行使，借助中介机构专业性的人力和资源来完成相应的教育管理职能以提高管理效率成为政府机构改革的可行措施之一。

我国高等教育自身的发展现状也推动高等教育领域中介机构的出现。高等教育在我国的发展本身就存在着很大的地区差异，加之扩招带来的庞大教育人口、繁杂事务等问题，使得高等教育管理根本就不适合实行集中模式。而非官方的评估机构能够较好地适应这种不平衡性，使各地区的高校可以根据本地区发展的需要，调整办学方向和模式，也有利于各高校保留更多的办学自主权。

同时，随着高等教育大众化进程，高校数量和在校学生数急剧增加，人们对高等教育的质量表现出高度的关注。面对如此庞大的高等教育体系，如何科学合理地进行质量评估、如何保障整个高等教育的质量成为学者和公众普遍关注的问题。这时，高等教育评估中介机构的作用开始逐渐显现出来，它作为独立于政府之外的具有中介性质的专业评估机构，以其自身独特的优势完全能够满足高等教育大众化阶段高等教育评估工作的要求，担任新时代高等教育评估的主角。大力发展能够反映高等教育各方意愿、具有专业约束力和行业影响力的高等教育评估中介机构，是在向大众化转型过程中我国高等教育制度建设的理性选择。从性质和作用上看，高等教育评估中介机构是沟通高校与政府、高校与社会的桥梁，是促进高等教育内在逻辑和外在力量共同发挥作用的制度保证。

《21世纪的高等教育：展望和行动世界宣言》提出的"高等教育的质量是一个多层面的概念"，要"考虑多样性和避免用一个统一的尺度来衡量高等教育质量"的质量理念非常具有时代精神。提倡高等教育"多样性"和"多层面"的质量标准意味着对高等教育进行质量评估的尺度应该是多样化和多层面的。传统单一的评估机构模式是不可能做到这一点的。因此，新形式的高等教育质量评估机构的产生就成为必然，这也为我国高等教育评估中介机构的生存和发展提供了广阔的空间。

（三）高职教育第三方评价机构的界定

陈玉琨教授根据评估机构所联系的不同对象，将第三方评价机构分为三类：一是联系政府与学校，作为政府宏观管理和缓解相互间矛盾与冲突的监控和协调机构，这种机构基本上是受到政府资助的半官方机构。二是联系社会和学校，作为学校鉴定和社会公证的机构。这种机构往往依托于各种研究协会和教育"联合会"。三是由非官方也非教育界的社会机构（如有关媒体）主持的评估机构，其目的是向社会提供可比较的数据和有关信息。目前我国高等教育评估机构主要有以下三类：一是教育部直属高等教育评估机构，它是完全由教育部控制的行政权威性机构，是完全服务于政府的高等教育评估机构，如普通高校本专科教学工作评估专家委员会。这种机构目前在我国最具权威性，基本控制了我国高等教育的发展方向。不过，随着市场经济和世界一体化进程的加速，这种机构自身正在经历着改革和完善。二是完全民间性质的评估机构，这些机构对大学进行社会排名，如中国管理科学研究院科学学研究所、广东管理科学研究院等对大学进行排名的民间机构，这些机构对大学的排行结果虽然为家长、学生择校提供了大量有用的信息，但由于其科学性值得怀疑，目前在我国还不被认可。三是专业性高等教育评估机构，除少数属于民办性质外，一般属于事业单位，具有中介性、非营利性，如江苏省教育评估院、上海市教育评估院等。这种机构就是当前我国被政府和高校甚至社会承认的中介性高等教育评估机构，是符合社会发展规律、符合我国发展规律的高等教育评估中介机构，是陈玉琨教授分类的第一种类型的中介机构。

本书所界定的现代职业教育第三方评价机构是指由政府委托并认证且又独立于政府和职业院校之外的中介评价机构，评价机构可招聘全职或兼职评价专家组成专家团，对职业院校进行评估。评价专家团可由行业企业专家（含行业管理专家、行业技术人才）、教育专家（含教育研究专家、教育管理专家、教学一线名师）按照一定的比例组成。

二、解决现代职业教育第三方评价的关键问题及解决措施

（一）借鉴国际经验，培育高职教育第三方评价生态环境和现实需求

分析美国教育评价制度，关键做到了以下几点：

（1）联邦政府是依靠评估机构的评估结果来了解高校或专业的质量情况，决定是否给予学校联邦政府学生资助金和其他一些资助。这样就在评估与审定联邦经费的合格条件之间建立了某种关系。通过金融杠杆的方式激励高校参与认证，提高高校参评的积极性。

（2）美国政府通过对高等教育评估中介机构进行元评估的方式来监管高等教育评估机构市场。每年对全国的高等和专业认可中介机构进行审查，然后公布通过审查的评估机构名单，间接地控制评估中介机构。

（3）州政府规定许多职业都需要获得从业许可才能从事相应工作，而获得从业许可的法规都规定，申请从业许可的人员要毕业于经过认证的院校或专业。这种对职业许可的要求从某种程度上限制了高校的自由，使得高等院校和专业不得不慎重对待认证，因为失去认证就意味着其毕业生将不能获得从业许可，从而无法进入职业领域。政府的这些规定增强了评估机构的权威性，刺激着高等学校和专业参与中介评估机构的评估，同时，中介机构的认证结果得到了社会广泛认可。

以上经验值得借鉴。政府资助、就业与评估认证在制度设计中挂钩，加上每年对中介机构进行审查并公布审查结果，同时高校利益相关者积极参与中介机构对高校的评估活动，这既保护了消费者或纳税人自身的利益，同时也在社会上树立了中介评估机构的影响力和公信力，构建了教育中介评估机构的良好的社会生态环境，完成教育评估中介机构的市场化过程。

（二）认真分析研究国内其他行业简政放权的相关法律、政策、程序和问题，推动教育领域的第三方评价发展

2013 年 9 月，国务院办公厅出台的《国务院办公厅关于政府向社会力量购买服务的指导意见》（国办发〔2013〕90 号）中明确指出：凡适合社会力量承担的，都可以通过委托、承包、采购等方式交给社会力量承担。对应当由政府直接提供、不适合社会力量承担的公共服务，以及不属于政府职责范围的服务项目，政府不得向社会力量购买。政府向社会力量购买服务，就是通过发挥市场机制作用，把政府直接向社会公众提供的一部分公共服务事项，按照一定的方式和程序，交由具备条件的社会力量承担，并由政府根据服务数量和质量向其支付费用。此外，对购买主体、承接主体、购买内容、购买机制、资金

管理、绩效管理做了明确规定，为我国政府向社会力量购买服务工作奠定了基础性框架。2013年12月，财政部印发《关于做好政府购买服务工作有关问题的通知》（财综〔2013〕111号），就推进政府购买服务工作提出具体要求。各地方政府也陆续出台政府购买服务的相关文件。从制度安排上，政府购买服务成为我国当前全面深化改革的重要举措。

从实践来看，全国各地政府购买社会组织服务如火如荼地开展，甚至有些地方政府的购买金额大幅增加。例如，云南省2015年省级政府向社会组织购买服务的项目资金共计12 183.55万元，较2014年增长328%（宋金艳，2015）。政府购买社会组织服务所涉及的社会组织数量、购买服务的范围和金额都大幅扩展。但是否有足够的证据来证明购买服务是有效的、适当的？仅用服务人数、服务频率、购买金额等定量化的指标，在怎样的程度上反映了政府购买服务的绩效？

政府购买公共服务绩效评估是政府绩效评估中不可分割的一部分，或者更进一步，它是公共服务绩效评估和公共政策绩效评估在实行服务外包的某些公共服务领域的具体应用（黄春蕾 等，2013）。政府购买服务绩效评估的理论是新公共管理和新公共服务理论。经济、效率、效果是公共服务绩效评估最常用的三个维度。新公共管理理论提出，政府应打破公共服务内部生产的桎梏，倡导公共服务供给的市场化和社会化（萨瓦斯，2003），其检验购买绩效的标尺是服务成本的降低、服务效率的提升与服务质量的改善①。新公共服务理论是对新公共管理反思之后的一种理论，更强调政府在公共服务市场化过程中要回归公民权利、增进公共利益、强调政府责任（登哈特，2010）。政府购买公共服务绩效评估采用绩效的"3E"结构模式，"3E"（卓越 等，2006）包括：①经济（economic），即要求组织以尽可能低的投入或成本，提供与维持既定数量和质量的公共产品或服务（王春婷，2012）；②效率（efficiency），即投入与产出之间的比例关系（魏中龙 等，2010）；③效果（effectiveness），即公共服务符合和实现政策目标的程度，以及对于目标团体状态或行为的影响程度（包国宪 等，2012）。此外，公平、责任、主体等因素也进入政府绩效评估的范畴（徐家良 等，2013）。

政府购买的经济、效率、效果等有效性维度的实现，是实现购买合法性的重要前提和核心要素。政府购买服务必须证明政府购买是一种不同于且在某些

---

① 徐家良，许源.合法性理论下政府购买社会组织服务的绩效评估研究［J］.经济社会体制比较，2015（6）：187-195.

领域优于官僚体系的公共服务供给方式，能够在更大范围、更大程度上满足公众供给服务需求。通过实践和理论证明了"有效性"，合法性的"制度化"才会进一步扩大，购买的政府部门、相关法律、共同认识才会不断深入；而合法性中的"公共性"和"社会化"内涵会通过实践而加强。但是，与此同时，购买的合法性也是推进购买有效性的前提。在购买合法性受到中央政府和省级政府强势推行且购买成为一种普遍的方式时，购买有效性会达到自然状态的水平；随着购买合法性的公共性、制度化、社会化增强，制度保障、公众参与、社会组织发展等条件成熟，社会组织承接政府购买服务的有效性会整体上大幅提升。

政府向社会组织购买公共服务，是与政府职能转变同步进行的过程，意味着政府将从社会和市场能够解决的公共服务领域逐渐退出。

政府购买服务的合法性维度包含公共性、制度化、社会化等内容，有效性维度包含经济、效率、效果等内容，两者指向政府购买服务不同的方面。"合法性"维度更能反映政府购买服务作为公共政策的范畴，以及其蕴含的价值理性和政治意义；"有效性"维度则更能反映政府购买服务作为公共服务的内在，以及带有市场特征的工具理性[①]。政府购买服务绩效的"合法性—有效性"指标体系见表9-1。

表9-1　政府购买服务绩效的"合法性—有效性"指标体系

一级指标	评估维度	评估指标	专家评分/分
1 合法性	1.1 公共性	1.1.1 购买内容的公共性	8.2
		1.1.2 购买程序的参与性	7.6
		1.1.3 社会公众的支持性	6.7
	1.2 制度化	1.2.1 组织机构的设置	6.9
		1.2.2 政府职能的转变	8.1
		1.2.3 法律法规的完善	8.2
		1.2.4 同价值的形成	7.9
	1.3 社会化	1.3.1 供给市场的发育	8.1
		1.3.2 社区资源的动员	7.6

---

① 徐家良，许源. 合法性理论下政府购买社会组织服务的绩效评估研究 [J]. 经济社会体制比较，2015 (6)：187-195.

表9-1(续)

一级指标	评估维度	评估指标	专家评分/分
2 有效性	2.1 经济	2.1.1 购买服务的总体金额	6.9
		2.1.2 购买服务的领域范围	6.7
		2.1.3 购买服务的服务定价	8.3
	2.2 效率	2.2.1 服务供给方的能力	8.1
		2.2.2 服务的投入产出比	7.9
	2.3 效果	2.3.1 购买政策目标的达成	7.8
		2.3.2 公共服务需求的满足	8.4

政府购买服务的公共性是指在政府购买服务的内容、程序、结果上以实现公共利益、维护公民权利为目标。具体维度包括：

（1）购买内容的公共性

政府在购买公共服务的过程中，应以公共利益为目标，购买保障全体公民生存和发展基本需要的教育、就业、医疗卫生等公共服务，而不应将政府的政策建议和制定、规划、法律强制执行等核心职能以及为政府运营提供的后勤服务、为少数公众提供的超出基本保障范畴的服务等纳入购买公共服务的范围。

（2）购买程序的参与性

做出政府购买政策安排前，应纳入不同利益相关主体的意见，经过与此相关的公众讨论形成的公共意见更能体现公共利益，也能推动政府购买绩效的提升。

（3）社会公众的支持性

政府购买服务的绩效体现为赢得特定公众的"特定支持"和一般公众的"散布性支持"，而其背后是特定公众的公共利益的实现以及一般公众对于公共利益的社会化认同。特定公众是与单项政府购买政策直接相关的服务对象，其对于政府购买绩效的评价更多地和政府购买服务的有效性相关；而一般公众的范围较为广泛，例如社区居民、基层政府、社会组织等，他们对购买服务的合法性维度更为关注。

政府购买服务的制度化是对行政权力的约束与引导。政府购买服务的制度化，应形成正当性的规则和合法性的程序，其本质在于维持该项公共政策的稳定性和持续性，给予公众对于政策的稳定和长期的预期。政府购买服务制度化的具体表现为：与购买服务相关的组织机构的设置，政府相关职能的转变，相关法律法规的建立与完善，对购买服务的目标、程序、规范等形成共同的价值观念等。设置相应组织机构，是政府对政府购买政策的推行的表现之一。政府向社会组织购买公共服务，是与政府职能转变同步进行的过程，意味着政府将从社会和市场能够解决的公共服务领域逐渐退出。政府购买服务中的政府职能转变，涉及政府在多大程度上缩小政府活动范围、扩大社会组织承接公共服务的空间，以及职能转变具体措施的明确性、落实性。而相应法律的制定与实施，是对政府购买服务所涉及主体的强制性约束，特别是政府部门必须依法行政，任何违背法律的政策规定都是无效的。

合法性问题，其实质在于公众对政治体系的认可和支持。社会化成为合法性的维度之一，其原因是：当公众对于政治体系存有怀疑或不信任时，更期望社会机制替代官僚体系，或者成为平衡官僚体系的一种力量。民营化理论证明，由于缺乏竞争，政府在提供公共服务时会出现效率低下、质量低劣、回应不足、寻租腐败、政府规模扩大等问题，公共服务绩效无法满足公众期望。政府购买服务成为政府改革的重要手段之一，也加强了公私部门之间的合作，释放出"政府向社会放权、不再垄断市场、促进社会开放"的信号。但在政府购买实践中，政府仍然扮演着购买公共服务的主导者、引导者、合同管理者与监督者的角色，并且，政府作为购买服务中的主要责任人，需要接受公民的监督，有责任寻找合适的供应方来代替政府履行公共服务的职能。

（4）环境保护领域"放管服"改革

行政审批制度改革作为简政放权重要措施之一，2002 年以来取消和下放行政审批项目成为我国政府"放管服"改革的重要突破口。2013—2018 年，国务院每年取消和下放的行政审批项目数分别为 262 项、385 项、346 项、579 项、108 项、11 项。

2013 年以来，按照"放管服"改革的要求，环境保护部着手推动环境影响评价审批改革，于 2013 年和 2015 年分别下放了 25 项和 32 项环境影响评价审批权限。还在 2015 年颁布了《全国环保系统环境影响评价机构脱钩工作方案》，使"红顶中介"成为历史。同年还印发了《建设项目环境影响评价分类管理名录》，明确了需要进行环境影响评价审批的建设项目类别，根据建设项目的环境影响大小和风险高低调整了分级审批目录和分类管理名录，并强化了事中事后监管。

在审批程序方面也进行了实质性调整。①2015 年颁布《全国环保系统环境影响评价机构脱钩工作方案》，使"红顶中介"成为历史。②2017 年中华人民共和国国务院令第 682 号《国务院关于修改〈建设项目环境保护管理条例〉

的决定》明确规定：环境保护行政主管部门可以组织技术机构对建设项目环境影响报告书、环境影响报告表进行技术评估，并承担相应费用；技术机构应当对其提出的技术评估意见负责，不得向建设单位、从事环境影响评价工作的单位收取任何费用。③建设项目竣工验收管理中，取消了"建设项目试生产前，建设单位应向有审批权的环境保护行政主管部门提出试生产申请""对环境保护设施已建成及其他环境保护措施已按规定要求落实的，同意试生产申请；对环境保护设施或其他环境保护措施未按规定建成或落实的，不予同意，并说明理由。逾期未做出决定的，视为同意。试生产申请经环境保护行政主管部门同意后，建设单位方可进行试生产"等条款。同时，验收监测报告由环境行政主管部门下属各级监测站负责编制调整为由建设单位自行负责编制，并明确"编制环境影响报告书、环境影响报告表的建设项目竣工后，建设单位应当按照国务院环境保护行政主管部门规定的标准和程序，对配套建设的环境保护设施进行验收，编制验收报告"。这一政策的实施，催生了一大批第三方公司，激发了这一领域的活力。

上海市先后印发《加强社会组织建设的指导意见》《市级政府购买公共服务项目预算管理暂行办法》《市级政府购买公共服务项目目录》等文件，初步建立起比较完整的政府购买服务制度体系①。上海市购买社会组织服务，一般采取政府承担、定向委托、合同管理、评估兑现的运作模式。其做法主要体现在"五多"：一是多部门协调配合。建立跨部门的工作协调机制，负责购买服务的项目审定、资金分配、结果公示和效果评估等统筹工作。二是多样化购买方式。主要有定向委托、公益创投和公开招标等方式。三是多渠道资金投入。包括专项资金、财政预算资金和福利彩票公益金等资金来源。四是多领域购买服务。如浦东新区由委托社会组织管理市民中心起步，逐步扩展到养老服务、教育培训、社会矫正、外来人员子女教育等。五是多方面绩效评估。通过社会组织自我评估、政府部门专项评估、第三方机构外部评估，对项目实施效果进行全方位评价。

（三）分析我国职业教育第三方评价现状及制约其发展的瓶颈，着力破解制约发展瓶颈并逐步建立高职教育第三方评价市场，构建高职教育第三方评价体系

高职教育第三方评价体系主要包括法律依据、环境、机构、标准、实施、

① 李一宁，金世斌，吴国玖. 推进政府购买公共服务的路径选择［J］. 中国行政管理，2015（2）：94-97.

管理与结果利用等内容。

1. 加强立法，为教育第三方评价机构构建良好的社会生态环境

2013 年 9 月国务院办公厅出台《国务院办公厅关于政府向社会力量购买服务的指导意见》（国办发〔2013〕96 号），2013 年 11 月 15 日中共中央出台《中共中央关于全面深化改革若干重大问题的决定》，2015 年 5 月 8 日教育部出台《教育部关于深入推进教育管办评分离促进政府职能改变的若干意见》（教政法〔2015〕5 号），这些文件表明政府已经意识到：管、评、办职能不分是导致职业教育评价出现信任危机的重要阻滞因素，因此有意识地卸载自身的功能，为第三方评价让渡市场空间。这一系列文件出台，是教育评价领域推进第三方社会化服务的基本依据。在我国管理体制的转型时期，政府主管部门应该加强对第三方评价机构的宏观管理，加强高等教育评估的法制建设，对高等教育第三方评价机构及其工作规范在深入研究的基础上以立法的形式做出明确规定，并以立法的形式界定政府与第三方评价机构在高等教育评价方面的职能，使我国高等教育第三方评价机构能在国家法律和有关政策规范的指导下开展工作，并逐步建立教育第三方评价的权威性、影响力和公信力，为教育第三方评价机构构建良好的社会生态环境，完成教育第三方评价机构的市场化过程。

第三方评价的权威性需要通过法律和制度来加以保障，对其评价主体地位和作用、行业资质、政府与评价机构间的权、责、利等需要通过制度化和法制化建设予以明确。第一，修订《中华人民共和国职业教育法》，在其教育评价部分增加"职业教育质量评价"章节，在增加章节中体现第三方评价内容的条款；在《普通高等学校教育评估暂行规定》中增加关于高等职业院校评估的特别条款，也可以单独制定《高等职业学校教育评估暂行规定》；用行政法规的形式，对教育评估的主体进行修改，明确第三方评价组织的主体地位和作用，比如规定职业院校的人才培养质量报告不能由学校单方评价，必须有第三方参与。第二，对第三方机构的资格予以明确，如行业协会、企业专家构成的评价委员会和教育专家构成的委员会，这些都要在人员结构、专业要求、主体资质等方面明确界定，对评估程序、评估周期等予以规范，对社会评价的相关制度、监督管理、行业自律等方面出台明确的规章和规定，通过法律法规的权威来保证第三方评价的常态化。第三，从立法上确定政府与第三方评价组织或机构间的职能边界，不能越界干预评价，保证第三方评价的独立性；保证调查、评价院校的权利，确保第三方评价机构的独立性，避免受委托机构、行政部门的干扰，应给予其评价的独立空间。

2. 制定和完善行业规范

制定和完善行业准入资格等规范性文件。实施评价机构认可制度，保证职业教育第三方评价机构的规范性。第三方评价机构要在法律上具有独立承担民事责任的能力；要取得行业主管部门许可的专业资质；要具备委托评价服务必备的硬件设施和专业人员配置以及内部管理制度等；要具备承担教育评价服务必备的专业技术、手段和能力；机构在行业内有良好的声誉和业绩，无处罚或惩戒以及投诉记录。

3. 确立第三方评价的运行设计

政府、第三方、职业院校在评价过程中的相互关系和各自的职责如下：

政府职责：宏观方面，政府负责制定相关法律法规，确立第三方评价主体地位和权威性。制定高职教育第三方评价行业准入标准，对第三方机构的资格予以明确，比如行业协会、企业专家构成的评价委员会和教育专家构成的委员会，这些都要在人员结构、专业要求、主体资质等方面予以清晰的界定。政府通过制定准入资格审查制度、机构退出机制、惩戒机制，约束和管理评价机构。制定《第三方评价考核管理办法》，重点关注资金链与项目的吻合度，委托社会组织制定第三方评价的再评价及考核指标，并组织实施对第三方机构的评估。政府按照合同约定的服务数量、质量、周期等进行绩效评价，然后划定信誉等级，对服务质量不达标、专业水平不佳、以牺牲独立性为代价获取不正当利益的组织要进行相应的惩罚，勒令其退出教育评价行业或进行整改，实施一票否决制，建立诚信档案或黑名单制度。通过严格评估、动态管理、优胜劣汰，来提高第三方评价的公信力。政府要对第三方机构的工作进行监管，并适时对第三方机构的工作进行干预，建立自身与第三方机构之间的动态平衡关系，不断改进评估效率与质量。

第三方教育评价机构职责：组织相关专家制定高职院校办学质量评价框架，建立评价标准，明确有关指标，通过政府组织专家论证得到政府的评价标准实施认证[①]。通过建立质量评价专业标准，改进评价技术、教育测量技术、统计与分析技术、评价技术。依据此标准，第三方评价机构通过数据采集、教学材料查看、毕业生调研、用人单位调研等常规的评价手段，形成具体的评价结论。

院校职责：①建立自评机构，一方面加强自我诊断、自我改进。②成立独立的第三方教育评价机构，一方面加强第三方教育评价的研究与实践，培育第

---

① 储朝晖. 迟迟不就位的第三方教育评价 [N]. 光明日报，2016-01-26.

三方评价力量；另一方面也可以独立承担社会第三方教育评价。③深入研究评价结论，利用第三方评价机构的评价意见，及时调整办学行为，有针对性地改进教育教学与人才培养相关工作。

4. 第三方评价机构及其认证条件

从机构上说，要推行基本资质认定制度。主要考虑以下几个方面：①第三方评价机构应是具有独立地位的法人实体，具有独立承担民事责任的能力，其显著特征是专业性、独立性与权威性。第三方评价机构应组建一支由评估专家组成的队伍，既要掌握评估专业知识和评估工作业务经验，同时也要具备良好的职业道德。一方面，工作人员应确保对高职教育教学工作、人才培养工作以及办学问题有深刻理解和准确把握，这样才能对复杂的教育问题做出科学判断；另一方面，由于评价工作涉及价值判断，如工作人员不能保持客观中立，必然影响评价结果，进而影响第三方评价机构的专业权威性。②具备委托评价服务必备的硬件设施和专业人员配置以及内部管理制度等。③具有承担教育评价服务必备的专业技术、手段和能力。

评估机构一般由两类人员组成，固定人员与临聘专家。固定人员主要是评估机构工作人员，分两类，一类是管理人员，负责机构的日常运转，如评估项目的策划及日常工作；另一类是专业技术人员，在机构专业技术人员方面，越来越呈现向高学历层次发展的态势，博士学历的占比越来越高，比如云南省高等教育评估中心有 8 人全部为博士，武汉大学中国科学评价研究中心有 30 余人，90% 以上为博士，其他比较有影响的评估机构的学历层次也比较高[1]。在对人才需求方面，越来越呈现出对数据处理人才的需求，有些民办第三方评估机构的人才构成至少有 40% 是数据人员。机构管理人员应该具有熟练的业务技能，并对评估的具体环节及其意义有全面的了解和认识，以便承担起保持机构的日常运作的任务。对于他们来说，作为评估中介机构中的专职评估人员，为能够更顺利地完成评估工作，必须经过专业而系统的培训。在具体的评估实践中，可对评估人员进行教育理论与实践、教育测量学、计算机操作及应用等方面的培训等。培训的形式根据个人和机构需要，可以分为在职培训或脱产培训、短期培训或长期培训，既可以委托专业的培训机构进行训练，也可以在机构内部进行经验交流和探讨。

临聘专家来自机构或教育系统专家库，专家库要纳入有卓越成就的学科专

---

① 王洋，董新伟. 加强高等教育第三方评估工作的思考 [J]. 上海教育评估研究，2018 (6)：6-9.

家和具有丰富经验的评估专家，并主要从两方面着手来建设专家库：一是将常规的固定人员的数量保持在最低的水平。二是建立庞大的滚动式的专家库，如江苏教育评估院在职人员20人，建立了5 000人规模的专家库。在这个专家库里面，吸收了各行各业的专家，使得在评估的过程中，无论是什么学科、什么专业，都有一流的专家参加进来，确保评估任务能够高质量地完成。在具体实施过程中，把每年遴选出来的各领域、各学科首屈一指的专家吸纳入库。同时，专家库中广泛吸收社会用人单位特别是企业界的代表，他们对人才培养的质量具有发言权。

我国第三方教育评价机构一般产生于以下几个领域：①政府委托下属事业单位成立的第三方评价机构。②各类高校依托专业力量设立的第三方评价服务机构。③行业协会、企业等根据高职教育评价工作的需要而注册的独立评价机构。④在教育国际化发展的大潮下，引入教育发达国家的优质教育评价机构和国际教育质量评价组织。

政府需及时开放对独立第三方评价机构的政府采购服务项目渠道，并给予政策、行业和环境支持，最终需要将第三方教育评价列入政府采购项目，打通财政资金购买第三方教育评价服务的通道。

通过接受学校或政府部门的教育教学质量和办学能力评估业务委托，形成学校办学水平的判断性结论和诊断性评价，从而影响学校的办学策略选择、政府的政策取向以及公众和用人机构对教育质量的知情权。基于严格的评价流程、专业的评价队伍、科学的评价指标，同时需要第三方评价机构对高等职业教育办学进行长期的观察和审慎的数据收集与专业化的数据分析，才能确保第三方评价机构的专业权威性。

5. 第三方评价的方式与基本过程

政府通过相关渠道发布评价需求，具备资质的第三方评价机构依据评估任务，投标相应的评价项目，接受政府的评价委托。高职院校根据自身的需要，委托第三方评价机构进行指向性的定向评价工作。第三方评价机构依据自身的优势，发布社会、公众感兴趣的高等职业教育评价内容，如办学实力排行、专业实力排行、社会服务能力排行、就业能力排行、综合实力排名、管理效率与效益排名等。在培养质量的具体评价内容方面，则包括单项评价（针对某个专业的办学情况）、综合评价（针对某个学院的办学质量）与比较评价（办学声誉）等。在评价过程中，可采用评价对象公示以及评价内容、评价机构和评价结果公开等方式，以提高评价行为的效率和评价结果的公信力。

6. 丰富高职教育第三方评价的评价内容

第三方教育评价是对教育事实的测量，是为形成新的教育需求提供依据，又是教育改进的重要杠杆。教育事实既包括全国层面教育的状况，也包括地方和区域层面的教育发展和质量状况，还包含学校的发展状况、专业认证、人才培养质量、绩效管理、产教融合、科研水平、社会服务、文化建设、院校综合实力评估等。

评价机构和评价使用方还可以发展教育评价的定制服务。了解并及时满足政府、学校、学生等多种教育当事方对教育评价的需求，依据需求提供相应的教育评价服务。第三方教育评价机构要做到技术专业化、方案个性化、服务人性化、操作简便化，为个性化的成长发展提供高品质的评价服务。

在设计评价指标、指标权重等时，要从资源禀赋、办学定位、办学效益、学校治理、专业布局合理性及与行业发展的对接性、专业课程体系及教学过程管理、以学生为主体的服务过程、学生就业质量跟踪等全过程进行动态评价。

7. 善于利用高等教育第三方评估机构的评估成果

教育质量评价既要指向价值判断，也要指向问题诊断；既要服务政府决策，也要服务高职院校自我改进；既要服务信息公开，也要服务高职教育影响力扩散。因此，相关部门要建立全面的教育质量评价结果利用机制，充分利用评价成果，将评估结果与教育财政拨款联系起来。目前，我国高职公办院校生均拨款也考虑了比如院校是否是国家示范、国家优质院校、双高院校等，但其关联度既不直接，也不足以对其他未获得这些项目的院校有足够的影响，更重要的是，这些只是重点建设项目，和对院校的评价还是有着很大不同。

三、构建"政策制度推进、认证机制引导、独立主体培育、监管机制规范、反馈机制促进"的职业教育第三方评价运行模式

在构建职业教育第三方评价运行模式时，首先需正确理解第三方评价机构与政府的关系。第三方评价实质上是一种市场行为，不同于强制性的行政权力，市场行为除了具有自我调节、自我发展的优势，还存在市场风险和市场失灵的劣势，因而需要来自政府和社会各界利益相关者的引导和规范。从理论上说，任何独立性都不是绝对的、只是相对的，第三方机构的独立性也是一种相对独立性①。政府的引导规范与第三方评价机构的相对独立性是一种对立统一

---

① 佟林杰，孟卫东. 我国高等教育第三方评价体系构建研究 [J]. 当代教育论坛，2013 (3)：25-28.

的关系，对立性体现在政府的引导规范应以不损害第三方评价机构的独立性为前提，而统一性指的是政府的引导规范能有效净化第三方评价的市场环境，有利于第三方机构的良性和可持续发展。

在"管办评"分离政策背景下，构建"政策制度推进、认证机制引导、独立主体培育、监管机制规范、反馈机制促进"的职业教育第三方评价的运行模式，其主要做法如下：

（一）确立职业教育第三方评价的政策制度，加强第三方评价的顶层设计

借鉴国际先进经验，推动第三方评价体系良好运行的关键在于完善法治建设，只有在有法可依、有章可循的制度保障下，才能确保职业教育第三方评价体系的顺利运行。应出台职业教育第三方评价的相关法律、政策制度及实施细则，明晰政府、职业院校、第三方评价机构的权责利，这是职业教育第三方评价体系顺利运行的关键，也是解决当前职业教育第三方评价面临的专业性、独立性、科学性、公正性和权威性五性不足问题的根本所在。

国家应出台职业教育第三方评价的专门性法律制度，确立第三方评价机构的合法地位，维护第三方评价机构的合法权利，研究制定行业企业参与第三方评价的鼓励性政策。同时，应从第三方评价的业务范围、运行模式等方面完善政策制度设计，从而对其市场规模、准入条件、运行管理等有比较明确的边界和透明度，促使职业教育第三方评价真正进入市场化阶段，加强评价的标准化和透明度，公示评价项目和程序，明确评价市场规模，为加快职业教育第三方评价的市场化进程奠定法制基础。

（二）构建职业教育第三方评价的认证机制，增强第三方评价的专业性和权威性

为增强第三方评价的专业性和权威性，应成立国家职业教育第三方评价认证中心，负责对第三方评价机构进行认证、培训及元评估等。同时，可结合不同区域职业教育的发展特色，构建一系列国家认证分中心，即区域职业教育第三方评价认证中心。国家职业教育第三方评价认证中心和区域职业教育第三方评价认证中心相辅相成，共同提高第三方评价机构的科学性、专业性和规范性。

1. 组建职业教育第三方评价认证中心

国家职业教育第三方评价认证中心可由中央政府委托教育部组建，区域职业教育第三方评价认证中心可由地方政府委托地方教育行政部门组建。职业教育评价认证中心的研究及工作经费由政府资助，属于半官方组织。

政府出资招聘有丰富工作经验和职教评价经历的职业教育管理专家、职业教育研究专家、职业院校一线教学人员、行业企业管理专家、行业企业一线能

工巧匠等人员，构建一支高素质、高水平的认证团队，同时还可引进对职业教育工作有热情的社会公众作为兼职人员。第三方评价认证中心成员不仅要有丰富的前期工作经验和职教评价经历，还应加强培训学习，学习职业教育发达国家的先进评价理念、标准和方法，把握职业教育的国际发展趋势和方向；同时还需深入了解我国职业教育的发展历程和现状，熟悉我国职业教育的改革动态和方向。

2. 规范职业教育第三方评价认证中心的认证内容

（1）资质认证。职业教育第三方评价认证中心对第三方评价机构的人员构成、业务素质、职业道德、任期年限、评价技术以及评价程序、评价周期等进行认证和规范。第三方评价机构在成立之初，应主动申请认证，以获得相关资质，才能从事评价工作。

（2）元评估。即对第三方评价机构的科学性、专业性、规范性、权威性、导向性等进行元评估。第三方评价机构成立之后应每隔五年接受国家职业教育评价认证中心的元评估。根据元评估的结果，建立第三方评价机构等级认证机制，引入奖惩及退出机制，对专业性、科学性、规范性、公平性较强的第三方评价机构给予奖励；对不合格的第三方评价机构采取限期整改给予警告或吊销执照给予惩罚。

（3）人员培训。为满足社会发展需求，对第三方评价机构人员进行业务培训。国家职业教育第三方评价认证中心在各省份设立区域分中心，并加强对区域分中心的指导，区域分中心负责本地第三方评价机构的人员培训，应在职业教育发展趋势、先进评价技术和方法等方面对第三方评价人员进行培训。

（三）培育职业教育第三方评价主体，明确第三方评价客体

1. 培育职业教育第三方评价主体

从"管办评"分离的理论上讲，为保证职业教育第三方评价的独立性，第三方评价机构应完全由具有企业性质，与政府没有人事、资助关系的社会中介组织来承担。但在实践中，教育"管办评"分离的现实状况与理想状态还有很大的差距。虽然国家提出要构建现代治理体系、转变政府管理方式，构建政企分开、政事分开的法治型政府，深入推进"管办评"分离，但任何事情都需要一个渐进的过程。结合我国国情，现阶段在保留政府下属的行业协会、教育评估中心（院）等"半官方"评价机构的同时，应大力培育"非官方"第三方评价机构，形成多元并存、相互补充的第三方评价机构群体。通过渐进培育具有企业性质、完全独立的第三方评价机构，逐渐实现真正意义上的"管办评"分离。

从职业教育的产教属性出发，第三方评价机构人员应至少引进有丰富工作经验的职业院校一线教师以及行业企业一线专家，同时还可包括教育管理者、研究者等，评价人员不仅要具备丰富的专业知识、高超的评价能力，同时还应有较强的责任意识，应重视评价团队的素质、素养、能力建设，制定科学规范的评价标准、评价程序等。第三方评价机构的工作经费来源于政府、职业院校等利益相关者的购买服务，以保证其独立性。

2. 明确职业教育第三方评价客体

从全面性来讲，职业教育第三方评价客体有宏观、中观、微观三个层面，即国家、区域、院校三个层面。

（1）宏观层面

宏观层面主要是评价国家职业教育与经济社会总体发展的适应性。这是对我国职业教育整体适应性的评价，应每十年评价一次，考察全国技术技能人才培养的总体水平，与经济社会发展的适应性以及与前续教育、后续教育的衔接性等。在宏观层面对职业教育进行第三方评价，应由认证优秀、口碑良好、能力全面、视野前瞻的第三方评价机构开展评价工作，评价人员应对宏观层面的国家经济、产业、社会发展以及职业教育的整体水平等方面有深刻的综合认识以及科学的评价方法，有针对性地分析存在的问题，提出国家层面的职业教育宏观调整对策和发展方向，为国家进行中长期教育战略规划提供重要支撑。

（2）中观层面

中观层面主要是评价区域职业教育与区域发展的适应性，区域职业教育总体发展水平及其对区域经济社会发展的贡献度等。重点分析区域职业教育与区域产业在结构、规模、内容、质量等方面的协同度。区域政府部门应通过购买服务的方式，每五年对区域职业教育进行一次第三方评价，为区域进行产教战略规划提供重要支撑。

（3）微观层面

微观层面主要是评价单一职业院校的发展情况（以下简称"院校评价"），院校评价又可以分成两个层面：一是职业院校整体发展水平评价（以下简称"院校整体评价"），主要对职业院校的发展背景、办学定位、资源禀赋、学校治理、办学效益等进行全过程动态评价；二是专业评价，即对职业院校各专业（群）与相关产业（群）的适应性、专业标准、课程体系、课程教学标准、教学方式与手段、教学资源、专业人才培养质量等进行专业动态发展评价。根据职业院校技术技能人才培养的周期，职业院校可通过购买第三方评价服务，每三年进行一次院校整体评价和专业评价，同时还可跟第三方评价机构签订长期性的动态性诊断合同，建立动态沟通模式，随时诊断问题、协商解决方案，共促人才培养。

从评价市场需求来看，微观层面的院校评价是需求最多、规模最大的第三方评价客体。只有微观层面的职业院校健康运行发展，才能影响和实现区域和国家层面职业教育的可持续发展，因而院校评价是职业教育第三方评价的主要内容，笔者主要是构建院校层面第三方评价的运行模式。

（四）构建职业教育第三方评价过程监管机制，规范第三方评价市场环境

为规范职业教育第三方评价的市场环境，需对第三方评价过程进行监管。根据公共经济学理论，职业教育属于准公共产品。根据这一属性，政府作为职业教育政策制定者，是职业教育的权威利益相关者；职业院校的教师和学生作为职业教育的主体和客体，是职业教育的核心利益相关者；行业企业作为职业教育的用人单位，是职业教育的紧密利益相关者；同时还有学生家长、社会民众等边缘利益相关者①。政府在职业教育第三方评价中的监管作用主要是通过其资助的半官方组织——职业教育第三方评价认证中心来实施的。其他利益相关者组成利益相关者联盟对第三方评价进行过程监管。从类型上说，职业教育第三方评价的过程监管分为专业性监管和公平性监管。

1. 专业性监管

专业性监管主要是对评价标准的科学性、评价程序的规范性等进行监管，这体现了监管者的专业水平和能力，可由国家和区域职业教育第三方评价认证中心进行监管。评价标准是关键要素，应包括稳定性指标和动态性指标，稳定性指标是考察评价对象一般性特征的共性指标，动态性指标是考察评价对象特色和优势的个性指标。评价标准可由第三方评价机构草拟，同时要广泛征求职业院校教师和学生、行业企业等利益相关者的意见和建议，并让职业教育第三方评价认证中心监管其科学性和动态性。第三方评价过程主要由确立目标、收集信息、分析整理信息、综合判断和做出决策五个环节组成，认证中心可监管第三方评价流程是否科学合理。

2. 公平性监管

公平性监管主要监管评价过程的公平性和公开性，包括监管评价标准是否公开、评价过程是否透明、评价结果是否公正等。为压缩权力"寻租"和腐败的空间，公平性监管应调动广大民众的积极性，组建职业教育利益相关者联

---

① 孙蕾，唐小艳，罗汝珍，等. 基于专业视角的高职教育成本构成分析 [J]. 中国高教研究，2009 (7)：77-79.

盟对第三方评价机构进行公平性监管，利益相关者联盟包括教师、学生、行业企业、家长、市民等，属于第三方监管机构，政府通过购买服务的方式为其提供工作经费。利益相关者联盟通过现场考察、问卷调查、接受投诉等方式对第三方评价的公平性和公开性进行监督，并向社会公布监管结果。

同时，被评价对象（职业院校等）可在评价过程中随时向职业教育第三方评价认证中心以及利益相关者联盟反馈问题，对第三方评价机构不专业、不公平之处进行申诉，认证中心以及利益相关者联盟出面进行协调，及时制止不规范的行为，并将情节严重的情况上报至国家职业教育第三方评价认证中心，计入第三方评价机构的信誉档案，直接影响其资质水平。

（五）完善职业教育第三方评价的反馈机制，加强第三方评价结果的应用

第三方评价的成果应用直接关系到第三方评价的发展，构建完善的职业教育第三方评价反馈机制尤为重要。

1. 政府应引导利益相关者加强对评价结果的应用

在评价结果反馈与应用方面，政府要有明确的导向，促使评价结果在院校发展和舆论引导等方面具有较大影响力和权威性。政府在政策制度设计中，应确立第三方评价的法律地位以及评价结果的权威性，引导职业院校、行业企业、家长、市民等利益相关者有效利用职业教育第三方评价结果，充分发挥第三方评价的引导、诊断、改进、激励等功能。对第三方评价结果的应用，应加强纵向比较、减少横向比较，即主要考察评价对象较之过去是否有完善和改进之处，评价目的是动态监控并最终取得内涵发展。第三方机构将评价发现的问题及时反馈给职业教育利益相关者，利益相关者根据第三方反馈的问题和建议，及时整改完善，以提高人才培养水平。

2. 建立多元反馈机制，加强评价结果的多方应用

第三方评价机构应将评价结果向政府、职业院校（含教师和学生）、行业企业、家长、市民等利益相关者反馈，建立评价结果的多元反馈机制，促使评价结果获得多方应用，以增强评价结果的影响力和权威性。

①第三方机构将评价结果反馈给政府，让政府及时了解职业院校发展的现状和问题，并据此制定政策，整合职业教育资源。同时及时了解职业院校办学水平和效益，为资源分配、选人用人等提供评判依据。②评价结果反馈给职业院校（含教师和学生），能使职业院校及时了解自身发展存在的问题，并不断改进不足之处，改革教育教学方式，完善人才培养模式。教师可针对问题完善教学方式，学生可针对问题改进学习方式，人才培养主客体能在不断完善中获得可持续发展。③评价结果反馈给行业，行业根据评价结果可以判断技术技能

人才培养与行业发展的适应性和匹配度，从而加强对职业院校人才培养的指导，提升产教融合水平。④评价结果反馈给企业，企业可根据职业院校发展现状与水平，有针对性地选取适合开展合作的院校，并有效调整合作方向和模式。⑤评价结果反馈给家长和社会，能够增强家长和社会对职业院校办学水平的了解，以便于满足公众知情权，尊重公众的选择权。

　　总之，无论在理论层面，还是在实践层面，职业教育第三方评价的发展都还不够成熟和完善，相关方面还需进一步展开研究。

第十章 职业教育产教融合第三方评价研究的个案分析：以湖南省为例

产教融合是破解产业和高等教育主要矛盾、解决经济社会发展不平衡不充分的战略抉择。国务院办公厅印发的《国务院办公厅关于深化产教融合的若干意见》（国办发〔2017〕95号）明确指出：构建教育和产业统筹融合发展格局。深化产教融合的主要目标是，逐步提高行业企业参与办学程度，健全多元化办学体制，全面推行校企协同育人。通过购买服务、委托管理等，支持企业参与公办职业学校办学。鼓励有条件的地区探索推进职业学校股份制、混合所有制改革，允许企业以资本、技术、管理等要素依法参与办学并享有相应权利。

第一节 湖南省职业教育产教融合现状分析

产教融合是以分析职业教育活动的目的、方式、标准、内容来源的方法为基础的产教双方共同构建职业教育教学模式、制度和机制，开展职业人才培养实践活动的过程。第三方是指除了第一方与第二方以外，与评价对象无直接利益关联和隶属关系的一方，第三方评价具有权威性、公正性、独立性、专业性等特征。

一、湖南省产教融合主要成效

1. 专业群与产业链深度融合

2016年以来，湖南省高职院校以服务需求为主，紧紧围绕战略性新兴产业、先进制造业、现代农业和现代服务业等当地经济建设急需、社会民生领域紧缺的专业领域，科学调整专业设置。目前湖南共开设高职高专专业点1 560个，面向第一、二、三产业的专业点数占比分别为2.56%、49.68%、47.76%，在校生人数占比为1.8%、47.78%、50.43%，与湖南省第一、二、三产业对经济增长的贡献率5.3%、47.5%、47.2%基本匹配。构建深度融入产业链的专业群205个，占专业群总数的70%，对接湖南优势产业的专业招生数均有较大幅度增长（见表10-1）。专业群与全省优势重点产业已深度融合、全面覆盖。2017年湖南省八大优势重点产业较2016年平均增幅达6.67%，其中装备制造类增幅最大，为11.65%；其次是石化类，为10.62%。

表10-1 2016—2017年对接湖南优势重点产业的专业招生数变化情况

对接湖南优势重点产业	2016年招生数/人	2017年招生数/人	增幅/%
装备制造类	14 081	15 721	11.65
石化类	1 017	1 125	10.62
电子信息类	20 759	22 792	9.79
新材料类	257	273	6.23
汽车类	5 137	5 401	5.14
新能源类	2 011	2 105	4.67
航空类	4 493	4 633	3.12
轨道交通类	9 813	10 026	2.17

数据来源：湖南省高等职业教育质量年度报告（2018）。

2. 校企共建成效显著

2017年，湖南省职业院校与企业合作共建的专业群、研发中心、二级学院、职教集团分别达到263个、119个、59个、35个，分别比2016年增加7个、53个、47个、1个（见表10-2）。

表10-2 2016—2017年湖南省职业院校校企共建情况

校企共建方式	2016年共建数/个	2017年共建数/个	新增个数/个	增幅/%
专业群	210	263	53	25.24
研发中心	72	119	47	65.28
二级学院	52	59	7	13.46
职教集团	34	35	1	2.94

3. 校企合作育人纵深推进

2017年，湖南省高职订单培养学生达74 598人，比2014年、2015年、2016年分别增加12 672人、8 328人、1 782人。2014—2017年湖南省高职订单培养情况见图10-1。

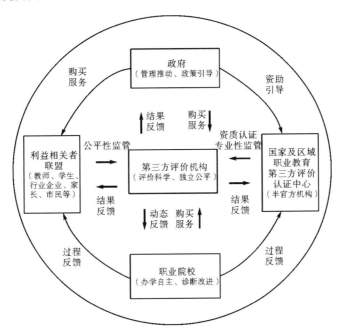

图10-1 2014—2017年湖南省高职订单培养情况

2017年，湖南省开展现代学徒制试点的高职院校61所，占高职院校总数的84.5%；合作企业91家；试点学生人数4 761人，占全省高职院校学生总数的0.92%；与2016年相比，分别提升了7.02%、16.67%、29.23%（见表10-3）。

表10-3 现代学徒制试点情况

	2016年	2017年	增长率/%
开展院校/所	57	61	7.02
参与企业/家	78	91	16.67
试点学生数/人	3 684	4 761	29.23

二、湖南省产教融合存在问题

《湖南省人民政府办公厅关于深化产教融合的实施意见》（湘政办发

〔2018〕82号）（以下简称《实施意见》）提出了一系列具体措施，如允许企业以资本、技术、管理等要素依法参与办学并享有相应权利；建立规模以上企业把开展职业教育情况纳入社会责任报告的制度；统一实施职业学校学生实习责任保险制度；支持优秀专业技术人才在学校以资本、技术入股等形式建立工作室；企业投资或与政府合作建设职业学校、高等学校的建设用地，按科教用地管理，符合《划拨用地目录》的，可通过划拨方式供地，鼓励企业自愿以出让、租赁方式取得土地；实施产教融合发展工程，培育遴选产教融合示范企业500家和产教融合"百千万"工程，即产教融合领军人才100名，产业教授1 000名，湖湘工匠和技术能手10 000名。这些措施对湖南职业教育校企深度融合具有很大的推动作用。但由于学校与企业是两种目标导向不同的组织，在产教融合方面存在以下问题有待在理论、政策、实践方面进一步探索：

1. 倡导和引导层次的宏观性政策在推动产教深度融合中显得乏力

产教融合是职业教育的本质要求。国家已经认识到专业教育对产业发展的重要性，并将产教融合问题上升到关系国家产业发展和制造业大国向制造业强国跨越的基础性和关键性要素，但产教融合办学模式、内部体制机制、外部支持环境如法律政策、企业利益保障、办学过程中的各种具体障碍如何破解，这一系列问题还没有行之有效的解决方案。

2. 经济领域缺少支持产教融合的配套制度和法律约束

政府层面缺乏支持企业参与院校办学的政策激励机制，尽管《实施意见》明确了一些具体措施，但都是鼓励性的，并未将支持职业教育发展明确写入企业准入制度，这些措施缺乏系统性和强制性，对于企业参与学校办学没有明确的优惠政策。职业教育产教融合法制建设仍然十分薄弱，在经济领域中的法律基本上没有涉及产教融合、校企合作的制度内容，在教育领域相关法律只有《中华人民共和国职业教育法》，但其中内容宽泛，没有约束性、针对性和可操作性。

3. 职业教育办学模式改革仍面临挑战

高职教育办学模式要解决的最核心问题是产教融合。"十一五"以来，我国职业教育探索了工学交替、"订单式"培养、校中厂、厂中校、"政、校、企"联动、"职教集团"、"现代学徒制"等校企合作人才培养模式，这些合作育人模式都呈现出表面化、零散性、局部性和短期性，出现这一问题的深层次原因在于产教融合各方利益边界尚未完全厘清，各自目标和利益不同但又没有建立协同机制，企业作为育人主体的作用和责任缺失，参与职教的内驱力不足。

4. 专业设置与湖南省产业适应性有待进一步提高

湖南高职教育在专业设置方面已初步形成专业随产业发展动态调整的机制，但在专业链深度融入产业链方面还存在一些问题①。2017年，湖南第一产业产值占比为8.8%，但全省农林牧渔大类专业点有42个，在校生6 998人，在校生占比为1.43%，与湖南第一产业GDP占比8.8%仍不相匹配，还不能适应湖南现代农业发展的需要②。同时，在专业设置方面，涉及现代农业，如观光农业、立体农业、绿色农业，生态旅游业的专业较少。渔业综合技术、特色农产品的专业设置如药材和茶叶两方面尚为空白。社区管理、社会工作、养老服务、康养等社会急需的专业发展缓慢。专业重复设置严重，部分领域人才培养相对过剩，如计算机科学与技术、艺术设计、财经等专业。专业交叉复合不够，随着新的经济业态和智能化、信息化发展，急需大量外向型、复合型人才和一线的高技能人才，相对于人才需求的这一变化，高职院校专业设置思路显然较为单一和保守③，如智能化生产系统对技术技能人才工作模式有五个根本性影响，即工作过程去分工化、人才结构去分层化、技能操作高端化、工作方式研究化及服务与生产一体化，智能化生产系统需要高度复合的专业型技术技能人才，这就需要高职教育人才培养模式进行根本性变革，而专业设置要同步考虑这一变化。

5. 混合所有制办学仍有待突破

混合所有制办学是政策主导下的深化校企合作的一种办学形式，是一个办学主体多元、教育产权多元，并能进行高效、自主、规范管理的现代职业教育办学模式和治理架构。混合所有制办学有利于破除公办职业院校的体制弊端，促进办学形式多样化、办学主体多元化，增强办学活力，提高办学效益。公办职业院校的办学资金来源于企业等社会化多元主体的股份投入，通过产权、股份和收益调动其参与办学的积极性，可以使校企双方成为命运共同体，这有利于促进产教深度融合，同时大大激活职业院校自主运营的责任意识和开放办学的活力。混合所有制办学是实现产教深度融合的一种办学模式，在推动双主体育人、产教融合中将发挥重要作用。全国不少省份都在积极推动职业教育混合所有制办学模式，如苏州工业园区职业技术学院由4个大中型企业买断控股，

---

① 湖南省统计局. 湖南省统计年鉴 [M]. 北京：中国统计出版社, 2018.

② 高职教育质量年湖南省教育厅. 湖南省高等职业教育质量年度报告（2018）[R]. 长沙：湖南省教育厅, 2018：27.

③ 石伟平, 郝天聪. 从校企合作到产教融合：我国职业教育办学模式改革的思维转向 [J]. 教育发展研究, 2019：1-9.

完全按股份制运作，企业、高校和政府在董事会席位中分别占 67%、26% 和 7%；江苏省教育发展投资中心入股 1 000 万元（占股 5%）参与紫琅职业技术学院办学，使其升为南通理工学院；河南省商丘市与河南煤业化工集团对永城职业学院进行股份制改革，企业占 70% 股权、市政府占 30% 股权；沈阳职业技术学院成功引入民营企业投资 6 500 万元，共建国家示范性软件学院；中山火炬职业技术学院与中山火炬工业开发总公司联合共建生产性实训校区，创造了"多形式参股"的实训基地建设模式。

湖南省 74 所高职院校，有一些院校办学经费十分紧缺，办学条件严重不足，在这一环境下，人才培养质量和办学水平受到严重影响。面对这类情况，即缺少外部引导和政策激励，学院本身也缺乏内在动力进行混合所有制改革，这类院校的发展受到制约，瓶颈无法破解，这显然无论是对湖南教育事业，对学院的自身发展，还是对受教育者都是一种损害，需要教育主管部门引导解决。

6. 高职教育职教集团办学探索止步不前

职教集团是高职教育实现产教深度融合的一种办学模式。2008 年 7 月到 2012 年 3 月，在湖南省教育厅的主导下，由各个高职院校牵头组建了 19 家职教集团。职教集团的成立在推动校企合作、产学研政结合，探索学工交替、订单培养，使学校和企业从外部结合走向内部结合、从松散聚集走向紧密聚合等方面发挥了重要作用。但近年来，湖南职教集团的发展呈现停滞状态，主要表现为：①作为一种松散型的非正式组织，职教集团目前只是一种事实存在。身份不明导致集团从事各类活动时显得合法性不足。②互惠互利的动力机制尚未建立，不同成员对集团工作的投入程度差异显著。③相当一部分企业只是名义上加入了职教集团，实际上并没有合作项目。大多数校企合作的形式仍然停留在企业提供就业岗位、实训资源、企业员工培训等浅层次上。④缺失校企深度合作的产权制度设计，职教集团内部运行机制不健全。⑤企业和院校在集团中都没有得到显性利益，双方的积极性与主动性不高。

第二节 湖南省职业教育产教融合评价现状分析

一、湖南省产教融合评价现状

1. 以第一、二方评价为主

"十一五"和"十二五"期间，职业教育的第三方评价较少，这期间启动的国家示范性（骨干）职业院校和湖南省示范性职业院校、示范性特色专业（群）等都是在第一方自评的基础上以第二方（政府）为主导，组织专家对项目建设规划和效果进行评价，属于结果性评价模式。

"十三五"时期，湖南启动的高职高专"双一流"建设、卓越院校和"双一流"特色专业群建设都属于第二方主导的结果性评价（见表10-4）。2015年，教育部印发《教育部办公厅关于建立职业院校教学工作诊断与改进制度的通知》（教职成厅〔2015〕2号）以及《高等职业院校内部质量保证体系诊断与改进指导方案》，指导高职院校每年采集报送人才培养工作数据、撰写发布年度教育质量报告，构建内部质量诊断、监控与改进体系，这预示着我国高职教育评价逐渐由政府评价过渡为内部诊断，由结果性评价逐渐向过程性评价转变。

表10-4　湖南省高职教育评价现状及其关注点

评价类型	教育部高职院校内部质量保证体系诊断项目参考诊断指标	湖南省卓越高等职业技术学院建设基本要求	湖南省高等职业教育一流特色专业群评审指标体系	麦可思数据有限公司第三方评价指标体系
一级评价指标	体系总体构架	办学定位	教师队伍与教学条件	生源与招生评价
	专业质量保证	基本办学条件	人才培养	学生成长评价
	师资质量保证	特色专业群建设	科学研究与社会服务	教学质量与改进评价
	学生全面发展保证	教师队伍	产教融合	师资发展与保障评价
	专业质量保证	教育教学	国际合作	应届毕业生培养质量评价
	体系运行效果	治理能力	专业群综合评价	毕业生培养质量中期评价
		办学效益	加分	用人单位评价
			减分	综合性专业建设与诊断（1~3年中长期跟踪评价与诊断）

2. 第三方评价市场已初步形成

在国家政策引导下，为了充分挖掘数据资源，提高人才培养质量，国内高校逐步与第三方评价机构进行合作，影响较大的有2006年成立的麦可思数据有限公司，主要评价领域有专业认证与诊断、人才成长评价、教学质量与改进、应届毕业生培养质量评价。目前，麦可思数据有限公司已为 900 多所高校提供了基于数据的评价服务，其影响力较大的产品有《中国高等职业教育人才培养质量年度报告》《就业蓝皮书》等。2004 年成立的上海市教育评价协会①是我国第一个具有独立法人资格的、由专业人员自愿组成的从事教育评估工作的专业性社会组织，它在上海"三结合"（政府评估、学校评估、社会评估）评价体系和"三分离"（管、办、评）的运行机制中充分发挥了非政府组织在社会公共管理中的作用。其主要产品有《2015—2017 上海市民办职业培训机构办学质量和诚信等级评定资料》。另外，深圳市网大教育服务有限公司的《中国大学评价研究报告》、21 世纪教育研究院的《中国教育蓝皮书》等均在社会上产生了一定影响力。目前，根据调研结果，在湖南省 70 所高职院校中，有 29 所高职院校引入了麦可思数据有限公司第三方评价对毕业生进行跟踪调查。湖南工业职业技术学院与博世汽车部件（长沙）有限公司合作，引入国际权威认证机构德国工商会作为第三方，按照德国联邦教育及研究部（BMBF）颁布的职业教育大纲和德国工商总会（DIHK）颁布的职业资格培训认证体系，校、企、认证机构三方共同制定人才培养方案，采用 AHK 认证对学生专业能力进行评价。湖南铁道职业技术学院每年 6 月由广铁集团第五中铁工程集团等合作企业组织专家组，对相应专业应届毕业生的专业综合能力进行测试，并据此择优录用到合作企业就业。

二、湖南省职业教育产教融合第三方评价的问题分析

1. 产教融合第三方评价政策难以落地

"十二五"以来，政府非常重视产教融合第三方评价工作，出台了一系列政策支持职业教育第三方评价工作。2010 年，《国家中长期教育改革和发展规划纲要（2010—2020 年）》指出，要改进教育教学评价，根据培养目标和人才理念，建立科学、多样的评价标准；开展由政府、学校、家长及社会各方面参与的教育质量评价活动。2013 年，《中共中央关于全面深化改革若干重大问题的决定》再次明确，要深入推进管办评分离，扩大省级政府教育统筹权和学校办学自主权，完善学校内部治理结构；强化国家教育督导，委托社会组织开展教育评估监测。2014 年 5 月，《国务院关于加快发展现代职业教育的决定》（国发〔2014〕19 号）指出，要注重发挥行业、用人单位作用，积极支

---

① 上海市教育委员会. 上海教育年鉴 [M]. 上海：上海教育出版社，2005.

持第三方机构开展评价。2015 年，教育部下发《教育部关于深入推进教育管办评分离促进政府职能改变的若干意见》（教政法〔2015〕5 号），部署构建了"政府管教育、学校办教育、社会评教育"的格局。2017 年，国务院办公厅印发的《国务院办公厅关于深化产教融合的若干意见》（国办发〔2017〕95 号）指出，要积极支持社会第三方机构开展产教融合效能评价，健全统计评价体系；强化监测评价结果运用，作为绩效考核、投入引导、试点开展、表彰激励的重要依据；鼓励第三方开展产教融合型城市和企业建设评价，完善支持激励政策。国家出台的一系列政策措施能够推动产教融合，鼓励引导社会机构积极参与第三方教育评价并力促在产教融合中充分发挥第三方评价的重要作用，体现了从国家层面对产教融合及其第三方评价的重视，但配套的法律、政策、制度却未跟上，限制了产业需求规模。在资质认证、市场准入、过程监管等方面缺乏有效衔接。学校、政府、第三方评价机构以及企业行业等多方参与的职业教育教育评价体系尚未建立，也没有有效的抓手推动第三方评价的深入系统实施。致使第三方教育评价较其他领域的第三方评价的市场化滞后，评价机制尚未形成，市场发展方向不明，市场规模和前景也不清晰。

2. 产教融合第三方评价机制不畅

产教融合是职业教育实现双主体育人、引入现代治理制度、激活教育活力的一种先进的办学模式，其目的是通过有效的人力资源开发，将个人的知识和技能转化为全社会的强大生产力。湖南省人力资源供求动态失衡比较严重，表明其教育在适应和促进经济社会发展的竞争中相对落后，不能适应产业快速调整的需求。相关原因既有根深蒂固的体制机制因素，也有教育公共服务领域中政府与市场的责任边界划分以及相应的制度安排、政府各部门的沟通协调以及政策执行机制，还包括企业及社会组织参与人才培养和教育改革发展的制度安排等。关于企业参加职业教育，尽管《中华人民共和国职业教育法》明确规定行业组织和企业、事业组织应当依法履行实施职业教育的义务，但对于哪些企业组织以及如何参加职业教育，还不够清楚。多部门联合发布文件，鼓励企业举办职业教育的"意见"也仅仅是指导层面，缺乏严格的约束机制。此外，产教融合第三方评价机制不畅通也导致企业缺乏内部动力来参与办学和产教资源整合。产教融合矛盾的基本解决方案是需要顶层设计和配套实施制度，否则相关措施将不可避免地遭遇制度障碍而深陷困境，这样难以实现产教融合，对于产教融合在职业教育中发挥作用的效果评价更是举步维艰。

3. 产教融合第三方评价力量不足

不同行业产教融合有着不同的办学模式，如何发挥产教融合的作用，达成目标度，很大程度上取决于是否有完善的激励政策、明确的互利目标和办学方向、共同开发的课程体系、有效的教学效果、动态的质量过程监督与管理、完善的教育评价体系，尤其是科学客观的第三方教育评价体系。第三方评价机构应该是独立法人实体，专业性、独立性与权威性是其显著特征。通过承接政府部门或学校委托的办学能力和教育质量评价业务，形成学校办学水平和人才培养的诊断性评价结果，在此基础上影响政府的政策方向、学校的办学策略以及用人机构和公众在教育方面的知情权。但独立第三方评价者这一力量如何形成？由于第三方教育评价市场前景不明，同时多元化的教育需求以及多样性的教育事实使得教育评价的主体及方式多元化。这对评价机构的专业性、独立性、公正性要求都很高，要求评价人员既要有教育专家；也要有行业专家，既要有一线生产教学人员，也要有研究者。尽管近年来出现了一些形式各异、关注点不同、具有评价性质的第三方组织机构，但权威性较低是我国高等教育第三方评价面临的突出问题，具体表现为：评价人员的构成及素养有待提高，评价方案难以实现提高高等教育质量的目的，评价机构自律性不够，评价机构总体上相对弱小、分散、信誉不高、各自为战。各省教育科学研究院等研究机构也受省教育行政主管部门委托，以第三方教育评价身份实施评价，但鉴于其身份和体制机制，其评价的独立性和评价队伍的力量仍然存在很多矛盾。一些公立高校也在本科和高职院校各类排名中担当第三方评价者的角色，但基本仅限于院校排名，对产教融合的过程与效果评价既没有专业性，也没有动力，市场吸引力不足，难以吸引教育和行业企业高水平专家到这一领域。

4. 产教融合第三方评价内容设计不足

目前，湖南职业教育产教融合第三方评价较少，仅仅有少数理念超前、有改革精神的院校在尝试。从区域产教融合层面来讲，产教融合有宏观、中观和微观三个层面，宏观层面是区域整体产业结构与职业教育专业结构的衔接度，中观层面是院校专业群与产业群、产业链的匹配度，微观层面是课程群与职业岗位群、专业文化建设与企业文化的融合度。但在这一方面既缺乏系统研究，更无第三方评价机构在这一领域的研究。同时，从湖南省教育评价现状看，第三方评价机构在社会关系、经费来源等方面也无法与政府支持的评价机构相提并论。各类第三方评价机构面临"生存"或"发展"的困难，如经费来源、项目来源、与行政部门的关系问题、评价市场开发问题、公平竞争的环境等。这极大地影响其专业性，进而影响其竞争力和权威性。

5. 第三方评价结果应用率和权威性欠缺

由于在过去很长一段时期内，政府对教育的评价占主导地位，因而社会公众难以信任对教育的第三方评价结果。同时，从评价结果的应用现状看，第三方评价结果应用机制尚未形成，从教育政策支持方向看，在财政拨款、重点项目、招生计划等方面主要还是教育行政主管部门主导的评价在其中发挥了重要作用，这些评价一定程度上仅反映了学院办学条件和教学科研成果的优劣，对于人才培养质量尚缺乏直接的联系，同时也缺少社会、行业企业等用人单位和家长的参与以及成果应用。

第三节　以第三方评价有效促进湖南省职业教育产教深度融合的对策建议

一、法律高度上确立第三方评价主体地位

从外国教育评价实践看，推动第三方评价体系良好运行的关键在于完善法治建设。美国以法律形式规定了高等教育质量第三方评估中介机构的准入条件、责任和义务，凡符合准入条件的社会单位都可申请成为美国高等教育质量评估中介机构，并依法履行评估职责；英国和法国的第三方评估中介机构都是独立于教育行政部门之外，按独立的法规和程序行使评估职责的。近年来我国出台了一系列改进教育教学评价的文件，其目的是为了推进多元主体参与职业教育质量评价，但在推进社会第三方评估制度的过程中，政府缺乏相应的法律法规对高职教育质量第三方认证机构的合法地位予以确认，并且对其行为进行规范。高职教育评估中介机构的生存基础是立法与公正，因此，出台高等教育第三方评估的法律法规是第三方评价政策落地的关键。需要从法律法规层面明确地、精细化地规定双主体育人各方的责、权、利，以及评价程序、评价指标体系、评价结果应用等。这也是解决当前职业教育第三方评价面临的专业性、独立性、科学性、公正性和效用性五性不足问题的根本所在。

二、探索职业教育产教融合第三方评价的运行模式

产教融合是高职教育必须选择和实践的办学模式，从宏观层面看，目前产教融合办学模式主要关注的是教育问题，而隐藏其后的实质是经济问题。第三方评价如何在推动院校产教深度融合方面发挥作用？如何评价双主体育人的体系设计的合理性、科学性、有效性？双主体育人实践中的关键问题是什么？瓶颈如何破解？为回答这些问题，需要对评价程序、评价标准、评价内容、评价结果等各方面进行系统设计并不断在实践中探索与完善。也就是要探索产教融

合办学模式的第三方评价的运行模式，即从第三方评价的业务范围、运行管理、成果应用等方面完善政策制度设计，从而对其市场规模、准入条件、运行管理等设定比较明确的边界和透明度，使得教育领域第三方评估真正进入市场化阶段。相关机构应利用社会力量对高职教育进行评价和监督，提升评价的透明度，公示评价项目和程序，明确评价市场规模，加快推进教育评价市场化进程。

学校、政府、行业企业、社会组织等多方合作，协同推动职业教育产教融合第三方评价体系的科学运行。政府作为评价工作的引导者，积极引导职业教育产教融合第三方评价机构持续发展，同时组织专家对职业教育产教融合第三方评价机构进行"元评估"，职业教育第三方评价机构通过购买服务、委托管理等方式从学校、政府、行业企业等利益相关者那里获得运行经费。政府层面，关注职业教育专业与区域经济发展的协调性与融合度、产教融合的成效与问题；院校层面，可重点观察产教融合双主体育人制度设计、育人过程的各自作用发挥、人才培养方案、教材和课程及其相应教学管理各个环节的融合度，评价结果用于院校改进产教融合办学模式中的问题，提升院校的内涵与竞争力。企业及行业也可通过评价结果即院校对行业企业发展的贡献度评价寻求更好的合作学校，并将这一模式进行推广应用。

三、培育职业教育产教融合第三方评价主体

评价主体是指由谁来评价职业教育，也就是第三方是谁。职业教育产教融合评价体系应是多元化的，不仅有政府委托下属机构设立的第三方评价机构，同时也有各高校依托专业实力建立的第三方评估服务机构，还需有企业、行业协会等注册的具有独立法人地位的评价机构，并且鼓励民间资本创办教育评估和咨询机构、教育评估专家合作成立专业评价组织以及国外优质教育质量评价机构，向市场化、多元化、国际化方向发展。加强机构的自身建设，以权威、科学、专业的评估工作推动第三方评价科学合理地发展。机构自身建设是开展第三方评价工作的基础。可从以下三个方面加强机构建设：一是建设专业评价人才团队，通过与学校、企业、行业等多方合作，建立一支高素质、高水平、高质量的职业教育第三方评价团队，构建专兼结合的专业评价团队，人员配置灵活多样；二是加强职业教育评价的理论和实践探索，促进职业教育评价技术的发展和评价理论的提升；三是加强职业教育评价机构自身的行业规范自律建设。构建职业教育第三方评价的行业准则与规范，要在接受政府规范化管理的基础上，建立职业教育第三方评价行业性组织，构建第三方评价的行业自律机

制，进行自我约束、自我规范、自我管理，在抵御诱惑和压力的过程中不断发展壮大。同时划定信誉等级，对服务质量不达标、专业水平不佳的第三方评价机构，实施一票否决制，建立诚信档案或黑名单制度。

四、拓宽职业教育产教融合第三方评价的评价内容

职业教育产教融合、校企合作是跨界的融合与合作。在"政府引导、行业企业参与"的办学格局下，推进职业教育产教融合工作，必须以政策精神为导向，且提升政策质量与力度，增强政策执行的有效性，注重政策的配套与实施，加强产业的介入性，强化行业企业重要主体作用。其评价内容着眼于以下几个方面：企校"双主体"育人体系构建、企业参与办学的途径、产教融合发展以及"引企入教"制度改革、"混合所有制"和"职教集团"办学模式评价、企校共同开发专业群和课程群、共建教学资源库、合作开发教材、教学过程融合度、相关教学管理制度的变革等，对于联合共建生产性实习实训基地、产教融合师资队伍融合机制、教师顶岗实践基地、现代学徒制与订单培养、协同创新机构、成果转化应用机构、企业职工在岗教育培训基地、市场化服务组织等也应纳入评价内容。

五、加强职业教育第三方评价结果的应用

湖南省职业教育评价长期依托于政府主导模式，第三方教育评价市场规模小且评价结果的信任度和影响力以及应用率都较低。成果应用直接关系到第三方评价的发展，因此，在成果应用方面，政府要有明确导向，使得评价结果在学校发展和社会公众方面具有较大影响力。在政策制度设计中，如何引导社会、行业企业、学校、教师、家长、教育相关方有效利用第三方教育评价结果，充分发挥评价的引导、诊断、改进、激励等功能是首要考虑的问题。

加强职业教育产教融合第三方评价结果的应用，应尽量减少职业院校的横向比较，加强职业院校的纵向比较，即将评价的现状与学校的过去做比较，重点关注职业院校的完善与改进之处，评价目标是对职业院校的办学过程和人才培养质量的动态监控，能够推进职业院校获得内涵提升。

第三方评价机构及时向政府反馈评价结果，这样政府能及时动态地了解职业教育发展的现状与问题，并据此制定政策，整合职业教育资源。同时及时了解院校办学水平和效益，为选人用人提供评判依据。第三方评价机构及时向职业院校反馈评价结果，职业院校能发现在办学过程中存在的问题，并及时调整办学策略、人才培养方向及教育教学方式，及时进行整改与完善，并不断优化

发展环境，调整办学定位，完善办学模式，完善人才培养模式，加强学校治理，提高办学效益，提升人才培养质量；第三方评价机构及时向行业反馈评价结果，行业能判断技术技能人才培养与行业发展的匹配度和适应性，从而加强指导，引导职业院校的人才培养更具社会适切性；企业获得第三方评价结果，可根据学校发展现状和水平，有针对性地选取合适的对象进行校企合作。评价结果反馈给社会和家长，增加社会对各个学校办学水平的了解，以便于满足公众知情权，尊重公众的选择权。

第十一章 现代职业教育第三方评价的保障体系研究

评价是对职业教育宏观控制的有效手段。学校的自我评价在具体实施过程中不同程度地存有偏差和失误，影响教育评价功能的发挥。外部评价注重对学校自我评价的再评价，通过对学校工作过程及成果的评价和及时反馈，外部评价可实现对学校内部评价的指导、协调和监督，揭示影响其教育质量的深层原因，有利于促进其评价工作的公平与公正，并使评价形成有层次性的结构，更加科学、系统和规范。

第一节 现代职业教育第三方评价的法律政策保障

《国务院关于加快发展现代职业教育的决定》（国发〔2014〕19 号）中明确提出：加强行业指导、评价和服务，通过授权委托、购买服务等方式，把适宜行业组织承担的职责交给行业组织，给予政策支持并强化服务监管，行业组织要履行好开展质量评价等职责。2015 年，教育部下发《教育部关于深入推进教育管办评分离促进政府职能改变的若干意见》（教政法〔2015〕5 号），部署构建"政府管教育、学校办教育、社会评教育"的格局。《现代职业教育体系建设规划（2014—2020 年）》（教发〔2014〕6 号）中提出：以产教融合为主线，建立各级政府、行业、企业、学校和社会各方面共同参与的制度创新平台，为现代职业教育体系建设提供制度保障。虽然政府出台了一系列关于鼓励引导社会机构参与职业教育第三方评价的文件，但文件仅限于呼吁层面，并没有落地，配套的法律法规、实施细则也没跟上，职业教育评价改革需要精细化的政策条款，以法律的形式保障第三方评价的权、责、利。同时，由于行业企业了解产业的发展趋势、用人需求，能够根据人才培养规格、职业岗位标准来评价职业教育，是极为重要的评价主体，因此，应加强职业教育评价立法对于行业企业的参与要求，明确行业企业评价的主体作用以及相关职业院校的责任和义务，对行业企业评价机构的建立、评价指标体系、评价流程、结果反馈和利用等进行明确的规定。总之，制定关于职业教育第三方评价的专门性政策文件，确立职业教育第三方评价合法地位，加强有关制度规范的制定，如国家层面规定职业教育第三方评价合法性及行为规范的法律制度和行业准入机制、工作准则等的行业规范或标准，是职业教育第三方评价的法制与制度保障。

1. 建立第三方机构的资格认证制度

在美国、欧盟等西方民主体制里，国家对第三方机构的发展持比较开放和包容的态度。第三方机构作为一支重要的民间力量，对政府的决策有重要的影响。因此，在以法律法规保障和提升第三方机构的法律地位的同时，也要出台相应的制度和措施规范第三方机构的行为，以确保第三机构的可持续发展。首先，以资格认证保障评估人员的专业能力。教育评估的活动专业而复杂，从事教育评估的事业需要有专业知识和专业技能的团队，以专业的评估团队保障第三方机构的专业能力。以知识为本位的评估人员专业化是第三方机构权力运行的逻辑起点，也是第三方机构专业权力的来源。因此，提升第三方评估机构的专业能力，扩大第三方机构的社会影响力可以通过提升机构工作人员的专业能力实现。要严把机构成员的遴选和聘用环节，以资格认证和持续学习等方式确保机构成员对教育基本理论、教育评估理论、教育评估方法技术和政策法规有深刻而全面的把握。其次，打造工作学习相得益彰的学习型团队，构建专业化的评估机构。以团队的专业化和机构的专业化保障评估活动的专业化。在具体的评估实践活动中，通过学习积累建构完善的评估指标体系，修正评估方法技术，改进评估模式来不断提升评估的质量。以专业的评估团队、专业的评估活动赢得口碑，提升社会公信力。

2. 加强第三方评估机构的能力建设

第三方评估机构的能力主要是专业能力和评估技术开发与应用能力、资源整合能力、科研创新能力、业务拓展能力。第三方评估的专业能力主要体现在评估人员的专业性及评估过程中所依据的原则和标准的专业性、评估理论的专业性和评估结论的专业性等方面。评估人员应具备三种评估能力：①对评估的目标、对象、规则与程序均有充分的了解的能力；②具备如搜集资料、分析及应用资料、撰写评估报告等执行评估方案的能力与技巧；③有良好的人际关系与沟通技巧，特别是能与受评对象或相关当事人进行良好的沟通等。评估技术开发与应用能力主要是开发利用评估方法和工具的专业性以及充分利用信息技术和大数据、云计算等技术开发能力；业务拓展能力主要是准确把握高职教育发展方向和问题，以国家和公众对职业教育的需求和职业技术存在的问题为工作目标，充分发挥评估导向作用，促进目标的实现和完成对问题的诊断，并通过多种渠道进行解决。

3. 明确第三方评价机构的定位

高职院校教育质量第三方评价根据各方委托可以是多元的，但根据目标和问题导向，主要定位在以下几个方面：一是帮助地方政府优化高职教育的布局及专业结构；二是帮助高职院校深化产教融合办学模式改革；三是加强院校内部管理，引导高职院校引入现代管理制度，提高管理的效率和效益；四是帮助高职院校加强专业建设，实施专业认证，提升教育教学的质量；五是帮助高职院校教师更新改进教育教学观念，提升教育教学水平；六是帮助院校进行课程诊断与课程建设；七是对高职院校的教学全过程尤其是实训教学过程进行动态评价；八是对教学管理的科学性与有效性进行评价。高职院校教育质量第三方评价机构，要了解并及时满足政府、高职院校、学生等多种教育利益方对教育评价的需求，依据需求提供相应的教育评价服务，提升教育评价专业化水平。

4. 科学选择评价方式

第三方评价不仅涉及评价目标的设置和评价主体的选择，还涉及评价方式的选取①。在某种意义上，评价方式选择的合理与否直接影响到评价过程是否能顺利开展及评价预期目标是否能实现。评价方式选择不合理引发的最突出问题就是评价资源的不合理配置，导致评价过程难以推进和评价目标的价值错位。高职教育评价理论认为，评价方式主要包括内部评价和外部评价、整体评价和局部评价、形成性评价和总结性评价、量化评价和质性评价等类型②。为避免评价的主观性、随意性和"经验"主义，第三方评价要根据评价实际，综合利用多样化的评价方式，形成合力，进而推动评价过程的有效实施。评价方式的选择同时也是评价资源的分配过程。在选择评价方式之前，评价实施者要统筹考虑该评价方式与资源分配之间的匹配度；实施某种评价方式后，评价实施者也要动态关注该方式取得的实际绩效及其与预期目标之间的差距。忽视这两点必然会影响第三方评价的实施。

5. 创设公平公正的竞争环境

在竞争机制方面，一是要建立相应的制度规范，提高行业企业的参与度，

---

① 刘志峰. 高职教育实施第三方评价的主要问题与改进策略 [J]. 职业技术教育，2012 (33)：49-54.

② 王利明. 高等职业教育教学评价理论、评价体系与评价技术 [M]. 北京：中国轻工业出版社，2011：33-39.

鼓励民间第三方教育评估机构的发展，建立多元的第三方教育评价机构体系。二是建立竞争的激励机制，调动更多的第三方评估机构的积极性。三是允许第三方社会评价机构与有政府或事业单位背景的评价机构公开投标、同场竞技，保证各种利益相关者在评估过程中的有效参与。这样，通过引入竞争机制，可以将选择权交给市场，优胜劣汰，适者生存。

6. 有效防止"伪第三方评价"现象

从制度设计上保证过程的公正、客观，能够使评价对象保持戒备状态，从而刺激评价对象生成相应的内部评价机制。而类似由评价对象组织发起，由评价对象提供数据，甚至由评价对象进行数据分析的"第三方评价"，无疑容易变相为自我评价或自我取向性的评价，最终使得结果偏离初衷。因而在第三方评价中，要防止高职院校作为评价对象的"被评价"现象。

7. 设立第三方评价后评价机制

第三方评价完成后，根据评价反馈，高职院校根据反馈意见进行整改。一段时间后，对第三方评价的目标、评价过程、评价结果和影响进行系统的、客观的分析和总结。第三方评价机构在拥有评价权力的同时，必须接受对它的资质、专业性、公正性等进行的评价。设立第三方评价机制，旨在形成相互制衡、相互约束的评价氛围，保证评价的专业性与公正性。

第二节　现代职业教育第三方评价的基础信息保障

构建高职院校教学质量保障体系是确保人才培养质量的关键，而教学质量监控系统是教学质量保障体系的重要组成部分。整合现有的信息化资源，构建高职院校教学质量监控信息化系统是现代职业教育第三方评价的基础和工具。学院信息包括党建、管理、教育教学、学生工作、产学合作、招生就业、人事、师资队伍、后勤保障、校园文化等。这些信息大多是分散、孤立存在的，侧重于信息点的展示，信息之间难以建立直接的联系和比照，这样的信息缺乏系统性，无法为院校管理和教学质量监控提供完整的、相互联系的、可测量的信息。而其中尤为重要的，也是高职院校办学的核心竞争力是人才培养质量。构建高职院校教学质量保障体系是确保人才培养质量的关键，也是完善高职院校自主办学机制的要求。质量监控包括监测和控制两个方面：监测是指对影响质量的各环节的监视和测量等；控制是根据监测所掌握的信息，为消除实施目标与预期目标之间的差异而进行的管理活动，主要通过信息反馈实现，是管理活动中不可缺少的一环。相应地，教学质量监控也可分为两个方面，"监"是对教学过程与教学效果的实时监测过程；"控"是在科学监测的基础上，通过对获取的教学反馈信息的分析，对教学过程实施有效控制的过程。教学质量监控系统是一个庞大而复杂的系统，涉及教学工作的各个环节，具有全员、全程、全方位的特点，因此，要实时对教学质量进行监测，并根据监测信息进行即时控制，仅依靠以往传统的人工监控已经无法实现，必须构建教学质量监控的信息化系统。教学监控体系由教学信息采集系统、教学数据评估系统、教学信息反馈系统、教学整改验收系统和教学调查研究系统组成。

常州机电职业技术学院提出构建"多元主体、双线运行、三化管理"的教学质量保障体系值得借鉴。"多元主体"，即将学校、政府、行业、用人单位、学生、社会机构作为教学质量保障体系的共同主体，实施内部和外部并重的开放式监控。在内部监控方面，以教学过程为监控重点；在外部监控方面，以政府评估、顾客满意和第三方评价为监控重点。"双线运行"，即加强对教学质量保障体系中四大过程的管理，实行"教学运行"和"教学监控"两条线的管理模式，"双线"独立运行，但又相互沟通、相互促进。"教学运行"一条线由分管教学的副院长主抓，主要从教学管理职责、教学过程管理、教学资源管理三个过程的管理来保障教学质量；"教学监控"一条线由院长主抓，主要从"教学质量测量与分析"过程的管理来保障教学质量，开展生源质量分析、教师教学质量分析、毕业生质量跟踪调查分析、毕业生就业情况分析、社会满意度调查分析，强化对教学质量的评价和监控。"三化管理"，即丰富教学质量保障的形式和方法，对教学质量监控实施标准化、系统化、信息化管理，提高科学化管理水平。这种模式体现了高职院校教学质量保障体系的要求。高职院校要利用网络信息技术建立学校数据库，构建教学质量监控信息化系统，加强对各项工作质量的常态监测与反馈控制，完善内部质量保障。教学质量监控信息化系统的构建应从内容设计、组织机构、信息采集分析与反馈处理等方面考虑。构建高职院校质量监控信息化系统，建立院校管理与教学质量监控数据库，为职业教育第三方评价提供了科学、可信的基础。

第三节　现代职业教育第三方评价的体系构建保障

教育管理引入第三方评价机构能否达到预期结果，主要取决于第三方评价的体系构建。而其中最关键的是两个方面，一是第三方评价机构的独立性如何，它是否能够公开、公正地站在第三方的立场上去做客观的研究，而不是某合约方教育管理部门的代言人，替出资方说话；二要看第三方评价机构的专业技术水平如何，是否能拿出科学的评价方案，得出客观的、准确的结论。第三方评价机构的专业技术水平主要体现在标准科学、具有可操作性、程序规范和合理、评价的公信力强、评价效果有可信度和影响力上。

第三方评价体系主要包括机构、程序、评价内容与标准、管理与结果利用等内容。从机构上看，第三方评价机构应是具有独立地位的法人实体，是一个实体性机构，其显著特征是专业性、独立性与权威性。

就评价程序的规范性看，高职教育质量第三方评价的方式和过程主要由政府通过相关渠道发布评价需求，具备资质的第三方评价机构依据评估任务，投标相应的评价项目，接受政府的评价委托。第三方评价机构在实施评价工作的过程中，方针、体制、流程都必须严加规范，不仅要使评价工作时时处于可控状态，还要保证高等专门学校质量外部评价结果的可信性。

高职院校根据自身的需要，委托第三方评价机构进行指向性的定向评价工作。第三方评价机构依据自身的优势，发布社会、公众感兴趣的高等职业教育评价内容。

从评价内容与标准看，其质量保障要从以下几个方面着手：

1. 注重对隐性因素和显性因素的评估

高等教育不同于其他生产活动，评价中应充分考察其显性的和隐性的因素。单纯基于网络平台实现的评价模式侧重数据的收集，主要采用统计分析方法进行量化研究，这种评价模式对隐性因素的评估会稍显不足。高职教育质量第三方评价应当对显性因素和隐性因素进行充分的考察与评价，必须综合采用多种研究方法，质性研究与量化研究并重。评价的进行，事前宜采用大规模的问卷调查收集基本资料，事中采用实地走访、座谈等方法，事后可采用个案追踪、回溯调查等方法。

2. 评估标准既要具有稳定性也要注重动态性

高等教育评估指标体系是由高等教育评估各项指标所构成的总体或集合。一个完整的指标体系主要有评估指标、指标权重和评分标准三部分，各项指标之间通过指标权重而发生一定的内在关系。由于指标体系是评估过程中各项工作围绕的中心，在评估工作中起核心作用，因此指标体系的制定应该慎之又慎。设计指标体系时，在遵循原有原则的基础上，必须考虑到评估指标体系的稳定性与动态性原则，即高等教育评估指标体系既是一个相对稳定不能朝令夕改，也是一个需要不断更新和保持动态的系统。评估指标体系不能滞后于教育实际，要适当超前于当前的高等教育现状，从而起到科学与合理的引导作用。学生有权利期望得到这样一种教育，那就是通过教育为他们想要进入的工作或实践领域做足够的准备，尤其是那些已经在专业领域（如牙医专业、药剂师专业、律师专业等职业领域的要求变化较快）学习的学生。雇主应能做到相信和依靠他雇用的这些学生，他们将成为或即将准备成为一个有用的员工。然而，教育是一项只有连续才能获益的事业，因此组织机构和规划者有权利期望教育有一定的稳定性。认证标准将不会是反复无常的和经常善变的，因为认证标准的产生和改变是基于一定基础的。稳定性是高等教育发展量的积累，当量的积累达到一定值时，动态性则会产生质的飞跃。

3. 评价内容与指标设计

根据第三方评价定位和委托方评价内容确定报价标准。科学的评价指标，是客观公正评价的基础基于一个科学的评估指标体系所进行的排名，能够促进高等学校的全面发展，有利于高素质人才的培养；相反，如果一个评估指标体系不够完善，不够科学，就会诱发高校为了提高名次而片面注重评估指标体系中的标准，不能根据高校自身的特点和优势来制定其发展方向和目标，使高校工作的重心偏离正确轨道。第三方评价的指标需要遵循三个原则：一是为了学生的发展。高职教育主要是为了培养国家和社会建设需要的高素质技能型人才，指标应当以此为核心来进行设计。第三方评价中的课程设置、教学手段和教师素质等方面的指标，归根结底是为学生发展服务的，在当前高职教育第三方评价中过程性评价比较流行。的确，高质量的学习结果需要以高质量的教育教学过程为基础。但是，无论对教育教学过程怎样重视与关注，如果不与学生发展、学生素质提高这一结果相联系，为过程而过程，为指标而指标，很可能会使评价偏离初衷。二是指标是客观清晰的。虽然对于教育活动的评价，客观清晰与主观模糊是一对矛盾，但对于外部的第三方评价而言，要重视指标的客观清晰，这样才能提高评价的可信度。指标之间不应该有重复，自相矛盾，但可以重复进行检验。当然，注重指标的客观清晰性，并不能忽略教育结果具有长期性、模糊性和复杂性的特征。第三方评价也要关注高职教育对学生发展的终身影响，关注学生学习的内在体验，考虑社会背景、经济发展和就业制度等方面对学生发展和高职院校发展产生的各种影响。三是指标合理性。指标内涵一定要正确合理，从而保证采集数据的真实性和有效性，对收集的数据能够有效甄别、科学分析。有的第三方评价比较关注满足学生的需求，会进行学生的满意度测评。但是要注意到学生对满意度的理解往往是以自我为中心的、短期的和功利性的，并不一定合理，有时甚至会与政府、企业和学校对学生的要求有冲突。在对学生进行满意度测评的时候，要重视测评指标的合理性，对学生的要求进行积极的引导，而不能不加甄别和分析，简单地认为学生满意度高，高职教育的质量就好。

在确定评价指标体系时，除现行的衡量一个学校的软硬件实力的相关指标外，评价工作的主要指标还应当包括以下内容：毕业生综合素质，包括毕业生就业率、就业质量、在岗位上的贡献度；科研与社会服务贡献度；学校对多层次人才培养培训所做的贡献，如行业培训与岗位培训、"1+X"考证；推动文化建设的状况，包括学校在相关领域对传承、创新引领行业、区域文化等方面所做的贡献；同行贡献和引领作用，包括在整个高职院校战线内部发挥示范引领和服务带领作用情况；管理效率和效益示范，包括科学高效的行政管理、人力资源管理、学生管理和先进的教育教学管理。当然，由于高等职业教育以人才培养为主要任务，因此，人才培养状况即毕业生的综合素质是最为重要的衡量指标。

第三方职业教育人才培养质量评价要覆盖宏观、中观、微观三个层面。宏观层面以省份（或经济区）为单位，重点评价职业教育的布局与区域经济的吻合度、职业教育专业与岗位需求的匹配度，其评价结果能揭示不同地区职业教育服务经济发展方式转变的能力和贡献，可供职业教育宏观决策参考。同时，在评价过程中应加强地方教育主管部门和职业院校对区域经济发展现状和趋势的认识。中观层面以学校和专业为单位，重点评价专业与岗位、教学过程与生产过程、课程与职业标准、职业教育与终身学习的对接程度，是人才培养质量的过程评价。其评价结果揭示职业学校专业建设水平，可引导职业学校完善专业建设。同时，在评价过程中探索以职业能力为单元的专业知识体系建设。微观层面以人为单位，重点评价学生的知识结构和职业能力与职业标准的对接程度，属目标评价。教育部门开展的这类评价不要陷入"证书"的误区。鉴于职业教育改革发展的需求，可以考虑先从宏观和中观两个层面开展评价。

4. 大数据与测评技术开发保障

数据是信息时代最重要、最有价值的资源之一。大数据具有海量的数据规模、快速的数据流转、多样的数据类型和低价值密度四大特征，决定了大数据技术的战略意义不在于掌握庞大的数据信息，而在于对这些海量数据进行专业化处理以揭示意义并实现数据增值。大数据技术应用于教育评价领域，有助于获得更多原始基础数据，挖掘更多的教育信息，印证和揭示更有价值的教育规律机制，以此促进教育评价理论新的建构，指导教育评价实践更加精准、更加深入，打造途径更多元、数据更真实、主体更自觉、结果更公平的评价生态。

教育系统是一个开放的系统，教育评价系统是其中最具生命力的子系统之一，评价系统的建设体现了教育生产的价值判断和方向引领。

从实际操作上看，教育评价系统要广泛吸纳各种先进的教育理念和评价方法，基于不同的目的和场景设计不同的评价标准。

教育领域最精确的评价必须是基于数据、基于证据的。一个好的评价，应该要有初期、中期和长期效果的证据，一个好的评价模型，最核心的功能就是提供和使用证据，而这个证据就是学生学习和生活的数据。从新兴数据存储技术的角度看，区块链技术是大数据应用技术的经典应用之一，区块链由于记录了所有的交易信息，能保证记录数据的真实性，因此区块链本身就可以形成征信，为建立教育评价征信提供了新思路，为教育评价中的"存证""循证"难题提供了解决方案。教育评价区块链中的数据信息全部存储在有时间戳的链式区块中，具有极强的可追溯性和可验证性。区块链中的任意两个区块间都可以通过密码学方法相关联，可以随时追溯到任意一个区块的数据信息。只要能够确保链上信息和数据的真实性，那么区块链就可以解决信息"存"和"证"的难题。

大数据技术能有效提升教育评价主体的自觉性，促进各类利益主体主动参与纪实、共享评价成果。大数据技术可以通过所有参与者共同维护一个可靠的数据库，用分布式技术和共识算法重新构造一种全新的信任机制，每个最终用于评价的数据节点和数据区块都由参与者和评价者共同维护。数据集合中的数据信息基于共同遵循的生成机制和使用机制，在保密机制的监督下不会被任何人随意篡改，保证了评价原始数据的真实性和准确性。同时，大数据技术通过分布式存储和数据查询分析技术，实现了数据在网络中的流动共享，"全网见证"实现所有信息的"如实记录"，这样就打破了数据垄断，打通了部门间的"数据壁垒"，自然消除了所谓的"中心化"。大数据技术在公共服务领域已经实现了政务数据跨部门、跨区域共同维护和利用，教育评价大数据亦是如此，评价主体可以根据需要和合约权限选择评价对象，实现多个主体之间的协作信任，从而拓展评价主体之间相互合作的范围和深度。大数据技术对区域数据进行提取、甄别、处理和运用，使数据和信息在某一区域处于公开透明的状态，因此，教育评价结果会更加公平和公正。

教育评价大数据是一片广阔的资源宝库，大数据技术是发掘有价值资源的利器，有着广阔可期的应用前景。大数据技术在教育评价中的应用表面繁荣但尚不成熟，教育评价领域的利益相关者应以开放和包容的姿态，积极学习和迎接大数据技术。同时要注意解决和规避大数据技术本身存在的问题和风险，比如大数据架构的高经费问题、数据传播的保密性问题、数据存储的空间瓶颈问题、数据使用的伦理风险等。

5. 指标体系科学性与可行性保障

高职教育质量第三方评估作为一种新的评估模式，目前得到了政府和学术界的高度关注，但是其评估效果和评估的有效性、科学性、准确性等尚需得到进一步验证。因此，以元评估的方法和理论检验第三方评估十分必要。元评估通过对某一特定评估的资料、解释与启示进行再评估，以此检验原评估设计与有关政策的关联度；通过评估基础研究及已有资料，以评判实施有关政策措施的效果，预测出台新政策的可能性。一方面，元评估可以提高第三方评估结果的可靠性及评估活动的效益。评估的目的和意义在于真实客观地反映教育活动的现状，以使教育者根据现状找出不足，认识差距，并做出相应的整改。评估如果不能真实客观地反映教育活动的现状，则使评估变得没有意义。因此评估结论是否可靠，它直接影响到根据评估结果做出的决策或改进工作的实际效果。只有通过元评估找出高职教育质量第三方评估活动中存在的弊端和问题，并予以及时整改和纠错，才能避免造成不必要的损失。另一方面，元评估也可以促进我国教育评估的科学化。教育评估的科学化是运用马克思主义哲学和现代科学的成果，对教育评价的机制进行定性和定量的研究，以揭示教育评价的一般规律及其在各种情况下的特殊形态，是自然科学与社会科学的统一，采取一定的权威教育评价组织形式，把教育评价的科学研究成果运用于教育评价实践。

评估的科学化问题始终是评估活动发展的终极追求。评估的科学化通常包括评估理论的科学化、评估方法的科学化和评估理念的科学化。因此，对第三方教育评估的元评估研究有助于实现第三方评估的理念、流程、方法技术的科学化。

以可靠性（reliability）研究保障第三方评估的稳定性，可靠性通俗地讲就是可信任程度。可靠性（reliability）与质量有密切关系，因此研究教育质量评估就必须要论证教育评估的可靠性问题。第三方教育评估的效果如何、结论是否可靠需要通过教育评估的可靠性来论证。第三方教育评估的可靠性研究机制将推动我国高职评估事业的规范化、科学化和专业化。

评价具有两面性，即评比性和导向性，选择什么评价体系，就牵扯到受评价者的下一步行动。从这个角度看，评价像是一根指挥棒，尤其是当这根"指挥棒"与资源分配相联系时，单一评价体系导致的千篇一律的现象便很难避免。如果要做出改变的话，就需要借助第三方评价。然而当不与资源分配相关联的第三方机构做出评价时，它的结果又有谁会去关心呢？各种类型的评价在国内的盛行是有其国情依据的。因为我国各类资源有限，官方对资源如何进行合理分配始终是一个问题，借助评价体系，资源的分配可以在统计学的角度更加公正，但同时也使得评价本身带有了很强的功利性。人们看重官方的评审，是因为其能带来切实的利益，而第三方机构能影响的只有学校的声誉。在很多人眼中，前者更加重要。我国第三方评价机构发展较为滞后，这导致人们对于第三方机构本身的公正与合理性也存在很大的质疑。做一套评价体系需要有一个良好的环境背景支撑，这才能产生意义。我们对教育的评价体系也许和国外差别不大，但结果和效果却不一样。这源于我们并不具备成熟的背景环境，包括评价机构本身的权威性、评价的公正性、评价数据的准确性，乃至诚实守信的社会大环境。离开这些前提奢谈准确评价是不现实的，而要达到这一目标，显然不是短期内能实现的。

6. 教育第三方评价公信力建设保障

就教育第三方评价公信力建设而言，主要的保障措施为：①提高教育第三方评价的自主性。政府需要尽快完善相关法律法规，对第三方评价的权利、义务、作用等做出明确的规定，为第三方评价工作提供制度上的保障和支持。②组建强大的评估专家队伍。针对评估专家缺乏的现状，首先应积极培育机构内部已有的人员力量，加强对他们的专业培训，特别是年轻人员，可以通过与高校合作的形式来提高评估队伍的专业水准。其次，要制定一些相关制度，吸引社会上的评估专家加入评估队伍。最终要建立起相对稳定的评估专家队伍。③建立科学合理的评估制度，规范评估流程，确保每个环节工作的客观、公正。可以借鉴国外第三方评价的实施经验，并通过与高校、教育协会的合作，共同探讨出一套科学的管理制度。④提高筹资能力。第三方评价机构可以设立专门的筹资部门，组建起自己的筹资队伍，培养面向社会筹资的能力，扩展资金来源，减少对政府、学校的依赖，提高自主性。由于现在公众个体对第三方评价的了解不多，个体捐赠的积极性可能并不高，所以可以先尝试重点鼓励一些企业进行捐赠。⑤构建外部监督环境。为了建立起公信力，获得公众的信任，必须让评估工作公开、透明，接受社会的监督，使公众了解第三方评估。同时，这也是加强第三方评价自身建设的重要保障。首先，唤醒公众的监督意识，加大对第三方评估的宣传，呼吁公众参与监督，提高公众监督的积极性。同时，第三方评价机构要对公众的监督主动配合，对公众的意见做出及时回应，同时对公众的合理建议进行采纳。其次，要建立起公众参与监督的有效途径。可以建立评估公开制度和公众参与制度，提高评估过程的透明性、公开性，同时设立公众举报热线、信箱等，让公众有发表意见的平台。加强媒体监督。媒体要认识到自身的职责所在，客观、公正地进行报道，对第三方评价的优势给予宣传，同时也要及时指出其存在的问题，使其得到进一步的完善。⑥健全问责机制。目前，教育第三方评价的相关制度不健全，很容易导致第三方评价责任感的缺失，从而影响公信力的建设，所以需要通过建立问责机制来规范第三方评价的行为。如建立被评高校问责机制、捐赠者问责机制等。

7. 结果应用保障

重视第三方评价监测结果运用，构建有效的结果运用机制。如果第三方评估的"结果"不能被有效运用，所有的评估都会流于形式，重视第三方评价监测结果运用，构建有效的结果运用机制，显得尤为重要。

（1）转变观念，加强引导。政府及高职院校应该积极引入第三方评价模式，引导社会、学校、教师、家长、人力资源部门熟悉并使用第三方教育评价结果，改变学校、教师停留在试卷加分数的评价现状，鼓励教育当事人依据实际需要使用第三方教育评价结果作为成长发展的参考依据，充分发挥评价的引导、诊断、改进、激励等功能。

（2）加强对第三方教育评价结果的运用，建立第三方教育评价结果的使用机制。高职院校应该将评估结果用于改进教育与教学，将评估结果与高职院校的教育教学紧密联系起来，对于第三方评价结果，进行详细的量化与质化分析，形成专项评估整改报告，为高职院校的专业建设（从专业设置到专业人才培养方案的设计与实施等）、课程建设与教学改革、就业创业教育等提供科学依据。高职院校对于第三方评价结果的使用，重在对高职教育教学问题的诊断，重在引导与提升第三方机构为职业教育提供的专业知识支撑。

（3）服务质量关系到其能否满足消费者的需求，能否在激烈的市场竞争中立足。因此，第三方评价机构应当强化自身的质量意识，规范自身的评价行为。除了质量意识之外，还应该提升服务意识。在信息化时代，构建评价信息共享平台，提升评价结果的社会公信力，接受社会的舆论监督是提升其服务意识的重要路径。

参考文献

徐丽敏，2006. 我国高等教育评估机构运行机制的研究［D］. 上海：同济大学.

李鹏，2004. 新公共管理及应用［M］. 北京：社会科学文献出版社：10.

奥斯本，盖布勒，1996. 改革政府：企业精神如何改革着公营部门［M］. 上海市政协编译组，东方编译所，编译. 上海：上海译文出版社.

陈怀芳，2010. 国内大学排行榜指标体系的比较研究［D］. 长沙：长沙理工大学.

裴云，2003. 对大学排行指标体系的分析［J］. 中国地质大学学报（社科版）（5）：4.

游成梅，李文中，2003. "中国大学排行"问题分析及评价指标体系构建［J］. 北京化工大学学报（社会科学版）（4）：5.

陈智行，2014. 试析现代职业教育的现代性［J］. 职业技术教育（1）：16-19.

和震，2008. 论现代职业教育的内涵与特征［J］. 中国高教研究（10）：65-67.

李玉静，2012. 现代职业教育：内涵与要求［J］. 职业技术教育（34）：1.

陆春阳，2011. 让第三方参与职业教育人才培养质量评价［J］. 职业技术教育，32（30）：64-65.

陶德庆，2015. 高等职业教育人才培养质量第三方评价机制探析［J］. 齐齐哈尔工程学院学报（3）：59.

魏文芳，付海龙，徐文祥，2014. 高职办学中的第三方评价行为研究：与政府评价行为对比［J］. 湖北职业学院学报（2）：22-23.

张宏亮，赵学昌，2016. 我国职业教育质量第三方评价研究综述［J］. 继续教育研究，220（12）：73-77.

唐佩，2017. 职业教育引入第三方评价的教育经济学审视［J］. 教育理论与实践（27）：20-22.

梁卿，2014. 职业教育质量第三方评价的概念探析［J］. 职业技术教育（13）：50.

周斌，杨正勇，2014. 高职院校第三方评价视野下的教育中介组织的作用［J］. 才智（13）：56.

蔡正涛，2015. 高等教育质量社会评价体系重构［J］. 中国成人教育（8）：42.

曹远明，2014. 职业教育人才培养质量第三方评价机制研究［J］. 山东工业技术（20）：259-260.

汪功明，杜兰萍，姚道如，2013. 高职院校专业人才培养质量第三方评价研究［J］. 巢湖学院学报（5）：160.

梁卿，2014. 论职业教育质量第三方评价的必要性：一种教育经济学的解释［J］. 职教论坛（22）：35.

傅建东，2016. 基于量化标准的职业教育吸引力研究［J］. 国家教育行政学院学报（7）：11-12.

沈怡，2009. 教育评价理论的发展及其对职业教育评价观的影响［J］. 职教论坛（1）：49-52.

宁业勤，楼世洲，2016. 职业教育第三方评价的优势及挑战［J］. 职业教育研究（2）：42-44.

蒋丽君，何杨勇，2017. 职业教育第三方评价的局限、问题和对策［J］. 黑龙江高教研究（9）：98-102.

李志宏，2005. 高校教学评估工作的机制与制度［J］. 国家教育行政学院学报（8）：3-8.

范露露，2008. 高职院校人才培养工作水平评估指标体系的改进研究：基于"社会需求"的分析［D］. 上海：华东师范大学.

教育发展研究编辑部，2009. 高职院校评估的现状与前景：教育部高等职业院校人才培养工作评估研究课题组组长杨应崧教授访谈录［J］. 教育发展研究（19）：54-57.

于寒潇，2012. 辽宁省高职院校人才培养工作评估现状及对策研究［D］. 沈阳：沈阳师范大学.

刘晓明，杨如顺，2003. 高职校企合作的现状、问题及模式选择［J］. 职教论坛（14）：30.

吴岩，2018. 建设中国"金课"［J］. 中国大学教育（12）：4-9.

丁才成，陈炳和，2017. 高职院校课程质量诊断与改进策略［J］. 职业技术教育（8）：55-58.

教育部，财政部，2006. 关于实施国家示范性高等职业院校建设计划加快高等职业教育改革与发展的意见［Z］.

周明，2008. 国家示范性高职院校建设行动研究一以上海市某高等专科学校为例［D］. 上海：华东师范大学.

徐国庆，2007. 高职缺什么内涵［J］. 职教论坛（7）：1.

金万哲，玉险峰，梁日成，2008. 国家示范性高职院校建设应着重内涵发展［J］. 中国成人教育（9）：105-106.

徐行，2008. 示范性高职院校的内涵建设和工学结合［J］. 教育与职业（29）：41-42.

黎荷芳，2008. 论高职教育内涵发展及示范性高职院校建设［J］. 职教论坛（3）：18-20.

任占营，2018. 优质高等职业院校建设的思考［J］. 国家教育行政学院学报（7）：47-52.

教育部，财政部，2019. 关于印发《中国特色高水平高职学校和专业建设计划项目遴选管理办法（试行）（教职成〔2019〕8 号）》的通知［Z］.

梁克东，成军，2019. 中国特色高水平高职院校建设的逻辑、特征与行动方略［J］. 教育与职业（13）：9-15.

蓝洁，刘钰珊，2019. 中国特色高水平高职学校建设的政策杠杆与系统审思［J］. 中国职业技术教育（25）：16-23.

教育部，2018. 关于印发《高等职业院校内部质量保证体系诊断与改进复核工作指引（试行）的通知》（职教诊改〔2018〕25 号）［Z］.

教育部职业教育与成人教育司，2015. 关于印发《高等职业院校内部质量保证体系诊断与改进指导方案（试行）》启动相关工作的通知（教职成司函〔2015〕168 号）［Z］.

湖南省教育厅，2016. 关于印发《湖南省高等职业院校内部质量保证体系诊断与改进工作实施方案》的通知（湘教通〔2016〕290 号）［Z］.

陈向平，2017. 高职院校内部质量保证体系建立与运行策略：基于诊断与改进的视角［J］. 职业技术教育（20）：56-58.

杨应崧，2016-07-05. 诊改不是加给学校的"紧箍咒"［N］. 中国教育报(5).

刘振天，2016. 系统·刚性·常态：高等教育内部质量保障体系建设三个关键词［J］.中国高教研究（9）：12-16.

任占营，2017.职业院校教学工作诊断与改进制度建设的思考［J］.国家教育行政学院学报（3）：41-46.

刘任熊，李畅，吉国庆，2016.从履职到履责：关于高职教育质量年报科学规范发展的十点思考［J］.这个职业技术教育（24）：22-26.

杨应崧，苏志刚，齐小萍，等，2012."高职院校人才培养工作质量年度报告制度"的实践探索［J］.中国高教研究（3）：94-96.

赵居礼，秦伟艳，2013.高职院校人才培养质量年度报告之浅析［J］.河南科技学院学报（4）：18-21.

刘振天，2012.《高等学校教学质量报告》应该报告什么［J］.中国高等教育（1）：48-50.

教育部，（2014-07-04）［2019-11-09］.2013年全国教育事业发展统计公报［EB/OL］.http://www.moe.gov.cn/srcsite/A03/s180/moe_633/201407/t20140704_171144.html.

教育部，（2019-07-24）［2019-11-09］.2018年全国教育事业发展统计公报［EB/OL］.http://www.moe.gov.cn/jyb_sjzl/sjzl_fztjgb/201907/t20190724_392041.html.

刘红，2018.2017年我国高等职业教育发展成绩、问题与挑战［J］.中国职业技术教育（22）：22-27.

教育部，（2012-04-20）［2019-11-09］.教育部关于全面提高高等教育质量的若干意见［EB/OL］.http://www.gov.cn/zwgk/2012-04/20/content_2118168.htm.

教育部，（2003-02-12）［2019-11-09］.关于开展高职高专院校人才培养工作水平评估试点工作的通知［EB/OL］.http://www.moe.gov.cn/publicfiles/business/htmlfiles/moe/A08_sjhj/201109/xxgk_124423.html.

教育部，（2004-04-19）［2019-11-09］.教育部办公厅关于全面开展高职高专院校人才培养工作水平评估的通知［EB/OL］.http://www.moe.gov.cn/publicfiles/business/htmlfiles/moe/moe_42/201010/xxgk_110099.html.

教育部，（2005-02-24）［2019-11-09］.教育部关于进一步推进高职高专院校人才培养工作水平评估的若干意见［EB/OL］.http://www.moe.gov.cn/publicfiles/business/htmlfiles/moe/moe_991/201010/xxgk_110100.html.

姚云，2007.国家示范性高职院校建设的政策解读与评审过程：访教育部高等教育司高职与高专教育处范唯处长［J］.大学（研究与评价）（4）：59-64.

唐小艳，2008.经济新常态背景下现代职业教育评价的现状与问题［J］.

中国商贸（32）：172-173.

杨应崧. 2015-10-29. 开展教学诊断和改进，推动职业院校建立完善内部质量保证体系，教学质量要"医院体检"，更要"自我保健"[N]. 中国教育报（9）.

孙翠香，庞学光，2014. 我国高等职业教育评估：现状、问题及改进策略[J]. 河北师范大学学报（教育科学版）（5）：57-63.

教育部高等教育司，（2003-07-07）[2019-11-09]. 关于成立高职高专院校人才培养工作评估专家库及举办 2003 年高职高专院校评估工作培训班的通知[EB/OL]. http://www.moe.gov.cn/publicfiles/busi－ness/htmlfiles/moe/A08_sjhj/201109/xxgk_124758.html.

王碗，张继英，张晋，2010. 意义、标准与主体：关于高职专业评估若干问题的思考[J]. 职教论坛（7）：51-54.

杨应崧，2008. 高等职业院校人才培养工作评估方案解析[J]. 中国高等教育评估（4）：5.

斯科尔尼克，2004. 关于专业评估和知识遵从的批判研究[J]. 查强，译. 北京大学教育评论（2）：10.

张慧洁，2005. 监督、问责：评估与现代大学制度[J]. 清华大学教育研究，26（5）：6.

叶国珍，杨晓江，2005. 如何看待我国高等教育评估质量[J]. 高教发展评估（1）：4.

管德明，2011. 公平与效率视阈下的示范性高职院校遴选与建设[J]. 中国职业技术教育（30）：12-15.

郭勇义，何云景，韩如成，2009. 特色和培养能力是地方高校持续发展的核心逻辑[J]. 中国高教研究（3）：64-67.

查吉德，2007. 国家示范性建设高等职业院校办学状态统计分析[J]. 职教论坛（11）：21-24.

陈宝华，2010. 国家示范性高职院校经费筹措问题研究[J]. 中国职业技术教育（36）：58.

李袁婕，2011. 论我国公共财政监督制度的完善[J]. 审计研究（2）：60.

朱方鸣，陈华，2011. 国家示范性高职院校建设问题与思考[J]. 金华职业技术学院学报（6）：9-11.

谢洋，2009-11-03. 国家高职示范校建设 3 年取得 4 个翻番[N]. 中国青年报（9）.

罗荣丰，2010. 湖南省国家示范性高职院校建设的成就、问题与对策 [D]. 长沙：湖南师范大学.

李孟瑞，易晶怡，2020. 管办评分离视域下高职院校教学诊断与改进制度的问题及对策 [J]. 教育与职业（2）：36-43.

戴小红，2012. 高职院校教育国际化动因、内涵与路径选择 [J]. 黑龙江高教研究（6）：81-84.

柯婧秋，王亚南，2017. 高等职业教育国际化：现状、问题及对策：基于全国231所高职院校的调查 [J]. 职业技术教育（36）：44-47.

李子云，2018. "一带一路" 背景下高职教育供给侧改革研究 [J]. 职业技术教育（1）：12-16.

袁李兰，杨梅，2018. 美国社区学院国际化及其困境 [J]. 高教探索（1）：76-82.

王荣辉，2018. "一带一路" 背景下我国职业教育国际化发展战略与路径 [J]. 职业技术教育（1）：6-11.

联合国，（2015-09-25）[2019-11-09]. 可持续发展目标：17个可持续发展目标 [EB/OL]. https://www.un.org/sustainabledevelopment/zh/sustainable-development-goals/.

唐智彬，2016. 论现代治理视域下的高职教育质量第三方评价体系建设 [J]. 中国高教研究（5）：63-67.

关晶，2014. 现代职业教育体系的 "现代性" 辨析 [J]. 中国高教研究（11）：25-28.

黄福涛，2003. "全球化" 时代的高等教育国际化：历史与比较的视角 [J]. 北京大学教育评论，1（2）：93-98.

周南照，2013. 教育国际化的若干国家政策比较和世界态势反思 [J]. 世界教育信息（4）：3-18.

黄岚，2016. 国内外大学评价体系的发展比较与演进方向探析：第三方评价的视角 [J]. 评价与管理，29（1）：73-79.

张艺，刘家枢，2017. 职业教育专业化第三方评价制度的构成研究 [J]. 职教论坛（25）：11-15.

张宏亮，杨理连，2016. 国外职业教育质量评价 "第三方" 参与状况对我国的启示：以美、英、德、澳四国为例 [J]. 职教论坛，37（18）：86-92.

冯宝晶，2016. "一带一路" 视角下我国职业教育国际化发展的理念与路径［J］．中国职业技术教育（23）：67-71．

胡雁，谢锦，2017．高校教育质量第三方评价模式探究［J］．黑龙江高教研究（6）：84-86．

蒋丽君，何杨勇，2017．高职教育第三方评价的局限、问题和对策［J］．黑龙江高教研究（9）：98-102．

周南照，2015．关于教育国际化的政策思考［C］∥中国教育国际化研讨会．教育部教育发展研究中心（10）：3-8．

刘文华，徐国庆，2016．《悉尼协议》框架下高等职业教育发展策略探析：论我国职业教育的国际化［J］．上海教育评估研究（1）：16-19．

袁利平，2009．教育国际化的真实内涵及其现实检视［J］．西华师范大学学报（哲学社会科学版）（1）：82-87．

王世赟，（2018-01-10）［2019-11-09］．中国第三方教育评估机构现状分析［EB/OL］．http://www.jyb.cn/zgjsb/201801/t20180109_929207.html．

郑智伟，曹辉，2017．高等教育第三方评估及其公信力构建［J］．中国高等教育评估（4）：104-109．

丁建石，2017．职业教育第三方质量评价的相关法律政策梳理及完善策略析［J］．中国职业技术教育（26）：42-48．

河南省人民政府，2014．关于实施职业教育攻坚二期工程的意见（豫政〔2014〕48号）［Z］．

江苏省人民政府，2014．江苏省人民政府关于加快推进现代职业教育体系建设的实施意见 苏政发〔2014〕109号［Z］．

杭州市人民政府，2015．杭州市人民政府关于加快发展现代职业教育的意见（杭政〔2015〕43号）［Z］．

北京市人民政府，2015．北京市人民政府关于加快发展现代职业教育的实施意见（京政发〔2015〕57号）［Z］．

周应中，2012．高职专业第三方人才培养质量评价体系的构建［J］．职业技术教育（5）：5-9．

王育仁，2012．第三方质量评价运行机制研究［J］．中国高校科技（6）：53-54．

王宝刚，赵岩铁，2013．高职院校人才培养质量第三方评价机制探析［J］．教育教学论坛（3）：236-237．

杨黎明，2012．关于毕业生的第三方评价（一）：学校评价、企业评价和第三方评价［J］．职教论坛（27）：1．

徐双敏，2011. 政府绩效管理中的"第三方评估"模式及其完善［J］. 中国行政管理（1）：28-32.

邱磊，2018. 职业教育第三方评价模式的困境与出路［J］. 中国职业技术教育（15）：61-66.

王启龙，2017. 欧盟职业教育质量同行评议模式及本土化应用［D］. 上海：华东师范大学.

上海市人力资源和社会保障局，（2018-12-24）［2019-11-09］. 上海市2015—2017 年度职业培训机构（项目）办学质量和诚信等级评定 A 级单位公示［EB/OL］.http://rsj.sh.gov.cn/tgsgg_17341/20200617/t0035_1372217.html.

张曦琳，2018. 管办评分离背景下高等教育第三方评估体系的建设研究［D］. 济南：山东师范大学.

佟林杰，孟卫东，2013. 我国高等教育第三方评价体系构建研究［J］. 当代教育论坛（3）：25-28.

赵蒙成，徐承萍，2017. 职业教育第三方评价的现实困境与应对策略［J］. 教育科学，33（2）：66-72.

宋红娟，2008. 中美高等教育评估中介机构比较研究：基于市场准入的视角［D］. 兰州：西北师范大学.

熊耕，2005. 美国高等教育认证制度的功能分析［J］. 比较教育研究（2）：75-79.

毕家驹，1996. 美国高等教育鉴定及其管理机制的变迁［J］. 同济大学学报（人文社科版）（1）：7.

夏智伦，2006. 认证：美国高校质量的监控机制［J］. 中国高等教育（7）：2.

王绽蕊，等，2006. 美国高等教育评估的组织与制度特征［J］. 北京教育（高教）（12）：61-63.

马克思，恩格斯，1995. 马克思恩格斯选集第 4 卷［M］. 中共中央马克思恩格斯列宁斯大林著作编译局，编译. 北京：人民出版社.

徐家良，许源，2015. 合法性理论下政府购买社会组织服务的绩效评估研究［J］. 经济社会体制比较（6）：187-195.

李一宁，金世斌，吴国玖，2015. 推进政府购买公共服务的路径选择［J］. 中国行政管理（2）：94-97.

储朝晖，2016-01-26. 迟迟不就位的第三方教育评价［N］. 光明日报.

王洋，董新伟，2018. 加强高等教育第三方评估工作的思考［J］. 上海教育评估研究（6）：6-9.

孙蕾，唐小艳，罗汝珍，等，2009. 基于专业视角的高职教育成本构成分析 [J]. 中国高教研究（7）：77-79.

湖南省统计局，2018. 湖南省统计年鉴 [M]. 北京：中国统计出版社.

湖南省教育厅，2018. 湖南省高等职业教育质量年度报告（2018）[R]. 长沙：湖南省教育厅：27.

石伟平，郝天聪，2019. 从校企合作到产教融合：我国职业教育办学模式改革的思维转向 [J]. 教育发展研究，39（1）：9.

上海市教育委员会，2005. 上海教育年鉴 [M]. 上海：上海教育出版社：516.

刘志峰，2012. 高职教育实施第三方评价的主要问题与改进策略 [J]. 职业技术教育（33）：49-54.

王利明，2011. 高等职业教育教学评价理论、评价体系与评价技术 [M]. 北京：中国轻工业出版社：33-39.

CLARK, BURTON NEAVE, et al., 1992. The Encyclopedia of Education Vol. 2：Analysical Perspectives [M]. Oxford：Pergamon Pressp.

YOUNG K E, 1979. New Pressure on Accreditation [J]. Journal of Higher Education（50）：140.

YOUNG K E, CHAMBER H R, KELLS H R, 1983. Understanding Accreditation [M]. San Francisco：Jossey-Bass Publishers.

附　录

附录1　专业教学标准体例框架及编写要求

专业教学标准体例框架及编写要求
前　言

界定本标准的性质、适用范围、用途（是制定专业人才培养方案、进行专业建设，对专业人才培养质量开展评价等的基本依据）；介绍编制工作组织机构及起草组成员等。

一、专业名称（专业代码）

×××（×××）

［根据《普通高等学校高等职业教育（专科）专业目录》填写］

二、入学要求

普通高级中学毕业、中等职业学校毕业或具备同等学力。

三、基本修业年限

三年。

四、职业面向（见附表1）

附表1　职业面向

所属专业大类	所属专业类	对应行业	主要职业类别	主要岗位类别（或技术领域）举例	职业资格（职业技能等级）证书举例
A	B	C	D	E	F

［A、B两列对照《普通高等学校高等职业教育（专科）专业目录》填写；

C 列参考国民经济行业分类（GB/T 4754-2011）填写，具体到行业、行业大类或（中类）；D 列参考《中华人民共和国职业分类大典（2015 年版）》填写，具体到小类，可结合行业及企业现行分类方法填写；E 列依据调研结果，参考行业及企业现行通用岗位类别（或者技术领域）表述填写；F 列列举行业、企业、社会认可度高的有关职业资格证书或职业技能等级证书］

五、培养目标

本专业培养德、智、体、美全面发展，践行社会主义核心价值观，具有一定的文化水平、良好的职业道德和人文素养，掌握本专业的基本知识和主要技术技能，面向×××等行业/职业类别/技术领域，能够从事×××等工作的高素质技术技能人才。

［要求目标定位准确，文字表述简明扼要，特别要注意与中职和本科相关专业在培养目标上的区别。有关表述可参考《普通高等学校高等职业教育（专科）专业目录》专业简介。字数要求：200 字以内］

六、培养规格

本专业毕业生应在素质、知识和能力等方面达到以下要求：

（一）素质

（1）思想政治素质：热爱祖国，能够准确理解和把握社会主义核心价值观的深刻内涵和实践要求，具有正确的世界观、人生观、价值观。

（2）文化素质（包括对高职毕业生的普遍性要求，及结合专业特点和有关职业面向提出的进一步要求）。

（3）职业素质（包括对高职毕业生的普遍要求，及结合专业特点和职业面向提出的进一步要求。一般应包括在职业道德、工匠精神、创新精神、信息素养、质量意识、安全意识、环保意识等方面的要求。可综合写 1 条，也可分写 2~3 小条，200~300 字）。

（4）身心素质（包括在身体和心理健康方面的普遍性要求，如能够达到国家对大学生体育与健康方面规定的×××标准；并结合专业特点和职业面向进一步提出有关要求）。

（二）知识

对文化基础知识、专业知识等方面的要求。

（三）能力

对主要技术技能，以及终身学习能力、信息技术应用能力、创新创业能力、实践动手能力，沟通表达能力、团队合作能力、分析解决问题能力等方面的要求。［其中主要技术技能应结合专业特点、行业企业技术标准或规范、主

要岗位（技术领域）要求等，注意对接产业发展中高端水平，细化出若干条目。600字以内]

基于以上素质、知识和能力要求，毕业生应能够完成以下典型工作任务（举例）：（本条目为选做内容）

七、课程设置及学时安排

（一）课程设置

主要包括公共基础课程和专业课程。

（1）公共基础课程一般包括思想政治理论课、军事课、大学语文、高等数学、公共外语、信息技术、体育、心理健康教育、职业生涯规划、职业指导、公共艺术、创新创业教育、职业素质教育、中华优秀传统文化等；还应开设国家安全、社会责任、节能减排、绿色环保、人口资源、海洋科学、金融知识、管理知识、劳动卫生等方面的课程或专题讲座（活动）（各专业根据实际情况具体确定，适当调整）。

（2）专业课程一般包括专业基础课程、专业核心课程、专业拓展课程，并涵盖有关实践性教学环节。

专业基础课程举例：包括×××、×××等。

专业核心课程举例：包括×××、×××等。

专业拓展课程举例：包括×××、×××等。

（3）专业核心课程名称及主要教学内容（见附表2）。

附表2　专业核心课

序号	专业核心课名称	主要教学内容
1	×××	……
2	×××	……
3	×××	……
4	×××	……
5	×××	……
……	……	……

（在表格中分条填写专业核心课程简介，一般5~8门，每条不超过150字。应注意回应人才培养规格中的相关要求，充分体现教学内容与产业发展同步）

（4）实践性教学环节主要包括×××实习、×××实训、×××实验，社会实践、毕业设计（论文）等。

实习实训主要包括校内外实训、顶岗实习、跟岗实习等多种形式，既是实践性教学的重要组成部分，也是专业课程教学的重要内容，应注重理论与实践一体化教学（如教育部已发布专业顶岗实习标准，应明确提出要达到×××标准）。

创新创业教育内容要融入专业课程教学和有关实践性教学环节中。

（二）学时安排

总学时一般为 2 500~2 800 学时。其中，公共基础课总学时一般不少于总学时的 25%。

实践性教学学时原则上不少于总学时的 50%。其中，顶岗实习累计时间原则上为 6 个月，约××学时，可根据实际集中或分阶段安排实习时间（个别特殊专业可根据实际情况界定）。

除国家明确规定的必修课程之外，其他课程性质的界定由学校自主确定。各类选修课程学时累计不少于总学时的 10%。

八、教学基本条件

（一）师资队伍

包括专任教师和兼职教师。一般按学生数与专任教师数比例不高于 25∶1 的标准配备专任师资。专业带头人原则上应具有高级职称。"双师型"教师占专业课教师的比例一般应不低于××%。

（结合专业实际，对师资队伍结构、教师能力素质等提出要求，如在发挥育人功能、培育工匠精神，信息化教学能力，实践能力，教科研活动等方面。字数 200 字以内）

（二）教学设施

主要包括×××。

（1）专业教室应达到的基本条件：……

（2）校内实训室（基地）应达到的基本要求：……

（3）校外实训基地应达到的基本要求：……

（4）学生实习基地应达到的基本要求：……

（5）支持信息化教学方面的基本要求：……

其他有关方面应达到的基本要求：……

（结合专业实际确定教学设施内容，并分条扼要撰写有关基本要求，包括生均仪器设备值等，字数 400 字以内）

（三）教学资源

主要包括能够满足学生专业学习、教师专业教学研究和教学实施需要的教材、图书及数字资源等。

（1）教材选用有关基本要求：……（其中应明确规定，学校要建立教材选用制度，优先从国家和省两级规划教材目录中选用教材。鼓励与行业企业合作开发特色鲜明的专业课校本教材）

（2）图书配备有关基本要求：……

（3）数字资源配备有关基本要求：……

（字数300字以内）

九、质量保障

（一）建立专业建设和教学过程质量监控机制，对各主要教学环节提出明确的质量要求和标准，通过教学实施、过程监控、质量评价和持续改进，达成人才培养规格。

（二）完善教学管理机制，加强日常教学组织运行与管理，建立健全巡课和听课制度，严明教学纪律和课堂纪律。

（三）建立毕业生跟踪反馈机制及社会评价机制，定期评价人才培养质量和培养目标达成情况。

（四）充分利用评价分析结果有效改进专业教学，加强专业建设，持续提高人才培养质量。

（结合专业实际撰写有关要求。主要教学环节包括教学准备、课堂教学、实验、实训、实习、考试、毕业设计等）

十、专业群评价机制

1. 专业群评价机制建设目标

专业群评价是学院人才培养质量管理的重要手段，同时也是一项复杂的与多种因素相关的系统工程，科学而行之有效的教学评价系统，对检测专业群建设状态，促进教学改革和提高人才培养质量具有重要的意义。以学院"双一流"建设为出发点，以培养高素质技术技能人才为追求，通过分析论证专业群的主要职能、发展目标，完善由学校、企业（行业）、学生、第三方共同参与的、以促发展为目的的专业群评价机制。

2. 专业群评价机制建设思路

根据"双一流"建设要求和教学评价模式改革建设的需要，将被动的组建专业群转变为主动规划专业群发展；将人才培养数据采集转变为人才培养目标与考核定量化；将以教师为中心转变为以学生为中心，突出教师与学生的两个主体的地位；将专业教师组建为专业教学团队、专业群核心教学团队；将专业人才培养方案制定转变为专业群人才培养体系；将专业各自建设教学资源转变为专业群统领下的专业教学资源建设；将以教材为依托的教学转变为以

"课程标准"为中心的教学。

3. 专业群评价机制建设的具体内容

（1）专业群构建

学院各专业群的构建应按照学院办学定位和办学思路，充分对接生态环境产业链和经济建设，各专业均在生态环境产业链中有明确的"服务域"，群内各专业对应明确的职业岗位且能实现专业群中的职业岗位迁移。专业群组织体系健全，各专业资源共享。

（2）专业群人才培养模式改革

学院各专业群应能根据本专业群专业和对应服务领域特点，将学院"四轮并进"办学模式转变为专业群个性化的人才培养模式，开发科学、规范的专业群人才培养方案，设定科学的学生知识指标、技能指标、社会适应性指标和发展能力指标，有各指标的评价体系，探索符合专业群特点的多样化教学方式，开发符合专业群专业特点的考核评价模式。

（3）专业群课程改革

学院各专业群应对应专业群职业岗位设置包括专业群平台课程、专业课程、专业方向课程和群选修课程等类型的课程体系，将专业人才目标分解为课程目标，制定课程标准，开发或选用与课程标准一致性强的教材和丰富的教学资源，根据课程内容特点，充分运用信息化手段改革课程实施的方法与手段。

（4）教学团队建设

学院各专业群应配置数量足够、学历与职称结构合理、专兼结合的"双师"教师队伍，每年通过到环保一线和企业、环保公司锻炼、外出培训等方式提升教师队伍的职业教育理念、教学与科研能力。

（5）实践教学条件建设

学院各专业群应加强实训与实习条件建设，实训硬件到位、实训项目齐全，实训教学资源丰富，实训场所星级评价达标。实习基地经过遴选且数量足够，按照学院统一管理，校企共同开展实习工作。

（6）建设成效

学院各专业群成绩合格率、职业资格取证率、技能抽查成绩、竞赛成绩、毕业设计合格率、毕业生就业率与就业质量、用人单位满意度、学生满意度、社会服务、国际合作等指标均应达到学院对专业群的建设目标。

（7）特色创新

学院各专业群充分体现出专业群建设的信息化、国际化、终身化、个性化和多样化，并形成原创性的范式和经验，在省内乃至国内同行中都有重要影响，主要体现在：专业群与产业群及产业链的对接度、人才培养模式、课程体系构建、教学内容方法与手段改革、产学研结合、现代学徒制、订单式培养、学生能力培养、教学管理制度等方面。应凝练1~2个建设成果，并示范推广。

附录 2 专业群评价标准

附表 3 专业群评价标准

一级指标	二级指标	指标内涵	资料要求
1 专业群构建	1.1 目标定位	1. 专业群建设规划有效对接生态环境产业链，专业群对学院专业建设的贡献明显。 2. 专业群构建思路清晰，群内各专业定位明确，适应生态环境产业和湖南经济发展需求，面向生态环境产业链特定的"服务域"	专业群建设规划、专业建设规划、专业群设置调研报告、论证报告及过程性资料
	1.2 结构组成	1. 专业群由 5 个及以上专业或方向组成，专业设置合理、组合科学、结构稳定，适应职业岗位迁移。 2. 核心专业为学院重点建设专业，与生态环境产业链对接紧密，在专业群中具有引领和核心作用。 3. 主要专业有省级及以上专业建设与教学改革荣誉、奖励或立项	专业群设置和资源配置情况、专业［专业方向、对应职业（岗位）、职业资格证书］一览表、专业获得荣誉奖项有关文件、反映专业群设置科学合理的相关材料
	1.3 建设机制	1. 建立校企共同参与的专业群组织体系，配备专业群负责人、专业群核心教学团队、专业带头人或负责人、专业教学团队、群平台课程负责人，职责明确，定期考核，运行高效。 2. 遵守学院专业群建设制度，适应学院专业群建设需求。 3. 运用信息化管理手段，整合专业群教育教学平台，实现教学资源共享与互补	组织机构相关文件、制度实施情况的有关材料、反映实施成效的相关材料

一级指标	二级指标	指标内涵	资料要求
2 培养模式改革	2.1 培养方案	1. 校企共同制定科学、规范的群内各专业人才培养方案，体现岗位细化最新特点并具有一定前瞻性。 2. 加强以"四轮并进"为指导的专业群人才培养模式改革，积极推进"现代学徒制"、订单培养等人才培养模式，校企合作育人。 3. 围绕专业群培养目标，加强职业道德和职业素养教育，突出职业精神培养，为学生多样化选择、全面发展与多路径成才、终身发展搭建"立交桥"	专业群建设调研、论证与剖析等过程性材料；人才培养方案、课程标准、质量监控标准及相应实施方案
	2.2 教学模式	1. 探索符合专业群特点的多样化教学方式，坚持"做中学、做中教"，推行项目教学、案例教学、情景教学、工作过程导向教学等。广泛运用启发式、探究式、讨论式、参与式等教学方法，注重因材施教，分层教学。专业教学过程对接生产过程，教学过程实践性、开放性和职业性强。 2. 行业企业参与人才培养全过程，校企共建校内生产性实训基地和校外实习基地、名师大师工作室等，充分体现专业群的技术创新能力和技术技能积累能力。 3. 构建信息化环境下的教育教学新模式，现代信息技术在教学实践中广泛应用，教师全部开通并建设网络教学空间，学生全部开通学习空间。 4. 技能抽查、毕业设计抽查成果显著。 5. 职业技能竞赛成果显著，技能竞赛活动与日常教学工作紧密结合、良性互动	教学模式改革各项管理制度、实施方案与考核标准以及教学模式改革阶段性成果
	2.3 评价模式	1. 以学习者的职业道德、技术技能水平和就业质量为核心，系统制定专业群人才培养质量评价标准。 2. 实现质量评价方式多元化，广泛吸收学生、家长、行业企业、研究机构和其他社会组织参与质量评价，积极探索第三方参与的教学质量评价机制，建立毕业生就业质量跟踪调查制度。 3. 应用信息技术，对学生学习过程与结果进行诊断与指导，为科学评定教师教学工作提供依据	人才培养质量评价标准、多元化评价机制、就业质量跟踪调查制度以及建设性成果；评学评教的过程性材料

一级指标	二级指标	指标内涵	资料要求
3 课程体系建设	3.1 体系构建	1. 普遍开展相应专业群职业岗位的调研分析，形成专业群岗位能力分析报告；在专业群平台课程设置和教学要求中充分体现。 2. 围绕特定的"服务域"，设置"群平台课程""专业方向课程""群选修课程"，形成各专业间彼此联系、共享开放的课程体系。 3. 群专业平台课程门数占全部专业课程门数（不含综合实践课程与专业技能拓展课程）的比例达30%以上	专业群岗位能力分析报告；专业群各专业实施性人才培养方案
	3.2 课程开发	1. 确立以项目化为特征的课程和课程资源开发的有效机制，着力开发共享的平台课程或课程辅助资源，开发的课程能有效体现学生的终身发展，自主开发1门以上或参与开发2门以上校本专业群技能课程。 2. 积极开发符合学生兴趣、专业拓展的群选修课程，在专业群学生中自由选择，群选修课程门数占选修课程的80%以上。 3. 所有课程均有完善的课程标准或教学要求。 4. 建设涵盖教学设计、教学实施、教学评价的数字化专业教学资源，建成的群资源库课程占全部群平台课程的比例达50%以上，建成共享网络开放课程5门以上	课程开发方案及过程性材料；群选修课程资料及选修过程性资料；课程标准、数字化资源库资料及网络教学改革过程性资料
	3.3 课程实施	1. 严格执行学院课程、课堂管理制度。 2. 严格执行国家和省公共基础课程标准，学生思想品德达成度高。 3. 根据专业群特点，建立专业群教学质量监控指标体系，有效把控教学质量。 4. 公共基础课统一使用国规教材，专业技能课开发校本教材或按要求使用国规教材，教材内容对应课程标准80%以上	课程管理制度；教学安排表；教学质量监控过程性资料；教材选用统计表。 重点观测专门化方向课程的开出率

一级指标	二级指标	指标内涵	资料要求
4 教学团队建设	4.1 团队结构	1. 群专业教学团队成员数与群专业在籍学生数比达到1：20以上。 2. 群专任专业教学团队成员本科以上学历占100%，研究生学历（或硕士以上学位）占50%以上；高级职称占30%以上；"双师"资格占80%以上。 3. 行业、企业兼职教师占群专业教师比例为20%~30%，均具有中级以上技术职称或中级技师以上职业资格证书，30%以上具有高级职称或高级技师职业资格	教师业务档案；兼职教师名册及相关资料
	4.2 团队素质	1. 制定围绕专业群建设群专任专业教学团队（含兼职教师）规划，明确专业群教学团队目标任务、建设路径和考核评价指标。 2. 群专任专业教学团队年均培训在10课时以上。 3. 群专任专业教学团队成员参加或指导学生参加省级及以上各类教学竞赛，或与企业合作取得专利。 4. 群专任专业教学团队成员具有先进职业教育理念，每年发表教学研究论文人均0.2篇以上	相关文件；财务报表；教师业务档案；网络学习空间
	4.3 核心专业负责人	1. 相关专业本科以上学历，副高以上职称，从事本专业教学4年以上。 2. 中级"双师"，熟悉行业产业和本专业发展现状与趋势，每学年参加行业企业活动4次以上。 3. 主持省级以上课题研究并结题，或有3篇以上论文在省级以上刊物公开发表；主持或参与技术研发或技术服务并获得市级以上奖项，或在省级以上技能大赛、教师职业能力比赛中获三等奖以上奖项。 4. 院级以上专业带头人	教师业务档案；相关材料证明

一级指标	二级指标	指标内涵	资料要求
5 实践教学条件建设	5.1 实训条件	1. 有四星级实训场所2个以上，三星级实训场所占70%以上。 2. 实训场所数字化工卡及信息化实训资源能满足实训教学需要	学校资产管理系统；现场查看
	5.2 实训运行管理	1. 设立专门管理人员。 2. 实训开出率100%，专业群各实训室平均利用课时超过500课时/学年（含社会培训、技术服务）。 3. 实训室共享率达到60%（共享率计算办法：各实训室平均服务专业数/本专业群专业数）	实训项目统计表、实训室实训登记表
	5.3 实习基地	1. 有稳定的实习基地10个以上。 2. 所有实习基地均签有校企共建协议。 3. 实习基地能配合学院安排认识、跟岗、顶岗等各类实习	实习基地共建协议
	5.4 实习运行	1. 设立专门管理人员。 2. 学生顶岗实习比例达95%以上	实习日志

附表3(续)

一级指标	二级指标	指标内涵	资料要求
6 建设成效	6.1 办学规模	1. 核心专业连续招生4年以上，年招生100人以上。 2. 每年承担专业群相关领域的社会培训人次达到在籍学生数的90%以上	在籍学生统计；培训通知、花名册、培训计划、考勤考核资料等
	6.2 培养质量	1. 毕业生95%以上取得本专业群相应的职业资格证书；毕业生具有较强的计算机应用能力、语言表达能力、社会交往能力，相关应用水平等级考试取证率70%以上。 2. 学生技能抽查合格率95%，毕业设计合格率98%。 3. 开展专业群技能竞赛，院级创新创业大赛参赛率100%；本专业群学生在技能大赛、创新创业大赛中获得省级三等奖以上奖项，每年2项以上。 4. 毕业生就业质量高、起薪较高，就业满意度较高，毕业生就业率95%以上，对口就业率70%以上，开展职业生涯指导和创业教育，有本专业学生创业实践基地和创业项目。 5. 在校学生对专业的满意度90%以上，用人单位对毕业生综合素质满意度90%以上	毕业生名册、职业（执业）资格证书获得情况统计表及证明资料；应用水平等级考试相关资料及统计表等。技能抽查结果、毕业设计抽查记过。院级技能竞赛、创新大赛方案及实施资料；参加省级以上技能大赛或创新大赛获奖情况及证明资料等；毕业生就业情况统计表；劳动合同、高校录取通知书复印件；就业创业教育、创业实践基地和项目的相关资料；就业创业典型事迹、反映就业满意度的资料等；学生满意度调查表、用人单位对毕业生满意度调查表及相关统计表等
	6.3 社会服务	1. 参与行业企业技术项目研发与行业服务，取得良好的经济效益和社会效益，实际到账资金1 500万元以上。 2. 利用专业群的设施、设备、师资等资源，承担职业学校技能大赛、职业资格鉴定，开展校企合作、校校合作，发挥示范和引领作用	技术项目研发与行业服务取得效益的证明资料、收入凭证；反映专业资源共享和发挥示范、引领方面的资料等
特色创新		1. 专业群建设各项改革创新成效显著，充分体现出专业群建设的信息化、国际化、终身化、个性化和多样化，并形成原创性的范式和经验，在省内乃至国内同行中有重要影响，主要体现在：专业群与产业群及产业链的对接度，人才培养模式、课程体系构建、教学内容方法与手段改革、产学研结合、现代学徒制、订单式培养、学生能力培养、教学管理制度等方面。 2. 凝练1~2个建设成果，并示范推广	经认定确有推广示范意义的专业群建设示范案例将予以加分

附录3 "思想道德修养与法律基础"课程周期诊改报告

"思想道德修养与法律基础"课程周期诊改报告

课 程 名 称： 思想道德修养与法律基础

课 程 类 别： 专题式教学

开课院(部)： 思想政治教育课部

主 持 人： ×××

完 成 时 间： ×年×月×日

1. 课程概述

（1）课程基本情况

"思想道德修养与法律基础"是学院所有专业一年级开设的思想政治理论课程，4个学分，64个课时。课程的主要任务是学习思想政治理论知识，帮助学生树立正确的世界观、人生观与价值观，提高学生的政治素养、道德素养、法律素养与职业素养。前导课程有高中思想政治，后续课程有"毛泽东思想和中国特色社会主义理论体系概论"。本课程于2016年立项为院级"其他—专题式"教学特色课程。

（2）课程建设基础

本课程有一支优秀的教学团队，有6位专职教师，2位兼职教师，其中副教授4人，讲师2人，年龄均在30~50岁，均有硕士学位，学科背景包括法学、教育学、政治学，2人有律师资格证；本课程为学院"十二五"课程改革与建设的"核心教改课程"，教学资源已经初具规模，教学手段和教学方法不断改进，已经取得了较好的教学效果。

（3）课程建设历程

2016年度：申请立项；制定课程建设方案；修订课程标准。

2017年度：课程资源建设；课程团队建设；教学方法改革。

2018年度：修订课程标准；更新教学资源；探索信息化教学；课程建设验收。

2. 诊改工作整体设计

（1）诊改依据

①目标：按照学院《"十三五"课程改革与建设规划》和《思想道德修养与法律基础"专题式"课程建设方案》，将本课程建设成为专题式教学特色院级示范课程。

②标准：课程标准；学院"十三五"课程改革与特色课程建设标准。

（2）起止时间及周期

起止时间：2016—2018年。

周期：3年。

（3）课程诊改质控点及目标值（见附表4）。

附表4 课程诊改质控点及目标值

诊改内容	质控点/诊断指标	目标值
教学资源	是否具有课程标准	有
	课程标准是否修订	是
	是否具有课程教材	有
	是否具有授课计划	有，严格执行课程标准，严格审签
	是否具有授课教案	教案齐全，严格审签，与授课计划相符
	动画及视频/个	190
	课件/个	54
	文本资源（讲义、行业标准、案例等在线辅助学习资料）/个	120
	是否具有试题库	有
	试题数/道	100
	试题的知识（技能）点覆盖率/%	90
信息化教学平台应用及效果	信息化教学资源更新率/%	20
	课程教学是否应用信息化教学平台	有
	课程学习用户量（学生、教师、社会用户）/人	800
	学习用户访问量/人次	5 000
	师生在信息化教学平台中的互动人次/次	300

诊改内容	质控点/诊断指标	目标值
教学实施	学生到课率/%	96
	教学进度与授课计划是否一致	是
	是否采用多样教学方法	是
	是否根据教学标准和学情进行教学设计	是
	是否实施课堂思政教育	是
	是否融入"双创"教育	是
	学生学习任务和活动是否设计合理,是否突出学生主体地位	是,是
	作业布置次数/次,批改率/%	12,100
	过程性考核次数/次	18
	辅导答疑次数/次	90
实训教学	实训项目数/个	0
	开出项目数/个	0
教学效果	及格率/%	96
	优秀率/%	10
	期末考试平均成绩/分	80
	总评平均成绩/分	80
教学评价/分	课堂满意度/分	9.5
	督导评价/分	9.2
	调课次数/次	7
	学生评教人数/人	1 500

(4)课程诊改推进"8"字螺旋

按照年度建设计划与授课计划,在实施过程中对质控点数据进行监测,并对监测数据进行分析,根据数据分析情况发布预警,提出调整改进措施,由此形成2019年度诊改的小"螺旋"。

在2019年度基础上调整2020年度建设计划与授课计划,在实施过程中对质控点数据进行监测,并对监测数据进行分析,根据数据分析情况发布预警,提出调整改进措施,由此形成2020年度诊改的小"螺旋"。

在2019年实施完成以后，对三年实施情况进行自我诊断，根据诊断数据分析改进计划，持续改进，开始新一轮的课程建设规划，由此形成三年周期诊改的大"螺旋"。

3. 周期性诊断情况及改进措施

（1）课程建设目标达成情况（见附表5）

附表5　课程建设目标达成情况

诊改内容	质控点/诊断指标	目标值	目标达成情况
教学资源	是否具有课程标准	有	是
	课程标准是否修订	是	是，2016年修订，2018年修订
	是否具有课程教材	有	有，统编教材
	是否具有授课计划	有，严格执行课程标准，严格审签	有，执行课程标准，院部领导审签
	是否具有授课教案	教案齐全，严格审签，与授课计划相符	齐全，教研室主任审签，与授课计划相符
	动画及视频/个	190	244
	课件/个	54	83
	文本资源（讲义、行业标准、案例等在线辅助学习资料）/个	120	660
	是否具有试题库	有	有
	试题数/道	100	113
	试题的知识（技能）点覆盖率/%	90	85
信息化教学平台应用及效果	信息化教学资源更新率/%	20	25
	课程教学是否应用信息化教学平台	有	有
	课程学习用户量（学生、教师、社会用户）/人	800	920
	学习用户访问量/人次	5 000	8 610
	师生在信息化教学平台中的互动人次/次	300	322

诊改内容	质控点/诊断指标	目标值	目标达成情况
教学实施	学生到课率/%	96	97
	教学进度与授课计划是否一致	是	是
	是否采用多样教学方法	是	是
	是否根据教学标准和学情进行教学设计	是	是
	是否实施课堂思政教育	是	是
	是否融入"双创"教育	是	是
	学生学习任务和活动是否设计合理，是否突出学生主体地位	是，是	是，是
	作业布置次数/次，批改率/%	12，100	16，100
	过程性考核次数/次	18	21
	辅导答疑次数/次	90	118
实训教学	实训项目数/个	0	0
	开出项目数/个	0	0
教学效果	及格率/%	96	98
	优秀率/%	10	7
	期末考试平均成绩/分	80	81
	总评平均成绩/分	80	81
教学评价	课堂满意度/分	9.5	9.7
	督导评价/分	9.2	9.3
	调课次数/次	7	6
	学生评教人数/人	1 500	1 770

周期诊断目标值达成情况见附图1。

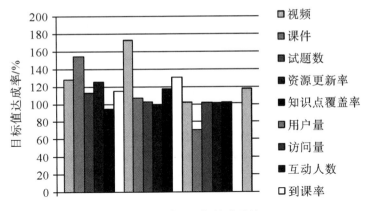

附图1　周期诊断目标值达成情况

图例：
- □ 视频
- ▤ 课件
- ▦ 试题数
- ▨ 资源更新率
- ■ 知识点覆盖率
- ▩ 用户量
- ▥ 访问量
- ■ 互动人数
- □ 到课率

纵轴：目标值达成率/%

（2）未达成情况原因分析

本课程开卷考试，试题以主观题为主，尽管试题数量达到了目标值，但试题的知识点覆盖率为85%，没有达到90%的目标值。

"双创"教育缺乏经验，本课程"双创"教育的融入点需要进一步探索，"双创"教育的效果并不明显。

"专题式"教学优势没有完全体现出来，师生对课程的站位高度有待提高，影响到课程成绩的优秀率。

（3）改进措施

针对知识点覆盖率问题，一是继续充实试题数量，二是增加客观题，争取2019年实现目标值。

针对"双创"教育问题，以时代精神、职业理想、职业道德作为融入点。

针对成绩优秀率问题，需要改进教学方法，强化课程特色，从而激发学生的学习热情，让学生乐学、易学。

4. 课程建设效果

（1）教学资源完整丰富

在优学院以及微知库2个平台上传了设计方案3套，教学标准2个，教学计划6个，授课教案及首页112个，PPT课件83个，动画及视频244个，文本文件660个，教学案例64个，试题113道，对所有教学资源做到及时修订和更新。

（2）教学实施落实到位

课程建设中教学实施是关键环节，课程团队在教学实施过程中，要狠抓课堂管理，要求授课教师集体备课，严格考勤，认真填写教学周志，做到教学进度与授课计划保持一致。不断探索和改进教学方法，学生的主体地位得到凸显，学生的到课率逐年提高达到 97%。授课教师能够 100% 批阅所有学生的每一次作业，过程性考核 25 次，辅导答疑 150 次。

（3）信息化教学初显成效

信息化教学及信息化平台运用虽然仍然存在诸多困难和不足，但在学院和课程团队的共同努力下，信息化教学已经初显成效，信息化教学资源更新率达到 25%。每位授课教师都在大学城空间建设了自己的信息化教学平台，课程在微知库有专门的信息化教学平台。课程学习用户量达到 1 580 人次，学习用户访问量达到 8 970 人次，师生在信息化教学平台中的互动达到 569 人次。

（4）教学效果和教学评价逐年提升

教学效果和教学评价是衡量课程建设成败的硬指标，通过三年课程建设，教学效果和教学评价不断提升，及格率为 97%，优秀率为 9%，期末考试平均成绩为 83 分，总评平均成绩为 82 分，课堂满意度为 9.6 分，督导评价为 9.2 分。

5. 存在的问题及短板

（1）课程的专题特色、高职特色和环院特色还有待加强。本课程为本专科统编教材，教材修订频率高，思政课的改革必须持续推进，与时俱进，"专题式"教学有利于教材体系向教学体系转化，也有利于体现高职特色和环院特色，但目前这三大特色还不是很明显。

（2）课程的信息化教学水平有待提高。比如，视频质量有待提高，教学资源的利用率有待提高，师生对"微知库"的运用能力有待提高。

（3）离达到党中央的要求和期望还有差距。习近平总书记对思政课给予了前所未有的重视，下一步我们将按照习近平总书记在思政课教师座谈会上的重要讲话精神，按照"八个统一"的要求进行新一轮的课程诊改。